MW01715441

A Estelle,

Fraternel merci pour ton support dans des jours plus difficiles. En souhaitant que la lecture de ce livre te fasse revivre de bons souvenirs !

Julien + Jeannine

SOUS L'AILE DE L'AIGLE

Thérèse Caron

SOUS L'AILE DE L'AIGLE

Un monastère est né...

FIDES

Dépôt légal : 3e trimestre 1996
Bibliothèque nationale du Québec

ISBN 2-7621-1924-3

Les Éditions Fides sont inscrites au Programme de subvention globale du Conseil des Arts du Canada et reçoivent l'appui de la SODEC.

Par-dessus la mer bleue, plus haut que les hauts vents
L'aigle silencieux va conquérir l'espace,
Du flanc de son azur, il repère la place
Des montagnes cernant la rade aux flots mouvants…

Introduction

Il était si solide pourtant, ce monastère ! Planté comme un roc sur le flanc de la montagne, il dominait de ses cinq étages le Gaspé-de-ce-temps-là, la baie majestueuse et les monts environnants.

De grands cœurs avaient présidé à sa naissance, ils l'avaient érigé avec amour, sagesse et béton armé. On lui destinait une vocation d'éternité !

Avec la fin des années vingt et les débuts des années trente, les alentours de souches et de fardoches s'étaient métamorphosés peu à peu en terrasses fleuries, en jardin fruitier et maraîcher, avec une grande ferme tout à l'arrière.

Les générations d'étudiantes de ces années-là ont conservé l'impression *d'un coin de paradis* et quand elles reviennent au Gaspé d'aujourd'hui, elles le cherchent partout !

« Où était-ce ? Où est-il ? Où demeurent maintenant celles que nous appelions *nos mères* ? »

Car même si un jour il est devenu grand sous la poussée de la vie qui bouillonnait en lui, même si des ailes lui avaient poussé des deux côtés et qu'il était indéniablement un monument de la place... il n'a pu être sauvé, il a croulé sous le poids des événements !

Une brève histoire : en 1970, la jeunesse polyvalente envahit les lieux et occupe tous les locaux. Désormais, les moniales n'ayant plus d'œuvre doivent quitter le monastère et aller s'établir plus haut, à l'arrière...

Mais, il s'avère que le monastère n'est pas parfaitement adéquat pour cette révolution du Rapport Parent, il est trop haut... il a trop d'étages... trop d'escaliers... trop de portes... trop de fenêtres... pas de laboratoire... pas de gymnase... bref on veut du neuf et on l'abandonne, on l'abandonne complètement... sans gardien, sans rien qui le protège !

C'est alors qu'il devient un *Monastère-Fantôme*. Oui, des fantômes se mettent à le hanter, à le dépouiller de ce qui fait sa beauté, sa richesse, sa solidité. C'est imperceptible extérieurement alors qu'il est tout miné par le dedans, comme un grand malade dont on ignore toujours la maladie.

Et quand survient le réveil, que quelqu'un songe soudainement à sa survie, il est trop tard, il est trop malade... il est jugé et condamné !

Un témoin de ses dernières heures nous en relate les ultimes frémissements !

Avant-propos

Pourquoi, oui... pourquoi ?

Pourquoi Rimouski a-t-il pu conserver son Monastère des Ursulines, devenu aujourd'hui l'Université du Québec ? Bien entretenu, rajeuni, fier et pimpant, adapté à sa nouvelle mission, il continue toujours dans la ligne qu'on lui avait tracée en 1906. Il est certainement l'une des gloires de la ville.

Pourquoi Amqui a-t-il vu son Monastère des Ursulines, ornement de la vallée, survivre et continuer l'œuvre d'éducation de ses origines, en accueillant encore étudiants et étudiantes qui s'ouvrent à la science et se préparent à la vie ?

Pourquoi Matane possède-t-il toujours son Pensionnat fondé par les Ursulines ? Propre et coquet, non loin du Cégep et de la Polyvalente, dans un style qui le caractérise bien, il poursuit lui aussi l'œuvre d'éducation qui l'a fait pousser et grandir.

Et *pourquoi* Gaspé, berceau de la Nouvelle-Fance en Amérique, a-t-il laissé dépérir, mutiler, défigurer et enfin démolir son Monastère des Ursulines qui cadrait si bien dans le décor de l'incomparable Baie et des majestueuses montagnes ?

Pourquoi, oui... pourquoi ?

Je vous pose la question, mais je ne vous demande pas de répondre. Vous seriez peut-être bien embêté pour le faire et moi, j'aurais toutes les misères du monde à vous croire. Non pas que je doute de votre sincérité, je doute seulement de la valeur des ficelles qui ont joué, tirées par des mains visibles ou invisibles. Où est le nœud qui a bloqué plusieurs fois le cours régulier des choses ? La nature humaine est parfois si rusée pour transposer la question sur un autre palier et donc... fausser la réponse.

Et puis d'ailleurs, à quoi cela servirait-il puisque les jeux sont faits maintenant ? La rondelle a cogné dur de chaque côté de la bande... la partie est terminée et la piste est déserte.

Tout a disparu.

Successivement, nous avons vu tomber l'Institut Familial, puis l'aile des chambres de 1965 pour laquelle le gouvernement avait investi une bonne somme d'argent afin de l'aménager pour des bureaux destinés à la Direction des pêcheries ; ensuite vint le tour du corps central et de la dernière forteresse en béton armé, construite en 1945, cette aile de la chapelle érigée à coups de sacrifices, de labeurs et d'inquiétudes de toutes sortes !

Comme on attend le printemps après l'hiver, comme on attend les vacances, comme on appelle la Vie, nous espérions, nous avons espéré jusqu'à la fin que tout ne disparaîtrait pas entièrement, qu'on conserverait un « petit quelque chose »... l'extrémité d'une aile, une « petite espérance » qui demeurerait là, accrochée quelque part au flanc de la colline.

C'était trop : l'ordinateur programmé en avait décidé autrement.

Quand on quitte, on quitte tout ! Les jours à venir devaient nous l'apprendre encore une fois !

Le corps central, celui qu'on appelait le « cœur du Monastère », a résisté de toutes ses forces, de toute son armure de fer et de béton.

Il ne voulait pas mourir !

Et c'est là, impuissantes à le secourir, que nous attendait une amère et cruelle déception : on avait promis de nous remettre la croix surmontant le clocher et la vierge au-dessus de l'entrée principale, Notre-Dame-de-l'Assomption.

Et nous voilà à bâtir un autre beau rêve : ils seraient là, chez nous, au 218 des Ursulines, dans le parterre entourant la maison. Une belle place leur était réservée dans la verdure et les fleurs... ce seraient « nos trésors », les reliques d'un cher passé et comme nous étions heureuses et fières de les accueillir !

Tout nous serait enlevé, mais il nous resterait la vierge et la croix !

On nous l'avait promis.

Lundi, le 20 juin 1988, la longue et puissante machine arrivait. Prétentieuse et menaçante, elle se préparait à fonctionner dès 7 h le lendemain.

Le 21 juin, mardi, c'est l'été ! Il fait beau et c'est un peu la fête en nos cœurs, car la vierge et la croix nous arriveront aujourd'hui.

On nous l'avait promis !

La grue géante s'attaque au toit du corps central : la tôle gémit, se tord et tombe en lambeaux. Déjà une large brèche est ouverte dans un mur du dernier étage ; c'est le dortoir des élèves, et de notre galerie, nous voyons très bien la statue de la Vierge qu'on y a descendue après avoir défoncé le mur de sa niche. Elle est tournée vers nous, nous regarde, drapée dans sa longue robe blanche.

Avec des jumelles, nous la contemplons à tour de rôle, l'appelant de tous nos vœux. Elle nous semble avoir hâte de franchir la distance qui la sépare de nous. Encore un peu de temps et elle sera chez nous, c'est ce que nous pensions.

Mais l'infernale machine avance, déchirant tout sur son passage ; les pans de mur s'effritent, les escaliers de fer dégringolent, rejoignant les gros calorifères, le « terrazo » des planchers et tout le reste des débris.

Il devient de plus en plus évident que notre « trésor » est en danger, mais il y a un mais... il ne se peut pas qu'on lui fasse mal. Le robot va-t-il s'arrêter à temps ? Toujours belle, elle nous regarde une dernière fois et disparaît dans un nuage de poussière ; le plancher vient de céder et elle tombe... dans l'amas de briques, de ciment et de fer tordu, et la machine continue à la recouvrir, à l'ensevelir, à la faire disparaître à tout jamais.

Quelle déception !

Une statue, me direz-vous, ce n'est pas une personne. Non, ce n'est pas une personne, vous avez raison ; mais pour nous, c'est un monde de *personnes*, c'est un *symbole*, elle faisait partie de la genèse de notre histoire, et c'est encore la fin d'un beau rêve. Nous étions muettes !

« Aux arbres d'alentour,
Nous avons suspendu nos harpes,
Et nous pleurons
Au souvenir de Sion... »

La prière du soir nous appelle maintenant à la chapelle pour la récitation du chapelet et le chant des Vêpres. C'est le meilleur lieu de rassemblement. Les mystères douloureux se succèdent et l'Officiante choisit comme hymne des Vêpres celui du Commun des fêtes de la Vierge :

« Pleine de grâce, réjouis-toi,
Arche d'alliance, réjouis-toi
Tu reflètes sur nos croix,
La paix du Christ et sa lumière... »

17h30, c'est maintenant l'heure du souper.

Tout n'est pas perdu : il nous reste toujours la *croix*, notre « unique espérance » ! Elle est là sur son dôme, fière et belle ; nous la regardons par la fenêtre sans nous douter encore que c'est la dernière fois.

Hélas, hélas ! 17h40, une exclamation jaillit : la croix penche, penche tout doucement, elle fléchit, elle va tomber et... la machine continue à gruger autour d'elle ; enfin, elle s'affaisse dans un fracas de ferraille, de tôle, d'ampoules électriques qui éclatent... En miettes, elle aussi !

Le soleil continue à briller !
le ciel demeure d'un bleu d'azur !
Et la Baie est de plus en plus éclatante !
C'est l'été partout !
et l'automne... quelque part !

Qu'une statue se brise, qu'une croix s'effondre, ce n'est rien en comparaison d'une vie humaine...

Nous te remercions, Seigneur, d'avoir préservé les ouvriers de tout pénible accident, mais entre nous, il me semble que cela aurait pu être mieux que cela. Tu comprends ce que je veux dire !

Ne me répondez pas, je vous écouterais mal en ce moment. J'entends Rostand qui me dit quelque part, par la voix de Chantecler : « Cest la nuit qu'il faut croire à la lumière. » Cette lumière, elle brille toujours pour vous, pour moi. Regardons-la ensemble[1].

1. Laurette CARON, journal *Le Pharillon*, 28 juin 1988.

Serait-ce un mauvais rêve ?

Non, ce n'est pas un mauvais rêve, c'est une émouvante réalité ! Le Monastère des Ursulines de Gaspé est maintenant enfoui sous terre quelque part à gauche... en haut de la rue Wakeham. Inutile de chercher *où* exactement, plus rien n'est visible ; *cette histoire écrite dans la brique et le béton* a disparu du monde de Gaspé.

Mais l'épopée écrite dans les cœurs est toujours vivante, agissante. Comment ne pas la raconter ?

Raconter l'histoire du Monastère des Ursulines de Gaspé, c'est dire ce qui l'a fait naître, grandir, se développer... ce qui l'a fait se réjouir et même s'attrister parfois ; c'est dire ce que ce Monastère a suscité de réalisations, d'espérance, de bienfaisance dans le milieu démuni de la Péninsule ! Son histoire, elle est si exubérante, si remplie d'amour pour le progrès gaspésien, c'est comme une petite fille qui ne se contente pas de faire la joie de sa famille, mais est toujours à courir chez les voisins, à rire et pleurer avec eux, à fureter ici et là dans tous les coins... même à donner son avis et parfois un petit coup de main ! Pas de limite à ce qui l'intéresse...

Non, vraiment, elle n'a pas du tout l'esprit du cloître, l'histoire des Ursulines de Gaspé ! Si elle a des *racines* vigoureuses, elle a tout autant dans les airs des *antennes* qui captent, qui diffusent, qui embrassent tout !

Ah ! Cette histoire ! Son cœur est aussi grand que celui de son fondateur, de ses premières ouvrières !

La mettre sur papier, c'est rendre hommage à l'illustre fondateur, le Vénéré François-Xavier Ross, premier évêque de Gaspé, à Blanche Goulet-de-Sainte-Catherine-de-Sienne, sa première collaboratrice, et aux six saintes religieuses venues de Rimouski pour travailler dans l'ombre de ces deux figures de proue ! Nos anciennes élèves se souviennent bien de Rosa-Anna Bélanger-de-Sainte-Angèle, Lydia Harvey-de-Saint-André, Antoinette Martel-de-Sainte-Cécile, Desneiges Belzile-de-Saint-Laurent, Rose-Anna Langlois-de-Sainte-Véronique et enfin Alice Lavoie-de-Sainte Élisabeth.

C'est rendre hommage à toutes les religieuses qui ont vécu et œuvré en ses murs durant quarante-cinq ans, à toutes les élèves qui sont passées, ont grandi et étudié dans les écoles du monastère au cours de toutes ces années !

Cette histoire si vivante dans nos annales et dans le souvenir de chacune de nous, principalement des plus anciennes, voilà que nous la sortons au grand jour.

Remerciements aux autorités de notre Ordre, la Provinciale Thérèse Duchesne et la Supérieure de notre maison Marguerite Cotton, pour leur bienveillance et leur soutien à ce projet.

Remerciements au grand patriote et historien, Jules Bélanger, qui a bien voulu veiller à sa naissance et à son élaboration.

LA FONDATION

1924

Les préliminaires

Un évêque à Gaspé

François-Xavier Ross 1869-1945

En terre gaspésienne
Rome ouvre un nouveau sillon.
La Vierge en est la Gardienne
Anxieuse des moissons.
Un apôtre à l'âme ardente
En est le premier semeur.
Sur le sillon dans l'attente
Il s'applique cœur à cœur !
(Marie Roy)

Créé le 5 mai 1922, le diocèse de Gaspé s'étend sur une longueur d'au moins 350 milles de Cap-Chat à Restigouche et contient à cette époque une population de 49 500 catholiques. À la beauté de ses sites pittoresques uniques au monde, s'ajoute la gloire d'avoir vu s'écrire à Gaspé les premières pages de l'histoire de notre pays.

François-Xavier Ross

En effet, la Gaspésie vit naître les premiers efforts de ceux qui devaient greffer pour toujours la tige française sur le sol canadien, Jacques Cartier en 1534, Champlain, de Monts, de la Roche et Pontgravé, de 1604 à 1608.

Sise à l'entrée du fleuve et sitôt découverte sitôt habitée, la Gaspésie, au temps des guerres anciennes, partage avec l'Acadie, Louisbourg et Plaisance, l'honneur d'avoir reçu avant Québec le premier choc des invasions navales anglaises. David Kerth, Sir William Phipps, Walker et Wolfe et le grand navigateur Byron la visitèrent tous à diverses époques et y laissèrent même des souvenirs rien moins que glorieux.

Il est un autre fait dont le souvenir vaudra toujours à cette contrée une ardente sympathie, celui d'avoir, aux jours sombres, assuré le refuge et la vie à un groupe d'Acadiens d'une cinquantaine de familles, traqués comme des fauves l'année de la grande dispersion. Ces Acadiens de Tracadie, réfugiés dans les bois, parvinrent à petites journées jusqu'à Carleton où, depuis, ce groupe a fait souche nombreuse et s'est répandu sur toute la côte gaspésienne.

Il faut un évêque à ce nouveau diocèse

La population de Gaspé attend avec grand désir et amour ce premier évêque. Elle l'a bientôt en la personne de François-Xavier Ross qui reçoit sa nomination le 11 décembre 1922 et prend possession de son diocèse à Restigouche, le 25 février 1923. Dès le lendemain il fait paraître une première circulaire pour le clergé et les diocésains.

Le nouvel évêque devait recevoir sa consécration épiscopale à Rimouski le 1er mai 1923 des mains du délégué papal du temps, Mgr Piétro di Maria.

Monseigneur François-Xavier Ross avait vu le jour dans la région de Matane, à la mission des Grosses-Roches. Le nom qu'il porte nous assure que l'ancêtre venait d'Écosse. Son père Joseph, tenace défricheur, et sa mère Marcelline Gendron, vaillant prototype de la mère canadienne-française, ont contribué à façonner en lui ce caractère tenace et réaliste qui ne sait se contenter de l'à-peu-près. De santé fragile, ce dernier-né d'une famille nombreuse et pauvre travaille un certain temps sur la terre de son père tout comme ses frères.

À treize ans, le jeune François-Xavier cède à un enthousiasme très peu écossais. Il se laisse emballer par le préfet apostolique du golfe du Saint-Laurent, Mgr Bossé et part avec lui sur la Côte-Nord pour étudier le latin ; il rêve de devenir prêtre séculier pour ce milieu défavorisé. Ce rêve ne dure pas deux ans.

En 1884, Mgr Bossé, émerveillé par l'intelligence de son latiniste en herbe, l'envoie faire son cours classique au Petit Séminaire de Québec. C'est le milieu providentiel pour le jeune Ross qui, conscient de commencer ses études un peu tard, prend les bouchées doubles. En 1889 il a complété ses études gréco-latines et entre au Grand Séminaire. À son grand regret, il n'y fera qu'une année de théologie alors que les futurs prêtres de cette époque faisaient deux ans. La Côte-Nord étant désormais confiée aux Pères Eudistes, François-Xavier revient au diocèse de Rimouski auquel il appartient par droit de naissance. Son évêque, Mgr Blais, le rappelle pour le faire enseigner à son Petit Séminaire.

Un an plus tard, François-Xavier est ordonné sous-diacre et devient secrétaire de son évêque. Ordonné prêtre en 1894, il continue son mandat de secrétaire encore deux ans. Pendant quatre ans, il accompagne son évêque au cours de ses voyages dans l'immense diocèse de Rimouski qui comprend alors toute la Gaspésie ; il revoit les sites familiers de son enfance et se fait une idée très précise de l'étendue et des possibilités du territoire gaspésien. Cette expérience sera extrêmement précieuse au futur évêque de Gaspé.

Dès 1896, l'abbé Ross est curé successivement à Matapédia, l'Anse-aux-Gascons et Saint-Louis-du-Ha-Ha jusqu'en 1904. C'est alors qu'il obtient un congé de repos et part pour l'Europe. Conquis par le charme de la Rome antique et moderne, il s'inscrit à l'Apollinaire, d'où il décroche brillamment en deux ans un doctorat en droit canonique.

« Rome lui apprit la force de la tradition et le sens de la continuité, la valeur de l'effort et le respect du temps...[2] »

---

2. Tract no 381, septembre 1951, p. 5.

Le Gaspé de 1923

L'abbé François-Xavier Ross passera quelque temps en Europe avant de revenir au pays natal. À Paris, il rencontre de nombreuses sommités du temps qui resteront pour toujours ses amis. Il affine sa plume au contact des œuvres des grands maîtres, il se baigne de culture française. Si son séjour au Séminaire de Québec l'avait marqué d'une empreinte ineffaçable par ses maîtres, Mgr Hamel et Mgr Paul-Eugène Roy, si ses années de secrétariat auprès de Mgr Blais lui avaient donné ce quelque chose du prélat XVIIe siècle égaré au XXe siècle, selon le mot de Mgr Roy, ses années d'études en Europe devaient parachever en lui le fin lettré, l'humaniste consommé.

À son retour en 1906, il est nommé Principal de l'École Normale de Rimouski qui vient d'être fondée par Mgr Blais. Il se met à l'œuvre, ordonne et dirige tout et acquiert au cours de ses seize années de principalat une expérience pédagogique magistrale qui lui permettra d'écrire son livre *La pédagogie*, volume si longtemps à l'honneur dans les écoles normales de la Province de Québec. Celle qui deviendra plus tard la fondatrice du Monastère et de l'École Normale de Gaspé, Mère Sainte-Catherine, lui est une collaboratrice de toutes les heures. Les grandes âmes sont faites pour se comprendre ; Mère Sainte-

Catherine comprend admirablement l'idéal, les vues et les manières d'agir de ce Principal racé.

Cet homme d'élite appelé à présider aux destinés de la Gaspésie, cet intellectuel, cet homme de cœur est aussi un artiste sensible et émotif, un amant de la beauté : « J'ai mes pivoines en fleurs devant ma porte et mes arbustes bourgeonnent ; mes rosiers développent amoureusement leurs feuilles naissantes. Ce matin, de bonne heure, j'entendais les petits oiseaux glissant leurs arpèges au milieu des branches chargées de rosée...[3] » disait-il dans une de ses lettres, après avoir exposé des préoccupations de pasteur. Il ne se lassait pas de la nature gaspésienne, il aimait les cimes, les hauteurs, les larges panoramas de lumière.

Du point de vue simplement humain et profane, Rome ne pouvait faire un meilleur choix en désignant comme premier évêque de Gaspé le très distingué Vicaire-Général de Rimouski, qui est indubitablement l'une des figures illustres du clergé canadien-français de la province de Québec. Nul plus que Monseigneur Ross n'est mieux préparé à l'accomplissement immédiat des grands devoirs de l'épiscopat, surtout dans cette partie du pays qui lui est parfaitement connue. On sait en effet qu'il fut administrateur du diocèse de Rimouski, lequel comprenait alors la péninsule Gaspésienne.

Nous n'avons pas besoin d'insister sur les grandes qualités intellectuelles et morales du nouvel évêque. La réputation de Monseigneur Ross a depuis longtemps franchi les limites du territoire de Rimouski. Pédagogue et publiciste éminent, il est cité à l'étranger comme une autorité, à l'égal des meilleurs écrivains et des sociologues les plus avertis de notre race. C'est au

3. Ann. des Urs. de Gaspé, dorénavant AUG, 1923, p. 56.

surplus un véritable apôtre du Seigneur dont l'ardeur, l'amour du travail, l'énergie et le dévouement se complètent de sa grande charité, de sa vive sensibilité et de son aimable délicatesse de gentilhomme parfaitement cultivé[4]. *Le Progrès du Golfe* ajoutait : clergé et diocésains de Gaspé ont bien raison de se réjouir et de se féliciter. L'évêque qui leur est donné est un homme de toute première grandeur ! *Le Droit* d'Ottawa apporta aussi sa note élogieuse : la tâche importante de diriger le nouveau diocèse ne pouvait tomber sur des épaules plus dignes que celles de Mgr Ross. Né dans le diocèse de Rimouski et y ayant demeuré toute sa vie, le nouvel élu apporte, avec la plénitude du sacerdoce, une connaissance exacte des besoins spirituels et matériels du nouveau diocèse. Âme sacerdotale zélée, intelligence clairvoyante, une des plus hautes autorités pédagogiques du pays, instigateur d'importantes réformes intellectuelles et économiques, Mgr Ross possède toutes les qualités nécessaires pour veiller dans cette nouvelle portion de l'Église canadienne au développement de la vie intellectuelle, morale et sociale[5] !

Le 3 mai 1923, Monseigneur était intronisé à Gaspé et faisait paraître ce jour même son *mandement d'entrée*, mandement qui demeure un monument social et historique pour l'Église canadienne. On y lit sa préoccupation première :

> L'un des soucis qui nous préoccupent le plus depuis notre nomination est de chercher le moyen d'établir auprès du siège épiscopal et dans les plus brefs délais, les deux foyers de formation qui s'imposent de la manière la plus urgente ; un *séminaire* pour recruter des prêtres et une *école normale* pour préparer des institutrices à l'enseignement primaire. Notre

4. *L'Action Catholique*, AUG, 1923, p. 5.

5. *Le Droit*, AUG, 1923, p. 6.

enseignement sera ainsi fortifié par la base et rehaussé par le sommet [...]

[...] une école normale s'impose pour la formation professionnelle des institutrices ; nous nous en occupons incessamment et l'œuvre se réalisera dès les premières possibilités. Nous voulons en effet favoriser de toutes nos forces, stimuler et développer l'enseignement primaire qui est à la base de toute éducation ; et pour cela il faut viser à multiplier les compétences dans le personnel enseignant.

Dans ce domaine de l'éducation, vous pouvez compter, mes frères, que votre évêque n'épargnera ni ses encouragements ni ses labeurs. *Laissez venir à moi les petits enfants*, tel est le moto que nous voudrions graver en lettres voyantes au frontispice de toutes nos écoles et même sur la façade de notre évêché. Si, en effet, l'école est le prolongement de la famille, elle est aussi le sanctuaire dans lequel l'Église groupe les enfants pour ouvrir leur intelligence à la lumière, former leur cœur à la vertu et orienter leur vie vers la pratique de tous les devoirs religieux et civiques. Et nous mettons au rang des principales obligations de notre charge pastorale, de presser l'accomplissement de ces devoirs chez tous ceux qui ont des responsabilités dans le fonctionnement des écoles[6].

D'autres institutions devront aussi surgir pour l'enseignement des garçons et Mgr planifie l'ordre des réalisations, il veut créer dans son territoire un centre d'activité religieuse, source d'initiatives fécondes pour la prospérité matérielle. « Dans une société bien constituée, avait écrit Léon XII, il doit se trouver une certaine abondance de biens extérieurs dont l'usage est requis pour la pratique de la vertu. » D'un regard d'aigle, il a perçu ce à quoi il devait d'abord s'attaquer.

6. Mandement, AUG, 1923, p. 26.

Les premières démarches
1924

Tel un aigle qui éveille sa nichée
Et plane au-dessus de ses petits
Il déploie son envergue, il les prend
Il les porte...
(Dt 32,11)

La fondation du Monastère des Ursulines en vue d'une école normale est le premier acte accompli par l'évêque de Gaspé, dans la réalisation du vaste programme de son épiscopat.

Un mois s'est à peine écoulé depuis sa consécration épiscopale, que lors d'un passage à Rimouski, il fait part à la Supérieure des Ursulines de son intention d'ouvrir une école normale à Gaspé, dès le mois de septembre 1924. Il invite celle-ci à venir sur les lieux au cours de l'été avec la religieuse qu'elle prévoit devoir devenir la première supérieure de la nouvelle fondation.

La communauté de Rimouski se montre favorable au projet pourvu qu'elle n'ait pas à assumer la responsabilité morale et financière de la nouvelle fondation.

Le 4 août 1923, Monseigneur de Gaspé présente sa demande officielle :

Révérende Mère S.J. Berchmans

Supérieure du Monastère des Ursulines de Rimouski.

Ma Révérende Mère,

Pour donner suite aux pourparlers déjà entamés avec vous, lors de mon passage à Rimouski, j'ai le plaisir de vous demander officiellement de vouloir bien accepter une fondation à Gaspé, en vue d'y tenir une école normale. Le Ministre est prêt à signer un contrat du moment que j'aurai une communauté décidée à accepter cette fondation et que j'aurai rempli les formalités préliminaires [...]

Pour le moment, votre Communauté signerait le contrat et serait responsable devant le Gouvernement jusqu'à ce que j'aie pu constituer une corporation civile avec les religieuses que vous m'aurez nommées [...] Votre communauté n'aura aucune responsabilité financière, je me chargerai moi-même d'effectuer les emprunts qui retomberont à la charge du Monastère de Gaspé, dès qu'il aura obtenu l'existence civile. Je rêve de voir ouvrir la maison en septembre 1924.

Vous savez le bonheur que j'ai d'organiser une école normale avec les religieuses qui ont été pendant dix-sept ans mes collaboratrices à Rimouski. Comme évêque, j'ai intérêt à posséder dans mon diocèse une branche de l'Institut historique de la Vénérable Marie-de-l'Incarnation, afin de donner aux filles de la région, la formation traditionnelle que j'aime par-dessus tout. Je tiens à avoir une communauté qui constitue une maison-mère pour une fondation de cette importance, afin d'éviter les ennuis de changement de personne sans le contrôle de l'autorité religieuse locale.

Maintenant, me permettez-vous, ma Révérende Mère, de dépasser quelque peu les bornes de la discrétion en vous priant de me

> donner comme supérieure, celle que j'ai effectivement formée à tenir une école normale suivant mes vues, la Révérende Mère Ste-Catherine-de-Sienne, et comme assistante, la Révérende Mère Ste-Angèle, toutes deux prêtes à mettre sans retard, sur un bon pied, l'institution que je veux la première de mon diocèse. Si vous voulez bien faire droit à ma demande, je vous prie de bien vouloir vous entendre avec la supérieure nommée pour faire le choix des autres fondatrices en vue d'établir cette fondation sur les bases de l'union fraternelle et de la régularité de l'observance.
>
> Dans l'espoir d'une solution heureuse que je demande à Dieu depuis longtemps, je vous bénis avec votre communauté et je vous offre l'hommage de mon respect et l'assurance de ma haute considération.
>
> [signé] F.X. Ross
>
> Évêque de Gaspé[7]

Le Conseil du Monastère de Rimouski acquiesse à l'unanimité et la fondation est décidée ainsi que le choix des premières fondatrices conformément aux désirs exprimés par Monseigneur de Gaspé ! Au Monastère de Rimouski, beaucoup de cœurs battent très fort quand on parle de la fondation gaspésienne !

Entre temps, Monseigneur Ross fait la demande d'autorisation au Saint-Siège. De courts extraits de sa lettre à Sa Sainteté Pie XI illustrent une fois de plus le souci constant du premier évêque de Gaspé.

> [...] Je dois pourvoir à l'organisation complète de toutes les œuvres nécessaires à la vie diocésaine et je les entreprends à mesure que les circonstances le permettent. L'un des besoins les plus urgents est de travailler à l'éducation des enfants dans les écoles

---

7. AUG, 1923, p. 42.

paroissiales déjà existantes et celles qui devront être ajoutées avec le temps [...]

[...] Très Saint Père, j'ai besoin pour l'avenir de mon diocèse d'assurer une forte éducation chrétienne aux jeunes filles qui deviendront dans le monde les *mères de famille*. Votre Sainteté connaît l'influence que la femme exerce sur la condition des familles, et par suite sur la société entière. Aussi je considère d'une importance vitale d'avoir sous les yeux de l'évêque et à la portée de son action immédiate, un foyer de formation féminine.

J'ai fixé mon choix sur la communauté des Ursulines avec lesquelles j'ai travaillé à Rimouski pendant dix-sept ans. La Congrégation des Ursulines est bien connue dans l'Église entière pour les services rendus depuis quatre cents ans dans l'éducation des filles ; elle conserve dans notre province française de Québec les traditions établies par Marie-de-l'Incarnation, fondatrice du Monastère de Québec en 1639, et dont le procès de béatification se poursuit actuellement devant la S. Congrégation des Rites [...]

Pour toutes ces raisons, Très Saint Père, je prie Votre Sainteté d'autoriser la fondation de ce Monastère dans ma ville épiscopale et les dépenses nécessaires à son établissement [...]

[signé] F.X. Ross, évêque de Gaspé[8]

8. AUG, 1923, p. 45.

Quelle chance... ! aller voir Gaspé... !

Comme un géant, le navire trace majestueusement son chemin sur le grand fleuve pendant que les beautés défilent impressionnantes et silencieuses tout le long du littoral.

Ce matin du 9 août 1923, au quai de la Pointe-au-Père, à 7h précises, deux moniales se sont embarquées à bord du *Gaspésia* de la Clarke Steamship. Un évêque, nul autre que Monseigneur Ross et son secrétaire l'abbé Dufresne, les y attendaient pour les guider et veiller à leur bien-être.

Pendant deux jours, une croisière féerique se déroule pour Mère Sainte-Catherine et Mère Sainte-Angèle... Du haut du grand pont, elles admirent l'activité intense du Saint-Laurent, les petites barques de pêche à l'œuvre, échelonnées vis à vis de chaque village, le transbordement des passagers et des marchandises à chaque arrêt du navire ; elles écoutent leurs cicérones leur faire l'historique de chaque village à mesure qu'ils les dépassent. Le matin du 10 août à 6 h, dans le grand salon du navire, c'est l'émotion d'une Eucharistie célébrée en pleine mer par le Père Manguelaire, s.j.

Le Gaspésia

Ces dames se rendent à l'invitation que leur a faite l'évêque de Gaspé de venir choisir elles-mêmes le terrain du futur monastère. En fin de journée du 10 août vers 17h45, le navire fait son entrée dans la Baie de Gaspé.

Quel ravissant et majestueux spectacle s'offre alors aux regards des passagers muets d'admiration ! Le ciel coloré par les reflets du soleil couchant, le site enchanteur de pittoresques montagnes en amphithéâtre, la large baie dont les eaux profondes permettent aux transatlantiques d'accoster à ses rives en même temps qu'elle offre un refuge aux navires menacés par les grands vents du nord, et tout au fond *ce petit village* aux maisons ensevelies dans la verdure qui apparaît comme le grain de sénevé destiné à devenir d'une importance capitale par sa situation avantageuse et les nombreuses institutions dont va le doter le premier évêque du diocèse.

> Les religieuses mettent pied à terre et s'agenouillent en esprit sur ce sol béni devenu leur patrie d'adoption. Elles peuvent contempler de leurs yeux l'endroit historique où Jacques Cartier

planta la croix en prenant possession du pays au nom du roi de France et déjà, elles cherchent la cime élevée où à l'instar de Marie-de-l'Incarnation, elles vont bâtir une maison à Jésus[9] !

À Gaspé, elles goûtent l'hospitalité des sœurs du Saint-Rosaire et dès le lendemain, le 11 août, le choix du terrain est fixé à l'endroit précis où sera effectivement érigé le monastère ; elles repartent pour Rimouski par train le matin du 14 août.

Le terrain convoité appartient à des protestants peu intéressés à s'en départir. Et voilà que des prières, des médailles et quoi encore changent les esprits si bien que le 8 décembre de la même année, le terrain est offert à l'évêque de Gaspé.

> Le propriétaire m'offre une trentaine d'acres à 250 $ l'acre. Cela fait un montant respectable, mais c'est la meilleure situation du village. Une route y conduit partant du Bassin.Votre monastère y serait aperçu en entrant dans la Baie après avoir contourné la vieille (la montagne du bout du Finistère) et vous domineriez tout le village avec plus de soleil et moins de vent. Le terrain est vaste pour les cours, le verger et vous ne serez jamais menacées d'être ensevelies !

Le 15 décembre, Monseigneur a encore du nouveau à écrire : « J'ai fait le tour avec le propriétaire ; il demande 7000 $ pour le tout, c'est cher, mais on ne peut trouver plus bel endroit ! Nous aurons un beau carré qui nous mettra longtemps chez nous, sans voisinage encombrant. Demain, je vais y enterrer une image de la Vénérable Mère pour qu'elle nous envoie de l'argent et je vais mettre mes pompes en action pour tirer quelque chose du trésor provincial. Priez bien. Vous aurez là de beaux points de vue sur les hommes et les choses. Quand aurai-je mon séminaire et ma maison d'ursulines[10] ?»

---

9. AUG, 1923, p. 47.

10. *Ibid.*

Et Monseigneur de Gaspé s'active, il fait des plans. Il faut que cet édifice comprenne une école normale, un pensionnat, une école ménagère, etc. L'enseignement ménager, c'est important aux yeux du Pasteur de Gaspé, il insiste dans sa lettre du 7 octobre :

> Il y a tout un problème d'avenir à cela. Nos filles partent à plein bateaux. Pour les retenir, il faut créer des industries féminines au foyer, organiser une fabrication de produits agricoles, travail de la laine, de la toile, que sais-je ? Puis, apprendre aux jeunes filles l'hygiène de la tenue personnelle, de la tenue de la maison, etc.

On demande des plans à l'architecte Pierre Lévesque de Québec. Pourquoi pas un local suffisant pour une centaine d'élèves, une maison d'environ 130' X 59', à cinq étages outre le grenier et le rez-de-chaussée ? Monseigneur hésite...

> Mon Dieu, mes chères filles, j'en dis ce que vous savez ! La construction est si dispendieuse que je crains de vous jeter dans le gouffre d'où vous ne pourrez plus jamais sortir... Inutile de compter sur des ouvriers et même des manœuvres d'ici ; il faut tout faire venir du dehors. Peut-être on pourrait mettre 114' pour loger une soixantaine d'élèves seulement[11] ?

Le 13 novembre, lors de son passage à Rimouski, une décision finale est prise : le monastère aura quatre étages de 124' X 59' sans le grenier et le rez-de-chaussée ; il sera à l'épreuve du feu et coûtera environ 130 000 $ d'après l'évaluation de l'architecte.

Pendant que s'élaborent les plans du monastère, les trois futures gaspésiennes (une troisième s'est en effet ajoutée en la personne de Lydia Harvey-de-Saint-André) sont en partie déchargées de leur office dans la communauté de Rimouski et

11. AUG, 1923, p. 48.

peuvent se consacrer aux préparatifs de la fondation. Elles veulent confectionner le linge d'autel mais elles n'ont rien sinon le cœur plein de prières. Et voilà que surgissent les bienfaiteurs !

« Premier don en faveur du sanctuaire ! » dit Monseigneur de Gaspé en remettant à Mère Sainte-Catherine une riche pièce d'or. Premier don, premier anneau d'une chaîne ininterrompue de bienfaits dont le dernier ne se fermera qu'au seuil de l'éternité.

Et depuis, cet évêque pauvre, fondateur d'un diocèse pauvre, met à part pour ses institutions les petites épargnes que lui laisse son inépuisable charité envers les nécessiteux. À peu près chaque lettre contient un billet de banque avec de courtes inscriptions comme : « À mes bien-aimées filles, pour le cher monastère, fruit de ma prédication dans la paroisse de... »

Les Ursulines de Rimouski ne se contentent pas de donner les personnes, elle ajoutent en argent un 150 $ pour les premières nécessités. Un gros don pour une communauté si pauvre encore !

Le curé de Sainte-Blandine, l'abbé L.N. Rioux, offre de payer tous les tissus, les velours, les galons, les franges, etc. que les missionnaires transforment en ornements liturgiques. Les élèves du Monastère de Rimouski sacrifient leurs cadeaux de Noël, leurs prix de fin d'année, et peuvent ainsi offrir les calices et ciboires de la future chapelle. Enfin plusieurs bienfaiteurs du milieu rimouskois apportent leurs contributions et tout cela ensemble, c'est comme une bonne bouffée d'espérance pour les fondatrices.

> La sacristie et le sanctuaire ainsi pourvus, ce fut comme le royaume des cieux ! Établissez-le d'abord et le reste vous sera donné par surcroît ! La parole évangélique se réalise pour la petite communauté. Comme les disciples, elle peut répondre à la

parole du maître : « Depuis que vous m'avez suivi, vous a-t-il manqué quelque chose ? » — « Rien Seigneur[12] ! »

Les mois suivants se passent à étudier les plans de l'architecte, à faire des calculs pour trouver où loger une communauté, un noviciat, des dortoirs, une école normale, un pensionnat, une école ménagère, etc. Après bien des maux de tête, on réussit à trouver une place pour une trentaine de religieuses, une centaine de pensionnaires et une cinquantaine d'externes.

Reste la question des finances pour laquelle Monseigneur se démène. Le 15 février 1924, il informe :

> Le Ministre nous commencera le versement de nos octrois avec la nouvelle année fiscale [juillet] si seulement nous pouvons, sans mentir, lui dire que nous avons un cours normal quelque part à Gaspé, quand même il serait... long comme ça... affaire de sauver les apparences ! Comment faire ? Creusez-vous vos trois têtes, la mienne est assez creusée déjà[13] !

Un octroi de 11 700 $ est promis par le gouvernement provincial. Un emprunt se fait à la Banque Nationale pour 130 000 $ par débentures à 5,50 %. L'entreprise est confiée à Messieurs Filion et Labreque de Québec. Et l'affaire démarre !

Oui, cela démarre !

En effet, « le petit quelque chose *long comme ça* » se produit qui va permettre la réalisation du rêve de Monseigneur.

Le 2 mars 1924, il annonce que Monsieur John Baker, hôtelier de Gaspé, met à la disposition de la nouvelle œuvre pour l'année à venir l'un de ses trois beaux hôtels, le Baker's

12. AUG, 1924, p. 14.

13. AUG, 1924, p. 16.

Le Baker's Lodge

Lodge. « Vous trouverez dans cette jolie résidence un avant-goût des beautés de votre site là-haut », écrivait Monseigneur.

Il est donc décidé que l'École normale ouvrira ses cours dans cet hôtel dès septembre 1924. Les annonces se font aussitôt et les demandes affluent. Trente-cinq demandes qui se réduiront à vingt-deux au moment des admissions.

Le 11 mai, les travaux commencent sur la colline. Monseigneur se trouve alors à Québec à une réunion du Conseil de l'instruction publique, réunion des plus importantes, car il s'agit de la nomination du futur principal de l'École normale de Gaspé.

« J'ai un candidat à vous proposer, c'est un peu difficile pour moi de faire son éloge, mais j'ai confiance en lui, c'est l'évêque de Gaspé ! » Les applaudissement fusent car cette proposition vient d'être faite précisément par l'évêque en question. Est-il besoin de le dire ? la proposition est adoptée à l'unanimité.

Le retour à Gaspé du nouveau principal se fait en bateau, grâce au bateau-croiseur *Le Marguerite*, commandé par le capitaine Lacouvée de Gaspé.

« En entrant dans la Baie, je fouillais de ma lunette le site de notre cher monastère. Quel plaisir, chères Filles, j'aperçois au soleil le bois neuf qu'on y a transporté et les abris que les ouvriers se sont construits, puis les excavations à l'endroit des murs[14] ! »

Les nouvelles de la construction arrivent régulièrement à Rimouski, grâce à la plume alerte du Fondateur. Tout n'est pas parfait, il y a des semaines éprouvantes comme celle du 2 juin.

> Je me sens un peu comme les singes dont parle quelque part saint François de Sales, qui sont tout renfrognés quand il pleut, et gambadant et sautant quand le soleil paraît. Ce matin, je suis comme ceux des mauvais jours, c'est que nous avons un temps à renfrogner tous les chimpanzés.
>
> L'entrepreneur arrive de Québec et me dit que jeudi il est tombé là-bas presque un pouce de neige ; cela me console un peu de savoir qu'ils ont un plus mauvais climat que le nôtre ; tout de même, on gèle ici aussi, avec la perspective que dans trois semaines, les jours vont commencer à raccourcir. C'est merveille qu'ils ne ratatinent pas déjà par un temps pareil !
>
> Vous voulez des nouvelles des travaux ? Ça va bien lentement par cette pluie continuelle. Pas assez d'hommes. J'ai demandé à Monsieur Filion de descendre pour aider son associé à mettre les affaires en marche. Il va falloir hausser les gages à 2,50 $ par jour pour avoir de bons ouvriers et les garder. Il faut aussi régler l'affaire du chemin par lequel on transporte les matériaux. Cette fameuse côte si belle à voir, mais si difficile à grimper avec les lourds matériaux ! Décidément, il nous faut absolument acheter un camion qu'on pourra ensuite revendre au Séminaire ou au... Principal ! Entre parenthèses, je viens de recevoir ma nomination officielle comme Principal !

14. AUG, 1924, p. 52.

Sur le terrain, les pierres ne manquent pas pour les fondations. Le gravier se vend 15 cents la verge cube et avec le camion, on ira le chercher sur les bords du bassin. Les matériaux commencent à arriver de Québec et l'Évêché paye, et paye encore... sans trop savoir si vous nous rembourserez un jour, autrement qu'en monnaie de religieuse... ce dont je me contenterais bien, mais les procureurs, eux, n'ont pas d'entrailles... Je voudrais avoir les trésors de Crésus pour vous monter votre maison sans vous endetter. Mais qu'importe, notre pauvreté mise en commun sera une richesse qu'on pourrait nous convoiter[15] !

En vertu d'une loi passée à la session du 15 février 1924, la corporation est légalement constituée sous le nom officiel de les ursulines de Gaspé. On sait maintenant que cent trente mille dollars ne suffiront pas pour la construction, il faut emprunter deux cents mille dollars. Enfin, l'heure approche où les pierres vivantes de la fondation rejoindront leur destination. Et les recommandations du Pasteur se multiplient pour ce voyage prévu pour le 9 juillet. Monseigneur va voir à les faire accompagner sur le train, il recommande de ne pas s'encombrer d'ameublement, elles trouveront tout dans l'hôtellerie...

Il ajoute, au sujet de l'eau : « Les intentions que vous avez jetées dans le puits sont descendues jusqu'à 72 pieds. Hier, on a pompé pendant sept heures sans épuiser. Aujourd'hui on devrait faire la dernière preuve de la suffisance de l'eau. J'attends cela avec impatience et vous l'apprendrez aussitôt. Chose curieuse, on a trouvé de l'eau dans une couche de charbon. Si elle ne peut pas goûter le pétrole ! Vous savez qu'il y a des puits de pétrole dans la région de Gaspé. Nous sommes sur une mine, mes chères Mères ! Quoi qu'il en soit de cette mine, je sais bien que vous

15. AUG, 1924, p. 60.

L'éolienne fait son possible pour fournir l'eau ;
ses ailes tournent sous les vents de l'hiver...

m'en apporterez une qui ne s'épuisera jamais et qui ne se renfrognera pas non plus[16] ! »

En fait, l'avenir prouvera que les craintes de Monseigneur étaient fondées.

La situation de l'eau restera toujours précaire et les premières occupantes devront en charroyer et en charroyer encore des chaudières jusqu'au cinquième étage. Elles devront apprendre à se laver à l'eau froide, souvent un peu brunâtre... Elles devront apprendre à pratiquer la pauvreté jusque dans l'usage de l'eau, n'utiliser que le minimum nécessaire... Elles devront apprendre à aimer l'eau qui a très souvent un petit goût de pétrole.

L'éolienne du jardin fait son possible, se démène, agite ses ailes à tous les vents, s'épuise à la tâche sans réussir à fournir les quotas nécessaires. Le moteur à gazoline acheté pour la seconder

16. AUG, 1924, p. 57.

...et chantent sous les brises de l'été

a beau tourner, gronder, cracher, s'user, se réparer, la solution de l'eau ne se verra réglée que le jour où la ville de Gaspé organisera un système d'aqueduc moderne en 1952 !

Alors, béni soit Dieu pour notre sœur l'eau !

Béni soit Dieu pour ces vingt-huit ans de patiente et généreuse acceptation !

Béni soit Dieu pour la petite source du terrain d'en arrière qui tant de fois nous a sauvées de la soif et nous a permis de nous laver !

Et béni soit Monsieur Desrosiers si patient pour aller la chercher cette bonne eau de la petite source !

UN NID S'EST BÂTI

Un neuf juillet mémorable

Comme en la Nouvelle-France
Jadis au temps de Champlain,
Pour se pencher sur l'enfance,
Illuminer son chemin !
Chères collaboratrices
D'hier et de demain
Venez cueillir les prémices
Et semer à pleines mains !
(Marie Roy)

C'est matin de grand congé au Monastère de Rimouski ! Toutes sont là dans la grande salle de la communauté, celles qui partent et celles qui ne partent pas, empoignées par le départ aujourd'hui des trois premières missionnaires de Gaspé. Quand on quitte un cloître à cette époque, c'est pour n'y plus jamais revenir, un départ est un adieu ! Mère Sainte-Catherine et Mère Sainte-Angèle sourient bravement tandis que Desneiges Belzile de Saint-Laurent s'affaire encore à ramasser les derniers sacs de voyage, s'agite, se démène, ce qui lui aide à dissimuler ses émotions, elle si récemment nommée pour cette grande expédition.

L'abbé Charles-Eugène Roy est déjà rendu à la gare pour les attendre alors que l'abbé Bélanger, frère de Mère Sainte-Angèle, les rejoindra sur le train à Amqui. Ce sont les Raphaëls désignés par l'Évêque de Gaspé pour veiller sur les précieuses voyageuses. Avec la sollicitude d'une mère, celui-ci a tout prévu pour ce voyage.

> Un renseignement d'importance est que vous aurez tous les jours, ou le pullman ou le *parlor-car*... comme on dit à Paris... ! et à Gaspé !
>
> Ayez soin de faire prendre vos sièges dans le même voisinage, au cas qu'il vous prendrait envie de parler en cours de route ! Le côté droit de la rivière vous serait plus agréable... il est vrai que vous aurez le soleil de l'avant-midi, mais de l'autre côté, on le « poigne » dans l'après-midi, suivant l'expression de nos gens d'ici qui viennent me dire qu'ils ont « poigné » une maladie dont ils voudraient bien que je les « dépoigne » !
>
> Il faut prévenir vos guides qu'à Matapédia, vous aurez à acheter vos billets à la gare pour les avoir à mi-prix... et puis, il va falloir surveiller vos bagages d'un train à l'autre, sinon vous vous exposez à les laisser là. Et mettez quelque chose à manger dans les petites boîtes de Mère Sainte-Angèle ; autrement vous risquez d'avoir faim...

Ce soir-là, le train entre en gare de Gaspé à 22h30 sous une pluie fine, à la lumière des éclairs et aux accompagnements du tonnerre. Après quelque temps d'attente sur l'embarcadère, les voyageuses montent dans la petite barque à gazoline qui les transporte en quelques minutes de l'autre côté de la rivière York où l'automobile de Monseigneur les prend pour les mener jusqu'à l'évêché tout illuminé pour la circonstance. Après s'être agenouillées sous la main bénissante de l'évêque, les trois

L'évêché de Gaspé en 1924

Ursulines et leur escorte montent à la petite chapelle où Sa Grandeur entonne le *te deum* de la reconnaissance.

Dès le lendemain, elles vont en compagnie du Fondateur visiter le terrain du monastère. À pied, elles font le tour de la grande propriété et se reposent ensuite auprès d'une délicieuse petite source ombragée de grands arbres, une trouvaille-surprise sur leur terrain. Les bonnes Mères ne se doutent pas encore combien cette petite source leur sera providentielle aux heures de carence d'eau. Avant de redescendre, Monseigneur enfonce dans le ciment non encore durci une petite bouteille contenant un crucifix, une statuette de la Vierge, des médailles, des images des saintes patronnes de l'Ordre. Puis il bénit les ouvriers et demande au bon Dieu de leur épargner tout accident.

En attendant d'entrer à l'hôtellerie, les religieuses logent dans le palais épiscopal avec un règlement provisoire sauvegardant les exigences de la vie monastique, compte tenu des circonstances. Elles goûtent bonheur et repos sous le toit du Père de famille.

Le dimanche du 3 août a lieu la bénédiction de la pierre angulaire du Monastère. Cérémonie très simple à laquelle les trois Ursulines présentes à Gaspé n'assistent pas, à cause de la clôture canonique. Il reste que : « L'inauguration de cette première pierre du premier monastère en Gaspésie, ouvert par les filles de la première éducatrice des enfants canadiens, constitue un événement bien digne d'être souligné et de prendre place parmi les souvenirs qu'il fera bon plus tard de se rappeler[1]. »

Nous avons les monts,
Les vallées ombrageuses,
Et les bois profonds
Les grottes pieuses.
Pour, à deux genoux
Faire le silence
Loin de tout remous
Demander audience.

Créer des oasis
Douces, fraternelles
Où croissent les lys
Où s'ouvrent les ailes.
Y vit le Seigneur
En blanche chapelle,
Paix, abri des cœurs,
Leur forte citadelle.
(Marie Roy)

1. AUG, 1924, p. 62.

Ainsi sera le sceau de l'œuvre nouvelle

Il fallait composer un sceau pour authentifier tous les documents officiels du monastère. Les fondatrices l'élaborent sous la direction de Monseigneur.

Écu suisse. En chef une étoile d'or sur fond azur. L'étoile d'or, empruntée au blason de sa Grandeur Monseigneur notre évêque et fondateur, figure l'idéal.

En pointe se détache sur fond argent, une croix en bois naturel, représentant la croix de Cartier. Cette croix surmontée d'une fleur de lys est enlacée au bas par les lettres A.M. (Assomption de Marie), vocable du futur Monastère.

L'écu surmonté de A.U. (Angèle, Ursule) est encadré à dextre du lys d'Angèle et à senestre de la palme d'Ursule, dont les tiges se croisent « en pointe » et soutiennent un listel portant l'inscription qui sert de devise :

Ascensiones disposuit

Dieu a disposé dans nos cœurs des ascensions

L'équipe se complète pour septembre 1924

Le 6 septembre, les trois autres religieuses nécessaires au fonctionnement de la nouvelle école normale quittent Rimouski

pour Gaspé. La saison touristique est terminée, l'heure est venue d'envahir le Baker's Lodge.

Elles arrivent toutes pimpantes, ardentes, remplies de jeunesse ! Lydia Harvey-de-Saint-André, 28 ans, a déjà une expérience de huit ans d'enseignement dans une école normale. Antoinette Martel-de-Sainte-Cécile, 27 ans, professeur de piano, d'orgue et de violon à Rimouski a accepté de venir passer quelques années à Gaspé, le temps nécessaire pour que le nouveau monastère se recrute en musiciennes. La troisième, Rose-Anna Langlois, 29 ans, détient aussi un diplôme d'école normale, mais cela ne l'impressionne pas outre mesure, elle a depuis toujours fait son choix pour les travaux manuels.

Salut à toi, Baker's Lodge !

Nos six moniales, quatre pour faire fonctionner l'école et deux pour voir à l'entretien de la maison, sont sur le seuil de la porte du Baker's Lodge au matin du 8 septembre 1924, fête de la Nativité de Marie. Le jour ne peut être mieux choisi pour voir la naissance d'une œuvre nouvelle ! Les vingt-deux élèves de la future école sont convoquées pour le 13, on a donc cinq jours pour organiser la maison.

On ne se lasse pas d'admirer ce milieu exceptionnel : des fauteuils, des glaces, des lustres, des boiseries sculptées, etc. Du grand luxe pour ces pauvres du Seigneur ! L'hôtel de touristes semble si providentiellement disposé pour être transformé en cloître monastique que, magiquement, les qualités d'organisatrice de Mère Sainte-Catherine entrent en action.

Le premier soin est de préparer le trône pour l'hôte divin. Le petit salon de l'entrée est tout désigné pour cet honneur. Grâce aux Sœurs du Saint-Rosaire, on obtient l'un des anciens autels latéraux de la vieille église qu'on surmonte d'une statue de l'Assomption de Marie. Le tuyau de la distribution du gaz est là juste au bon endroit pour qu'on y accroche la lampe du sanctuaire. Une petite pièce voisine séparée de la chapelle par un rideau sert de sacristie et de confessionnal. L'harmonium, car il y a même un harmonium, trouve place devant la porte, un endroit idéal pour l'accompagnement des chants religieux. Tous les soirs, la salle d'étude située à proximité deviendra la chapelle des élèves, puisque seules les religieuses réussissent à trouver place dans le sanctuaire.

Les autres salles deviennent salle de classe, de communauté, dortoir, cuisine et réfectoire et le tout forme un monastère des plus canoniques qui soient !

Le 10 septembre, Monseigneur de Gaspé vient bénir ce monastère improvisé et y célèbre la messe le lendemain. L'émotion est à son comble et des larmes montent aux yeux sous la poussée des sentiments d'amour et de reconnaissance qui remplissent les cœurs.

Monseigneur parle intimement avec la petite communauté réunie autour de lui. Cette première œuvre tangible depuis sa consécration épiscopale, cette réalisation éveille tous les espoirs, tous les rêves qu'il a formés pour le bien de son diocèse.

Les religieuses lui racontent ensuite qu'une élève est déjà arrivée depuis la veille, c'est-à-dire deux jours avant la rentrée. Le père de celle-ci, pêcheur de la côte, apportait sa valise dans une brouette et le jeune fille le suivait avec son « manger pour deux jours » dans une « petite chaudière », en cas qu'on ne puisse pas la recevoir. Ils étaient venus plus tôt par crainte du mauvais temps. « Eh bien, vous aurez là la sève du pays », ajoute Monseigneur après avoir entendu ce récit.

Les vingt-deux élèves arrivent…

Tel que prévu pour ce 13 septembre. Dès le lendemain, on fait passer des examens ce qui donne à l'École Normale deux cours selon les exigences des Règlements du Comité catholique, et sans tambour ni trompette, les classes commencent.

Comment faire la pédagogie pratique sans école d'application ? La réponse vient toute seule : une de nos grandes élèves, issue d'un milieu défavorisé et loin de l'école, sait à peine lire. C'est le sujet idéal pour l'école d'application. Les jeunes filles classées en deuxième année lui feront faire sa première, sa deuxième et sa troisième année primaire, faisant ainsi preuve de leurs aptitudes pédagogiques.

Le 14 septembre, c'est la messe officielle d'ouverture par Monseigneur l'évêque. Il bénit les enfants, leur parle de l'importance de l'œuvre qui commence et fait des vœux pour qu'elle dure autant que les siècles.

Puis, s'adressant aux religieuses, il leur répète les paroles de l'Archevêque de Tours à Madame de la Peltrie, au sujet de Marie-de-l'Incarnation et de sa compagne :

> Voilà les deux pierres fondamentales de l'édifice que vous voulez faire à Notre-Seigneur dans le Nouveau-Monde ; je vous les donne pour la fin pour laquelle vous me les demandez ; qu'elles soient dans ce fondement comme deux pierres précieuses semblables à celles du fondement de la Jérusalem céleste. Que cet édifice soit à jamais un lieu de paix, de grâces et de bénédictions, plus fécond que ne le fut jamais celui de Salomon[2] !

Il s'adresse ensuite aux élèves, les félicitant d'être les premières. « Quand vous serez grands-mères, vous raconterez cela à

2. AUG, 1924, p. 68.

vos petits-enfants. Vous leur direz que l'École Normale de Gaspé a commencé dans un hôtel, et que vous étiez les premières, d'illustres premières car je sais que vous deviendrez des valeurs, mes enfants[3]. »

Il est de règle à cette époque que les élèves des couvents et des collèges fassent une retraite d'au moins trois jours au début de l'année scolaire. À Baker's Lodge, la retraite se résume en un sermon prêché par la Père Alexis, religieux franciscain qui venait de donner la retraite aux prêtres. Il choisit pour texte *Qu'est-ce que la religion ?* Celle-ci ne consiste pas seulement dans la foi ; le démon croit et il est damné. Elle ne consiste pas non plus uniquement dans le culte ; les mahométans nous en fournissent un exemple. La religion, c'est une *vie* et elle consiste dans *l'imitation de Jésus-Christ*... et voilà pour la retraite de cette année-là au Baker's Lodge !

Les classes commencent, se poursuivent, les jours s'écoulent paisibles et heureux. Le jeu des jetons commence dès le mois d'octobre : chaque faute de langage est corrigée par une compagne qui en récompense reçoit un jeton (bout de carton sur lequel apparaît le nom de celle qui vient d'être corrigée). C'est la guerre ouverte aux mots mâchouillés, aux anglicismes, aux manques de négation, aux mauvais mots, aux mauvaises constructions de phrase, aux « chus pas capable... » etc. Ce jeu n'a que deux inconvénients : celui de tourner parfois en duel et celui de requérir une comptabilité minutieuse à chaque fin de semaine. Mais quelle efficacité ! Il éveille l'attention, la vigilance et aussi la fierté du beau langage, et personne dans les générations d'étudiantes qui ont passé à l'École Normale de Gaspé ne regrette d'avoir eu à le pratiquer.

3. AUG, 1924, p. 69.

On travaille fort, mais on profite aussi des traditionnels congés des Ursulines. À tout seigneur, tout honneur ! La Sainte-Ursule du 21 octobre se fête dignement à Baker's Lodge par la relâche des cours et un menu plus soigné... Suivra la Sainte-Catherine et sa tire... l'Immaculée-Conception et les grands rubans bleus ! La Sainte-Cécile du 22 novembre n'offre pas encore le faste et le traditionnel goûter des musiciennes, celles-ci sont si peu nombreuses encore. Pourtant, Monseigneur y a pensé à cette fête et apporte les devis de l'orgue qu'il a commandé aux frères Casavant de Saint-Hyacinthe, orgue qui sera installé dans le chapelle du Monastère pour le 15 août 1925. Mère Sainte-Cécile est si heureuse qu'elle rit et pleure en même temps[4] ! Cet orgue est encore aujourd'hui à la cathédrale de Gaspé depuis qu'il a été donné en 1970, lors de notre grand déménagement.

Puis, c'est Noël et sa magie féerique ! Au Monastère, cette fête revêt un cachet particulier de religieuse et naïve piété ! Un peu avant minuit, les élèves sont éveillées pas les « anges » qui chantent des mélodies de Noël accompagnées au violon par Mère Sainte-Cécile. Ah ! ces anges qui invitent à venir voir l'Enfant-Jésus si merveilleusement accueilli à l'hôtellerie Baker ! Les yeux ne sont pas assez grands pour les bien voir ! Peut-être étaient-ce de vrais anges ? C'est si nouveau, si neuf pour ces couventines gaspésiennes, un Noël avec des « pointes » (message spécial de l'Enfant-Jésus à chacune). Le 27 décembre seulement, elles vont passer quelques jours de vacances dans leur famille.

---

4. Ce n'était pas le premier cadeau de Mgr à Mère Sainte-Cécile. À Rimouski en 1917, il avait offert une harpe, qui rejoint sa propriétire à Gaspé en 1925.

Le Principal vient toutes les semaines prendre le pouls de l'École Normale. Avec quelle sollicitude il suit le développement de ce grain de sénevé destiné, dans ses légitimes ambitions, à devenir un grand arbre dont les rameaux étendraient leur bienfaisante influence sur tout le territoire gaspésien ! Il n'est pas absent longtemps sans écrire : « je me suis occupé de votre statue, celle de la façade ! » « Je vais aller voir pour l'autel de la chapelle », « je pense au chauffage », « je m'en occupe... », « je m'inquiète toujours de votre couverture... de votre eau...[5] »

Le bonheur de la vie à Bakers's Lodge raconté par quelqu'un qui l'a vécu...

Je vous revois, chères compagnes d'autrefois, Suzanne Cotton, Marguerite Frenette, Annette Laffoley, Juliette Packwood, Lucienne Roy, Georgine Badeaux, Léda Bouchard, Berthe Carbonneau, Marie-Anne Cassivi, Adrienne Chrétien, Doris Cosgrave, Jeannette Cotnoir, Adèle Coulombe, Blanche Sainte-Croix, Catherine Duguay, Kathleen Maloney, Thérèse Richard, Yvonne Rioux, Irène Sweeney...

Vous vous souvenez de la petite chapelle en entrant, à droite, avec son alcove en guise de sacristie et de confessionnal ? La patère, près de la porte, sur laquelle l'Abbé Alexis Dufresne, alors secrétaire de Mgr Ross, suspendait son paletot et son casque de « krémer » lorsqu'il venait nous dire la messe les matins d'hiver vers six heures et vingt-cinq ? Que de distractions n'avions-nous pas, Annette et moi, en notre qualité de sacristine ! Avions-nous pensé à remplir les burettes, à préparer la mèche pour allumer les cierges... le cingulon était-il en place et à la

5. AUG, 1924, p. 72.

bonne place ? Sans doute, Mère Sainte-Angèle était là pour corriger nos bévues, mais il ne fallait pas les multiplier.

Vous souvenez-vous du samedi soir vers quatre heures et demie, un peu avant la leçon de politesse, lorsque le grand miroir du corridor d'entrée nous reflétait la droite et solennelle vision de Mgr Matte qui, avec des gestes mesurés, utilisait la patère, à son tour, et peut-être aussi la glace... qui sait ? De la salle d'étude, notre poste d'observation, nous chuchotions d'un relais à l'autre : « Il vient confesser les Mères ! » En effet, notre surveillante partait discrètement en déposant son tablier noir sur le dos de la chaise ; Mère Sainte-Cécile abandonnait sa leçon de piano au désespoir de la pauvre Annette, et se dirigeait vivement vers la chapelle ; sœur Saint-Laurent et Sainte-Véronique suivaient allègrement et nous avions soudainement l'impression d'être seules dans la maison.

C'était le temps, pour celles qui avaient des petites courses à faire au dortoir, et il y en avait toujours, d'enlever les souliers afin que les marches ne craquent pas et d'escalader l'escalier au moins deux degrés à la fois. Je revois Suzanne, en chaussettes, réussir à alerter les autorités parce que, au lieu de dissimuler ses souliers sous sa chaise, elle les avait déposés tout simplement au pied de l'escalier.

Au dortoir où nous couchions, quatre ou cinq par chambre, les aînées avaient dû donner le bon exemple et accepter de dormir dans le corridor où débouchait l'escalier. C'était l'artère principale de la circulation, toujours les feux verts ! Toutefois, l'expérience leur apprit vite qu'il y avait plus d'avantages que d'inconvénients à loger dans cet honorable quartier. D'abord, il y avait la porte qui donnait sur la galerie extérieure ; à cause des grandes vitres, c'était facile de contempler les étoiles et de humer l'air frais par les soirs de fin d'année scolaire, alors que la fringale des vacances commençait à se faire sentir.

Ensuite, il s'y trouvait un système de communication qui n'était pas bête du tout, probablement un ancêtre des satellites modernes. À un certain endroit existait dans le plancher une perforation circulaire dissimulée par une rondelle de fer-blanc. Nous n'avions qu'à soulever ladite rondelle et immédiatement nous nous trouvions en relation directe avec le corridor d'entrée qui servait de parloir. La vue et l'ouie étaient satisfaites.

Ainsi, le samedi après-midi, par exemple, nous pouvions annoncer à l'une ou l'autre qu'elle était sur le point d'être demandée au parloir. Vraiment, c'était bien commode ! Un jour que le Dr Badeau était venu vérifier notre état de santé un peu détérioré par la grippe, nous avions été mises rapidement au courant de la situation : diagnostic général et prescriptions à suivre, etc. Deux de nous étaient au sommet de la tour de contrôle, tandis que le médecin et la Mère infirmière dialoguaient à la base.

Il y avait encore le réfectoire qui servait en même temps de salle de musique et de salle de récréation. C'était pour nous une malchance qu'il se trouve juste en dessous de la salle de communauté des Mères. Lorsque Thérèse Richard et Marguerite Frenette se mettaient au piano les jours de congé et qu'elles nous jouaient un petit air entraînant, un petit air de valse, c'était vite entendu et pas toujours bien vu à l'étage supérieur ! On changeait vite de pas et de mesure quand on sentait qu'une certaine porte allait s'ouvrir !

Ah ! les beaux jours que nous avons passés à Baker's lodge !

C'était petit, c'était simple, c'était familial ! Ni radio, ni télévision ! Du soleil, de la neige en hiver, des fleurs au printemps, de l'amour en toute saison ! Et puis, la *petite espérance* qui courait sur nos galeries, frappait à chaque fenêtre pour nous dire : « Regarde ce qui pointe là-haut... sur la colline[6] ! »

---

6. Laurette CARON, *Revue d'histoire de la Gaspésie*, nº 46, p. 60.

Ce qui pointait sur la colline ?

Un monastère ! En novembre, Mère Sainte-Catherine écrit à ses amies de Québec que « les murs sont élevés, que perché sur le flanc de sa montagne, le monastère présente l'aspect des anciennes forteresses du Moyen-Âge, sauf que les meutrières sont remplacées par de hautes et larges fenêtres qui donnent libre passage au soleil et à l'air pur[7] [...] ».

En janvier, elle peut dire que : « les ouvriers posent la *terra cotta* à l'intérieur des murs, que les divisions sont terminées au premier étage ; à l'extérieur, les couvreurs sont à terminer le clocher ; ces jours derniers, ils ont posé la croix qui le domine et que l'on voit de loin au lever du soleil. Elle dessine ses fleurs de lis sur le ciel clair... » Et un mois plus tard, elle ajoute que « les plâtriers sont à l'œuvre [...] que la maison sera trop petite, mais sans doute les futures occupantes la trouveront-elles immense à comparer avec le Baker's Lodge[8] ! »

---

7. AUG, 1924, p. 73.
8. AUG, 1924, p. 85.

Monastère en construction

Au cours du mois d'avril, une visite sur la colline apporte des surprises : un poulailler moderne fait d'après les plans du gouvernement est déjà prêt à abriter deux cents poules. On a commencé à construire le hangar et la petite grange de la ferme. Depuis longtemps est terminée la maison du futur fermier. Actuellement, celle-ci donne asile à un défricheur, M. Bariselle, français d'origine qui, dix heures par jour, arrache l'une après l'autre les souches aux racines profondes, et le soir, tout en brassant sa marmite, comme le sous-préfet aux champs, M. Bariselle fait des vers déroulant toute une tragédie sur la récente guerre franco-prussienne dont il a été le témoin et la victime. Ce brave poète et paysan fut remplacé par un défricheur à l'acre, M. Fortin, qui mit dans un état labourable tout le terrain du verger de démonstration.

Enfin, le 20 avril, arrive avec son épouse et deux fillettes en bas âge le fermier du Monastère, M. André-Albert Desrosiers de Sainte-Flavie. Initié de bonne heure au travail de la culture, il se met à l'œuvre avec habileté et constance. Et l'avenir prouvera que, grâce à son savoir-faire, une terre réputée inculte

Le poulailler...

... et dans peu de temps,
des dindes bien disciplinées

et stérile peut produire en peu de temps une abondante moisson.

Son arrivée était attendue avec impatience par une belle colonie de cent poules qui venaient à peine de prendre connaissance du poulailler neuf. Ces Rhode-Island et Plymouth-Rock avaient été offertes en hommage à Sa Grandeur par Monsieur le curé de Gaspé et les paroissiens de Maria et Bonaventure. Du matin au soir, elles caquetaient haut et clair l'histoire de leur odyssée, et par intervalles, leur étonnement se changeait en fureur de se trouver ainsi réunies, sans s'être jamais connues. La présence du nouveau maître amena la concorde dans la basse-cour, et le résultat fut que, chantant sur leurs nids, les vaillantes poules offraient par centaines de bons œufs frais dont les primeurs furent adressées à Monseigneur de Gaspé, pour la table du banquet, le 30 avril, vigile du second anniversaire de sa consécration épiscopale.

Ce jour célébrait aussi la naissance au ciel de la Bienheureuse Marie-de-l'Incarnation et la fête de sainte Catherine de Sienne, patronne de la supérieure, en conséquence trois raisons majeures d'avoir un grand congé au Monastère Baker, et d'oublier quelque peu de se tracasser pour l'avenir, pour ce monastère qui ne serait peut-être pas prêt à la fin de juin.

On s'inquiète aussi des carottes, des navets, des patates pour l'an prochain. Sans tarder, il faut préparer un jardin, car les marchés ne sont pas à la porte à Gaspé ! Les souches qui encombrent le terrain sont réunies en monceaux et le 3 juin, Monseigneur de Gaspé vient lui-même allumer les feux d'abattis. C'est à peine refroidi que notre bon fermier, M. Desrosiers, et un autre domestique, M. Paul Lévesque de Saint-Léon, fouillent la terre avec la charrue et la herse. En un rien de temps, ils vous retournent le champ si bien que le 8 juin, nos sœurs Saint-Laurent et Sainte-Véronique, aidées de quelques élèves, tracent des carrés et sèment ce qu'il faut pour notre subsistance de l'an prochain. Les Mères de Rimouski ont envoyé des plants de fraises, de tomates, de choux... Le tout est planté avec amour et reconnaissance !

Les instruments aratoires ont été fournis gracieusement par le service d'horticulture du gouvernement. « Il va falloir louer un cheval, en attendant d'en acheter un », prend la peine d'écrire Monseigneur qui vient de penser à cela et ne peut attendre d'être revenu pour le dire.

En bas de la colline, on a beaucoup à faire : préparer les examens de fin d'année, les passer bravement, remettre la maison en ordre pour le départ de la fin juin. Les élèves transformées en « Perrettes légères et court-vêtues » courent partout à droite, à gauche, en bas, en haut, balaient, lavent, astiquent, frottent, cirent à qui mieux mieux ! Elles vous laissent un Baker's Lodge pimpant comme une cenne neuve !

Le départ des élèves a lieu aussiôt après la distribution des prix, le 16 juin. Deux jours plus tard, c'est la dernière messe en ce lieu béni. Après que le prêtre a consommé les saintes espèces, la lampe du sanctuaire s'est éteinte d'elle-même, faute d'huile, aimaient à nous répéter les premières fondatrices.

Et le cœur plein de reconnaissance et de bénédictions , on dit : « Adieu Baker's Lodge ! »

Le bon Samaritain sur notre route

Cela s'est vu à Gaspé en 1924. Nous étions lancées dans l'aventure sans feu ni lieu, démunies de tout et cet homme nous a ouvert sa maison. Il a veillé à notre bien-être, nous a abritées, éclairées, chauffées gracieusement pendant toute l'année ! Il est devenu notre premier bienfaiteur après Monseigneur Ross.

Mère Sainte-Catherine lui écrit après notre départ de l'hôtellerie :

> [...] We know that nothing can conveniently compensate for all your benefits ; however, we respectfully pray you, Dear Sir, to send us your note and the condition of the rent of your hotel [...]

À quoi il répond :

> Now, for the little costs as you ask me to send in, I wish to say il will cost you nothing. When our Lord Bishop asked me for a

place, I was only too pleased to do the best I could for the time, and was so happy to assist your Order on their establishment in Gaspé [...]

Sœur Lydia Harvey, longtemps économe et ouvrière de la première heure, nous a souvent répété la délicatesse et la charité de ce Monsieur John Baker, attentif à faire tout ce qu'il pouvait pour ses protégées de l'hiver 1924. Il a fait poser des chassis doubles, des contre-portes et des tambours afin que ce soit plus chaud pour l'hiver ; si l'hôtel était luxueux, il était construit uniquement pour la saison estivale, la saison des touristes. Lorsque Monsieur Baker mourra, son testament prouve que le bon Monsieur pensait encore à aider les Ursulines de Gaspé : il leur lègue 2000 $, lui qui avait déjà fait des cadeaux d'argent, près de 200 $ lors de la bénédiction du Monastère !

Ces bienfaits ne peuvent être oubliés. Ceux qui ont lu les *Fondations* de la grande Thérèse d'Avila, savent bien qu'on n'en voit pas tant !

Ce grand Monsieur demeure dans le cœur de toutes les Ursulines de Gaspé comme bienfaiteur pour lequel elles prient tous les jours, même si maintenant le Monastère n'est plus là[9] !

Les colonnes du nouveau temple

Avant de déménager dans le monastère de la colline, il convient de présenter mieux ces ouvrières de la première heure, les six fondatrices qui ont passé l'année au Baker's Lodge et une autre qui les rejoint pour septembre 1925, sœur Alice Lavoie-de-Sainte-Elisabeth. Elle arrive accompagnée d'une gaspésienne, Odile Létourneau de Mont-Louis, encore professe temporaire.

9. AUG, 1924, p. 99.

Odile aide un certain temps à l'installation du noviciat puis s'en retourne dans sa famille, ayant jugé après essai que la vie religieuse n'était pas pour elle.

Elles sont donc six colonnes pour aider et soutenir la grande fondatrice, Mère Sainte-Catherine-de-Sienne.

La fondatrice

Blanche Goulet-de-Sainte-Catherine-de-Sienne

Les générations d'élèves qui ont passé par la maison de Gaspé après 1936 n'ont pas connu la fondatrice, mais longtemps elles ont senti sa présence. Tout parlait d'elle, les murs parlaient d'elle, l'ordonnance, les règlements, les cours, la beauté de l'aménagement ! Oui, tout parlait d'elle ! On la voyait, on l'entendait, on découvrait que tout était marqué de sa grandeur. Et nos Mères donc, en parlaient-elles avec amour et vénération !

Un article paru lors de son décès en février 1936, article non signé mais dont on sait qu'il était de Monseigneur Ross, nous la présente. On ne saurait mieux dire.

Née à Saint-Gervais de Bellechasse, le 15 août 1882, Blanche Goulet après ses études au couvent de l'endroit, continue en pédagogie à l'École Normale de Québec où elle remporte les plus grands honneurs, le prix du Prince de Galles. Le

Blanche Goulet-de-Sainte-Catherine-de-Sienne

2 février 1902, elle entre au noviciat du Vieux Monastère des Ursulines de Québec et le 16 juillet 1904, elle y fait profession sous le nom de Sainte-Catherine-de-Sienne.

Quand Monseigneur Blais obtient l'établissement d'une École Normale de filles à Rimouski, elle est parmi les religieuses choisies pour la nouvelle fondation. Maîtresse de division et de classe dans cette institution dès son arrivée en 1906, elle y remplit en même temps la fonction de directrice de 1908 jusqu'à son départ pour Gaspé en 1924, étant, au reste, à deux reprises assistante-supérieure de la Communauté pendant douze ans.

C'est dans l'École Normale de Rimouski que, collaboratrice de l'abbé Ross, Principal de l'institution, elle révéla ses merveilleuses qualités d'institutrice et d'organisatrice.

D'une capacité de travail peu ordinaire, l'esprit ouvert, et d'un tempérament ardent qui cherchait aussitôt à faire passer à la réalisation toute idée mûrie et apte à procurer le progrès de son œuvre, elle introduit à l'École Normale, sous la direction du

Principal et avec les encouragements de la Supérieure, ouverte aux progrès de bon aloi, des améliorations qui rendent la vie normalienne plus rationelle, plus attrayante et plus efficace.

Monsieur l'Inspecteur-général pourrait témoigner, croyons-nous, de l'intérêt que lui révèlent les nouveautés dont il fut le témoin : procédés d'analyse des lectures et mise en tableaux synoptiques des idées maîtresses essentielles et accessoires des auteurs ; la facilité d'élocution dans le développement de ces tableaux, sans le secours des mots du livre ; la facilité des élèves à donner le résumé d'une conférence en se bornant aux idées principales mises en tableaux synoptiques ; la création d'une association pédagogique et de cercles de bon parler ; la confection, par les maîtresses, d'un journal quotidien de classe dont l'étude attentive, au cours des vacances, permet de faire, d'une année à l'autre, une distribution du temps et de matières propres à assurer le plus d'efficacité à l'étude du programme. Il faudrait ajouter la préparation méthodique des leçons par les élèves-institutrices, dirigées, corrigées et mises en application par la Directrice de l'École Normale.

Certains profanes veulent croire qu'on naît instituteur comme l'on naît poète, sans préparation spéciale.

Nous admettons bien que certaines qualités et dispositions naturelles doivent révéler la vocation à l'art délicat de l'institutrice et de l'éducatrice. Mais ceux qui se vouent à l'enseignement ont besoin, comme ceux qui s'adonnent à la poésie, de développer leurs aptitudes, d'apprendre les règles de leur art et de se familiariser avec la science de leur métier.

C'est pour avoir compris cela que Mère Sainte-Catherine a développé par l'étude, l'observation et une pratique raisonnée les belles qualités naturelles dont la Providence l'avait douée, et qu'elle a travaillé ensuite à montrer ces méthodes à ses élèves. C'était plaisir de voir avec quelle ardeur enthousiaste cette maîtresse de classe suivait les effets de la mise en pratique des méthodes et procédés dont elle était imprégnée. Ses élèves, nous en avons l'assurance, conservent encore le souvenir de ses classes pleines d'intérêt, concrètes, appropriées au degré de culture de chacune ; elles se rappellent encore le souffle d'enthousiasme que leur maîtresse faisait passer dans l'enseignement de l'histoire du Canada, dans l'analyse des beautés littéraires qu'elle se plaisait à faire briller aux yeux de leur esprit, dans ses conférences sur leur avenir ; elles se rappellent l'entrain qu'elle savait susciter, l'enthousiasme, l'émulation, la générosité dans l'effort, tant dans le domaine intellectuel que dans celui de la formation morale et religieuse.

Car, institutrice de choix, Mère Sainte-Catherine était aussi une éducatrice supérieure. Elle possédait cette qualité primordiale d'aimer ses élèves et de s'en faire aimer. Très attachée à la discipline, elle savait faire accepter plutôt qu'imposer ses vouloirs, visant à fortifier plutôt qu'à plier les volontés sous le poids de son autorité.

Aussi pouvons-nous dire que ses élèves, même celles qu'elle dut corriger et redresser, lui sont restées attachées par toutes les fibres de leur cœur. L'idée de l'École Normale éveille chez elles l'idée de Mère Sainte-Catherine et s'incarne dans cette directrice qui sut se faire aimer sans mièvres condescendances.

Arrivée à Rimouski encore novice, elle y demeura dix-huit ans jusqu'à son départ pour Gaspé. Cette période l'avait développée, mûrie et préparée à entreprendre, dans son domaine, avec le nouvel évêque dont elle avait été, à l'École Normale, la collaboratrice assidue et dévouée, le travail de fondation qui s'imposait dans ce diocèse neuf.

Ce n'était plus le champ limité d'une école normale qui s'offrait à son activité, mais la fondation d'un monastère et la solide orgnisation d'une maison destinée à reprendre sur la pointe de Gaspé, l'œuvre fondée par Marie-de-l'Incarnation sur le rocher de Québec. Suivie de collaboratrices qui avaient partagé ses travaux à Rimouski après avoir été formées par elle, et bientôt rejointe par tout un groupe d'anciennes élèves heureuses de se placer sous sa houlette maternelle, elle se donne de tout son cœur et avec toute l'ardeur de son tempérament à établir solidement, suivant les traditions de son Ordre, la maison gaspésienne.

Par son optimisme de bon aloi, sa gaité naturelle, l'amour sincère qu'elle porte à son pays d'adoption, avec sa hauteur de vues qui, tout en maintenant la régularité et la ferveur religieuse, ne se laisse pas abattre par les ennuis du quotidien ni embarrasser par les détails insignifiants, elle sait former une petite communauté unie, joyeuse, pleine d'entrain, adente à toute besogne de son ressort, ouverte à tout progrès.

Mère Sainte-Catherine s'est attachée à Gaspé de toute son âme. Avec quelle joie elle vit arriver successivement les Jésuites qui venaient prendre la direction du Séminaire et ouvrir leur porte au début d'octobre 1926, alors que les religieuses Augustines sont accueillies par les Ursulines à la fin d'octobre de la même année. Elle se plaisait à répéter avec enthousiasme les paroles de Monseigneur Ross : « Nous recommençons la colonie ! »

Son souci des œuvres diocésaines la suivit jusqu'à sa dernière heure, et il n'est pas exagéré de dire que sa dernière maladie s'est aggravée par la travail enthousiaste qu'elle entreprit, avec ses sœurs et ses élèves pour pourvoir de linges sacrés les missions nouvelles ouvertes dans les colonies du diocèse. Elle y travailla avec cette ardeur qu'elle apportait en toutes choses. « J'étais nu et vous m'avez vêtu », disait-elle en forme d'oraison jaculatoire pour soutenir l'entrain à ce travail. Son dernier travail manuel est la confection d'une étole sur laquelle sa main défaillante laisse son aiguille piquée.

Pour elle, rien de beau comme Gaspé, dont les horizons plongeants, les collines aux teintes marbrées, les côtes aux capricieuses découpures la jetaient dans une admiration que le temps ne put émousser !

Mais, dans Gaspé, rien de beau comme son monastère juché comme une forteresse au sommet de la colline qui domine tout le bassin et la Baie fuyante !

Enfin, dans son monastère, rien de beau comme sa communauté, ses filles, ses enfants dont elle est véritablement la mère !

Aussi, comme on l'entoure, comme on la vénère, comme on se sent fort, appuyé sur cette âme lumineuse que rien ne peut assombrir, sur cette sérénité solide que rien ne peut ébranler !

La grande régularité qu'elle laisse dans sa maison, l'esprit de famille qu'elle y a établi, la ferveur qu'elle y a cultivée témoignent tout comme les notes intimes de son âme trouvées dans son carnet après sa mort, que cette âme poursuivait des buts surnaturels et puisait sa force et sa lumière aux sources divines.

La maladie qui la minait depuis quelques années jeta parfois un voile noir sur son âme habituellement radieuse. C'était là, au témoignage des médecins, le caractère spécifique de son mal. Avec quelle énergie et quelle édifiante générosité, elle lutta contre ces dispositions si contraires à son habituel état d'âme. Décidée à tenir debout autant que ses forces le lui permettaient, elle ne voulut se ménager en rien. On la vit à la chapelle, au réfectoire, à tous les exercices communs jusqu'à l'avant-dernier jour de sa mort, le 17 février 1936. « Travailler jusqu'au bout de ses forces et disparaître », a-t-elle écrit dans son acte d'offrande au Sacré-Cœur. Cette résolution fut tenue à la lettre. La mort la trouva affable, pleine d'attentions et de bienveillance affectueuse pour ses sœurs, non seulement résignée, mais souriante, entrevoyant le sourire accueillant du Père qu'elle a servi avec tant d'amour filial[10] !

Cette sérénité d'âme, nous la retrouvons dans ses dernières paroles :

> De vous voir si bonnes pour moi me fait penser à la bonté du bon Dieu ! Que j'ai hâte de le voir ! Comme je vais prier pour vous ! Comme je vais vous aider ! Je serai toujours avec vous !

Et elle est toujours là ! Nul doute que c'est l'Esprit-Saint qui a inspiré qu'on donne le nom de Blanche Goulet à l'Accueil pour les démunis fondé à Gaspé en 1992.

Restent les chemins
Ouverts en attente à tout pèlerin
Vivant sous la tente !
Où le rencontrer ?
Petit, pauvre, frère,
L'aimer, le soulager
En l'humanité entière... !
(Marie Roy)

Le bras droit de la fondatrice Rose-Anna Bélanger de Sainte-Angèle (1891-1979)

Cette religieuse, déjà présentée comme fondatrice numéro deux du Monastère de Gaspé, était la vingt et unième d'une famille de vingt-deux enfants, du village de Saint-Siméon, une famille qui comptera quatre religieux.

Après ses études à l'École Normale de Rimouski, elle entre au noviciat à vingt ans, prononce ses vœux perpétuels deux ans plus tard et à vingt-cinq ans, elle est élue Supérieure du

10. *L'Enseignement primaire*, mai 1936, 57e volume, n° 9, p. 567-570.

Rose-Anna Bélanger de Sainte-Angèle

Monastère de Rimouski, ce qui laisse supposer qu'on lui reconnaît déjà des qualités exceptionnelles.

Choisie pour Gaspé, elle y est assistante de la Supérieure, professeur et maîtresse de division (la responsable chargée spécialement de l'éducation des jeunes filles). Elle est jeune, enthousiaste, joyeuse, remplie de bonté pour sa vingtaine d'élèves, nous assurent les témoins des premières heures du Baker's Lodge. Une fois rendue au Monastère, elle devient responsable de la formation des novices, ce qui fait que les élèves ne la verront plus qu'au magasin.

> Eh oui, le magasin ! Vous vous souvenez, les anciennes, de cette armoire profonde aux rangées de tablettes régulières, dont la porte s'ouvrait juste près de l'horloge, dans le corridor de l'École Normale ? Lorsque nos provisions d'images, de cahiers, d'effaces ou de crayons étaient épuisées, nous allions sur cette rue assez achalandée aux heures de pointe.
>
> Que de tours nous avons joués aux nouvelles arrivantes à propos du magasin ! « Viens t'habiller au vestiaire, qu'on disait, je vais

t'accompagner au magasin. » Et la pauvre, après avoir revêtu ses atours de sortie, se voyait conduite devant l'armoire dans le corridor de l'École Normale pour y faire ses emplettes. On n'attendait pas sa réaction pour se sauver ! Il faut dire que dans le temps, c'était à peu près le seul mode d'initiation des étudiantes[11] !

Succéder à une femme de l'envergure de Mère Sainte-Catherine n'était pas une chose facile. Mère Sainte-Angèle relève le défi et sera Supérieure de nombreuses années, un peu à la façon des abbesses monastiques jusqu'à ce qu'on vienne la chercher pour faire partie du nouveau Conseil général des Ursulines quand l'Union se fait en 1953. Elle sera alors come un rayon de soleil, comme une fée bienfaisante pour nos sœurs qui, pour une raison ou une autre, se rendent au Vieux Monastère de Québec où le Conseil a établi son siège social.

Elle revient à Gaspé en 1971, toujours alerte, vivante ! La vertu dominante de Mère Sainte-Angèle ? Indéniablement, c'était une très grande bonté. Quant à son atout dominant, c'était indéniablement aussi une fine diplomatie. Au moment du grand départ, elle est joie, reconnaissance, elle peut chanter avec saint Augustin : « Tous mes souvenirs sont des actions de grâce ! »

L'artiste, Lydia Harvey-de-Saint-André (1895-1991)

Arrivée à Gaspé le 6 septembre 1924, pour l'ouverture des classes au Baker's Lodge, elle a vu passer toutes les générations d'élèves jusqu'en 1970, car elle fut toujours là, à son poste d'économe et de professeur d'art.

---

11. Laurette CARON, *Revue d'Histoire de la Gaspésie*, n° 46, p. 100.

Lydia Harvey-de-Saint-André

Originaire de Saint-Moïse dans la Matapédia, une fois ses études complétées à l'École Normale de Rimouski, elle entre au noviciat à 18 ans en août 1914, prend l'habit religieux trois mois plus tard et prononce des vœux perpétuels après deux ans de noviciat, alors qu'elle n'a pas encore ses vingt et un ans.

Lydia avait eu une enfance plutôt difficile. Sa mère, devenue veuve très jeune, doit élever seule ses cinq enfants et réaliser l'ambition de les faire instruire. C'est une femme forte, austère, qui ne se permet aucune sensiblerie dans l'affection de ses enfants. Lydia, d'un tempérament passionné, porte toute sa vie le poids de ce coportement. Elle n'ose pas aimer, tout en aimant beaucoup !

Mère Saint-André, lorsqu'elle est arrivée à Gaspé était jeune, belle et blonde, d'après les premières normaliennes. Pour les générations suivantes, elle restera belle et blonde tout en devenant moins jeune. Toutes la connaissent comme économe et comme artiste.

> Pour l'une ou l'autre charge, il faut de la précision, de la lumière, du doigté, de la perspective, des jeux d'ombres et de plein jour qui estompent ou mettent en relief les détails, jusqu'à ce que l'équilibre soit parfait, car il faut toujours que les colonnes–chiffres ou les formes stylisées balancent pour le bien commun de l'ensemble[12] !

C'est elle, Lydia Harvey. Celle qui dirigeait la comptabilité de la maison au moyen de tant de calculs et tant de prières afin de réussir à payer les intérêts de la dette.

Celle qui donnait toujours deux fois ou trois fois plus que ce que l'on demandait, et qui était toujours si reconnaissante de la moindre délicatesse.

Celle qui reprisait les grandes robes noires de tous les membres de la communauté et cela jusqu'à 23 heures parfois.

Celle dont la plume et le pinceau fabriquaient en beauté pour toutes les occasions, les bouquets spirituels, les cadeaux de toutes sortes qu'il fallait faire avec des riens, comme de l'écorce, du carton, du cèdre, des coquillages, etc. (ces cadeaux, c'était surtout pour les médecins qui nous ont toujours soignées gratuitement durant ces années qui précédaient l'assurance-maladie, pour nos autres bienfaiteurs aussi).

Celle qui pouvait en un rien de temps, c'est-à-dire en plusieurs nuits, monter des parures (décorations de théâtre) pour les séances académiques, bâtir tout un printemps fleuri à la fin d'avril pour la fête de Monseigneur...

Celle qui en a brodé des amicts, des purificatoires, des manuterges à partir de motifs qu'elle dessinait elle-même, et ce qu'elle en a fait broder à ses novices des années quarante !

---

12. Laurette CARON, *Revue d'Histoire de la Gaspésie*, n° 46, p. 101.

Celle qui aimait bien se laisser taquiner, qui aimait tant jouer aux cartes et surtout qui aimait gagner !

Celle qui ne s'adossait jamais, qui se contentait du minimum de biens matériels et ne voulait rien de moins que le maximum de biens spirituels...

Celle qui priait beaucoup, lisait les mystiques et les pseudo-mystiques et qui voulait que les autres aussi les lisent.

Oui, c'est elle, Lydia Harvey !

Ardente, passionnée, cette femme toute donnée à Dieu par la prière et le travail, cette femme infatigable devait passer les sept dernières années de sa vie immobilisée à l'infirmerie de Rimouski, loin de son cher Gaspé qu'il lui avait été si dur de quitter. Ce Gaspé où elle avait passé plus de soixante ans, qu'elle avait vu grandir, lutter, se développer...

Ce qui transpirait de son intérieur durant sa maladie, c'était sa soif de voir Dieu, soif qu'elle communiquait à ses visiteuses. Elle est partie le voir le 21 février 1991.

Ô mon âme, bénis le Seigneur admirable,
Que tout en moi bénisse son saint nom !
Car pour toi, le Seigneur, le Seigneur adorable,
Rappelle-toi comme il s'est montré bon !

(Chant particulièrement aimé de Lydia
qui voulut l'avoir pour ses jubilés
d'argent, d'or et de diamant.)

La musicienne, Antoinette Martel-de-Sainte-Cécile

La présenter ici, cette Mère Sainte-Cécile, c'est revoir tout ce qu'elle incarnait à nos yeux de jeunes adolescentes, de bonté, de beauté, d'harmonie, de dévouement, de patience. C'était comme une fée musicienne !

Antoinette Martel-de-Sainte-Cécile

Assises sur la scène du théâtre en trois ou quatre rangées, nous l'attendions, remplies de désir pour que le chant commence, nous aimions tant chanter sous sa direction ! L'après-midi du samedi avait été passé au dortoir à nous laver, nous peigner, à mettre nos affaires en ordre ; nous nous sentions si bien en cette fin de journée spéciale, avec la perspective de vivre une heure merveilleuse à chanter ! Dieu que ce moment était bon.

Et la voilà qui arrive, vive, légère, tout essoufflée d'avoir monté les trois escaliers à la course ; elle attache son tablier noir, retrousse ses manches tout en nous saluant de son beau sourire. Et vite, à l'œuvre, quelques vocalises, des rires aussi... un ou deux cantiques en vue de la liturgie de la semaine et arrive le tour des grands chants. Ah ! qu'on les aime, *Les Petits Enfants* de Chaminade, qu'on la trouve donc belle *La Vieille Horloge* ! Notre maître à chanter nous guide avec sûreté, nous entraîne, nous encourage, nous corrige, nous fait nous dépasser. Et cela dans la joie ! Que de parties de plaisir dans la petite chambre de musique du quatrième, à six heures moins vingt, alors que Mère en sortant des Vêpres vient exercer la schola ! Sous sa tutelle, armées du gros missel de grégorien, nous apprenons à maîtriser les introïts et les graduels, à sauter gracieusement des arsis aux thésis, à savourer les neumes, les pointées si douces, les quilisma, nous devenons à notre insu presque des apprenties-bénédictines.

À fouiller dans les notes de 1926, on découvre que c'était le même enchantement : « À la salle de musique du 4e, il arrivait que les rossignols n'étaient pas toujours en forme. Il fallait se lustrer le plumage, livrer quelques confidences qui pressaient, sauter d'une branche à l'autre pour se dégourdir, interroger la fenêtre pour voir si certains oiseaux du Séminaire n'étaient pas en frais de changer de cage, etc. »

Mère Sainte-Cécile restait patiente. Elle commençait au piano les premières lignes de l'accompagnement, répétait la première note plusieurs fois et soudain c'était un rassemblement autour du piano, tous les « becs » s'ouvraient et la mélodie naissait dans la beauté, s'élevait graduellement et transformait les oiseaux récalcitrants.

Les générations d'élèves de 1926 à 1942 pourraient-elles jamais oublier les *Cantates solennelles* des grands jours ? Les *Chœurs d'Esther ? La Barque de Pierre ?* Que de répétitions pour arriver à un ensemble parfait ! Et lorsque le succès venait couronner les efforts, Mère Sainte-Cécile renvoyait toujours la gloire à celles qui avaient chanté[13] !

Si les duos des fêtes académiques étaient bien joués, le bonheur était triplé par le beau sourire que les exécutantes recevaient de Mère Sainte-Cécile. Combien d'innombrables et patientes leçons de piano, de violon, d'orgue, de harpe elle a données durant ses dix-sept ans à Gaspé, Dieu seul le sait !

---

13. Laurette CARON, AUG, 1926, p. 196.

Issue d'une famille de musiciens de Rimouski, Mère Sainte-Cécile avait accepté de venir à Gaspé pour un certain temps, le temps de préparer des musiciens pour la relève musicale de notre école. Une fois cet objectif assuré, après dix-sept ans, le jour vint où cette bonne Mère s'en est allée, est retournée dans son Monastère de profession ; ce jour-là nous étions si désolées en dedans, nous aurions tant voulu la retenir !

À Rimouski, elle devint sacristine tout en continuant à donner des leçons de musique.

Et puis, un jour, la lyre est tombée des mains de notre Mère-musique. Le piano s'est tu. La guitare et le violon sont restés dans leur étui.

Lors des derniers jours de sa vie, la musique se concentre toute à l'intérieur, il n'y a plus rien du côté de la terre, sinon de longues pauses, de touchants soupirs... Les notes ne fusent plus pour nous, mais la symphonie continue...

intégrée dans la...
céleste et invisible partition
de l'Au-delà... !

L'originale, Desneiges Belzile-de-Saint-Laurent (1895-1960)

Première cuisinière de notre histoire, Desneiges Belzile avait enseigné deux ans avant d'entrer en religion, et toute sa vie, il lui en est resté un petit quelque chose au milieu des plus humbles tâches, comme une espèce d'auréole professorale, des accents de cours magistraux.

C'était une femme austère, pauvre, très exigeante pour elle-même, forte sur les principes sévères, perfectionniste souvent et d'un langage digne de l'Académie française de 1930. Le beau

Desneiges Belzile-de-Saint-Laurent

langage, elle voulait le voir grandir autour d'elle, et à l'occasion elle corrigeait charitablement une novice fautive en la matière.

Plus tard comme jardinière, elle devint une véritable spécialiste en horticulture sous la direction de Monsieur Bardoux, agronome français d'illustre mémoire, œuvrant en Gaspésie à l'époque. La culture de chaque légume était objet d'étude approfondie et les mauvaises herbes connurent des jours sombres et douloureux sous son règne.

Les aides-de-camp de sœur Saint-Laurent se devaient d'être à la hauteur de la situation. Ils étaient tenus eux aussi de faire une étude approfondie de chacune des herbes, de les nommer, de les identifier avant d'avoir le droit de les arracher, car il ne fallait pas risquer d'arracher les bonnes herbes, on sait que cela arrive.

Peu à peu les roches disparurent du champ, les espèces maraîchères se multiplièrent, les pommiers se mirent à produire des pommes de plus en plus juteuses et savoureuses, le tout dans un environnement d'ordre et de beauté. Quand on va au fond de notre mémoire, on revoit le grand champ de lys, situé au sud-ouest du champ des asperges, on respire encore le parfum envoutant que ces lys dégageaient jusque sur les terrasses d'en bas, la galerie d'en haut... partout... !

Dans son originalité, notre jardinière pouvait faire des milliers de choses que personne d'autre n'aurait pensé de faire. Il en est encore qui se souviendront toujours d'avoir vécu des moments d'apocalypse à cause de certains tonneaux qu'elle avait dénichés dans le grenier et que dans un bruit d'enfer, elle avait fait rouler dans l'escalier des dortoirs à cinq heures du matin. Peut-être les avait-elle laissés tomber... ?

On ne peut passer sous silence l'*Industrie des Porte-Poussière* déclenchée à la fin d'août 1945, alors que notre sœur Desneiges était en période de repos à cause de son cœur très malade, industrie faite à partir des bouts de tôle qui restaient de la construction de l'aile d'à côté ! Les activités industrieuses se déroulaient entre 20h30 et la limite extrême où la sainte règle prescrivait que toutes soient au lit, à savoir 21h30, et cela juste en dessous du noviciat où couchaient six jeunes religieuses. Faut-il le dire, ce concert dans le pénombre, cette sérénade de « tin tin » de marteau sur la grosse tôle était des plus gratuitement... sanctifiant !

Un certain jour où notre héroïne avait fait Dieu sait quels excès spéciaux, son cœur a craqué et il a fallu lui administrer l'Extrême-Onction, cérémonie à laquelle toute la communauté avait assisté avec grand respect et sympathie. Eh bien ! ce soir-là, aussi incroyable que ce soit, le vertueux auditoire d'en haut a eu droit comme les autres soirs à la... Symphonie des Porte-Poussière !

Et ce qu'elle pouvait aller vite, notre sœur, quand l'événement pressait ! Pour respecter l'exactitude à la prière, en cinq minutes elle réussissait à traverser l'immense jardin à la vitesse de l'éclair, à se dépouiller de ses vêtements de travail et à apparaître à la chapelle, souvent la guimpe un peu de travers il est vrai mais à temps pour le *Deus in adjutorium* des vêpres.

À ce rythme effarant, quel cœur aurait pu résister ? « Il faut s'arrêter ! » ordonnent les médecins. Puisqu'il faut s'arrêter, sœur Saint-Laurent décide de s'en retourner à Rimouski, à son monastère de profession ; elle ne veut pas imposer au petit Monastère de Gaspé, où il y a tant à faire, le poids d'une personne qui ne travaille pas. Et elle part... mais une fois rendue à destination, le cœur, qui a pu reprendre un peu de souffle après quelques mois, retrouve son rythme normal et Desneiges découvre qu'elle peut encore travailler. Alors elle revient à Gaspé, tout simplement.

C'est à Gaspé qu'elle mourra le 17 septembre 1962. Malade, elle se soigne seule aussi longtemps qu'elle le peut et par la suite, se montre bien confuse et reconnaissante d'avoir à recevoir de l'aide !

Quand l'Écriture Sainte parle des Vierges Sages, nous voyons très bien notre originale sœur dans cette lignée. Nous, témoins de ses hauts faits, pouvons assurer qu'elle a toujours gardé sa lampe allumée et quand

Le Maître est arrivé,
elle était prête
à entrer avec amour
dans le jardin céleste !

(Desneiges Belzile de Saint-Laurent)

L'infatigable, Rose-Anna Langlois-de-Sainte-Véronique (1895-1960)

« Vous voulez vraiment devenir une sœur converse ? » lui demande Monseigneur Blais, lors de l'entrevue qui précède son entrée au noviciat. « Et ce brevet d'enseignement que vous venez de réussir, que voulez-vous en faire ? »

Rose-Anna Langlois-
de-Sainte-Véronique

« Il ne me fera pas tort », répond Rose-Anna en se tortillant les mains selon son habitude. « Je préfère travailler avec mes mains ; comme ça, je vais être plus libre pour penser au bon Dieu et prier tout le temps ! »

Cette ouvrière si précieuse, Rimouski la sacrifie pour Gaspé, pour le Baker's Lodge, dès septembre 1924.

Ce qu'elle y fera ? Mais tout, voyons, elle peut tout faire !

Quand le cœur *magané* de sœur Saint-Laurent ne lui permettra plus de demeurer la reine du jardin, notre vaillante Sainte-Véronique héritera du titre et de la mission de pourvoyeuse.

Le Monastère si pauvre en ces années-là dépendait tellement du jardin pour sa survie ; nul doute, la Providence y voyait aussi, puisque les récoltes furent toujours excellentes. Jamais rien n'a manqué, même les légumes les plus difficiles à réussir comme le blé d'Inde, le céleri, les concombres... Ce qu'on en a mangé des tomates et des concombres du jardin ! Il y avait bien des grosses fraises aussi, trois champs de grosses fraises, mais celles-là, elles rougissaient uniquement pour la vente, n'étaient-elles pas le seul argent que la communauté pouvait toucher au cours de l'été, « un beau cinq cent piasses ! » comme aurait dit Séraphin ? Aussi, pour goûter aux fraises, on devait se contenter des petites dernières, les *pas donnables ni vendables !*

Le parterre d'en avant de la maison était magiquement entretenu, ou par des fées ou par sœur Sainte-Véronique avant le réveil des oiseaux ! Jamais on n'a vu quelqu'un travailler cet endroit situé hors de la clôture canonique, et pourtant... c'était un paradis terrestre !

En arrière, les terrasses s'étiraient en corbeilles qui débordaient de fleurs de toutes sortes. Notre femme-de-tous-les-métiers, maçon pour la circonstance, avait fabriqué les corbeilles avec les roches ramassées sur le terrain et le ciment qui restait de la construction. Ces deux magnifiques terrasses, une idée de Mère Sainte-Catherine, cachaient les débris de la construction que les religieuses avaient charroyés, enfoncés, tassés, nivelés et couverts de terre pour que sœur Sainte-Véronique y mette ensuite les bandes et les fleurs.

À l'automne, le travail à l'extérieur terminé, notre jardinière regagnait ses quartiers généraux au sous-sol du monastère. Elle devenait tour à tour boulangère, serrurière, menuisière, couturière, rembourreuse de chaises ou fabricante de cabanes d'oiseaux, etc. Entre-temps, elles faisait les brassées de savon et réparait les statues de plâtre. Un printemps, elle avait entaillé les érables de l'arrière-cour, transporté l'eau à bouillir à la maison et réussi, paraît-il, à sauver une livre de sucre d'érable et un peu de tire, pas pour elle ni pour nous, mais... pour ses très *grands amis*.

Son grand cœur ne savait rien refuser. Le dernier hiver avant qu'elle tombe malade, un prêtre est arrivé avec son vieux paletot d'hiver pour le faire *virer à l'envers*. Les couturières de la maison, à qui on avait offert cette aubaine, ne se sentaient pas le cœur et surtout n'avaient pas le temps de se mettre à ce travail, tout un travail ! Eh bien ! c'est sœur Sainte-Véronique qui l'a fait, sur sa vieille machine à coudre, dans son sous-sol maigrement éclairé. Et le paletot, il était comme neuf quand elle l'a gracieusement remis à son propriétaire un mois plus tard !

Oui, elle avait si grand cœur qu'elle oubliait vite les petites erreurs qu'on aurait pu commettre à son égard. Ses réparties amusantes, spirituelles, directes, sans méchanceté, amusaient bien les visiteurs du jardin, parmi lesquels on comptait le maire de Gaspé, Charles Davis, Monsieur et Madame Percy Hyman, l'agronome Bélanger, le Père Watier, etc. tous gens qui venaient acheter des légumes au jardin avec ou sans argent !

Son journal de bord, un cahier brouillon d'écolier, écrit au crayon de mine, contenait des milliers de perles fines à travers la comptabilité du jardin, les bonheurs et les déboires d'une jardinière affairée et même les appels au secours au ciel pour les *affaires qui n'allaient pas* et les actions de grâces pour *les affaires qui allaient*.

Elle tombe malade à l'automne 1959 et tout l'hiver, elle essaie de guérir et pousse de bien gros soupirs en louchant vers le jardin. « Mon Dieu, laissez-moi faire le jardin encore cette année », supplie-t-elle.

En mars, elle réussit à se traîner au moyen d'un grand bâton jusqu'à la serre et elle prépare les semis. Quand vient le temps de planter cela en juin, assise sur une vieille boîte de bois, elle donne ses instructions au jeune homme engagé pour lui aider, pendant que... de grosses larmes coulent lentement sur ses vieilles joues brûlées par le soleil ! Elle n'a plus de force !

Elle s'est envolée le premier août 1960, alors qu'elle était en route pour un hôpital de Québec. Le matin, ses boutades avaient fait rire aux larmes l'infirmière occupée à la préparer pour le voyage. Et quel voyage... C'était le grand voyage.

Nous rendons grâce à Dieu pour cette femme si généreuse, pour le cheminement et le dégagement qu'il lui a fait faire en ses derniers milles sur terre, afin qu'elle soit plus belle, plus semblable à lui pour la grande rencontre.

En plus de son testament légal, elle avait fait un testament très spécial :

> Je donne mon âme à Dieu, mon corps à la terre. Il reposera dans le petit cimetière des Ursulines de Gaspé. Envoyez à Maria [sa sœur] tous les portraits de famille et cartes mortuaires qui sont dans mon livre de messe et mon livre de méditation. Vous trouverez les adresses dans une grande enveloppe avec les lettres que j'ai reçues cette année. Vous demanderez à Gilbert Desrosiers [son neveu] de venir chanter mon service.
>
> Téléphonez au chanoine Camille Lebel dès que la mort m'aura prise. Avertissez Monsieur Charles Davis et Monsieur Desrosiers pour qu'ils le disent à la famille et que tous aient une bonne pensée pour le repos de mon âme. Dites à l'abbé Robert Fortin de venir prier sur ma tombe de temps en temps.
>
> Vous donnerez à Marie-Bernard mes livres de recettes qu'elle pourra distribuer à Saint-Jacques, Sainte-Marie et Sainte-Elisabeth. Oubliez pas ma chère petite Dorothée, mon petit Saint-Thomas, qu'on lui donne les plus beaux, sans oublier la petite Blandine. Tous mes beaux paysages en couleurs, donnez-les à Mère Marie-de-Jésus, qu'elle choisisse ce qui lui va et brûle le reste. S.V.P. donnez à Mère Saint-Joseph toutes les revues *Rustica*, qu'elle les donne comme bon lui semblera. Tous les

petits livres, feuillets que vous trouverez dans mon prie-Dieu et mon armoire de cellule, mettez-les à Béthanie [salle de réunion des sœurs] et que chacune se choisisse un souvenir de moi. Dans ma boîte *petit magasin*, remettez à Mère Économe le surplus de mes étrennes du jour de l'an [deux scapulaires et un peu de papier pour écrire des lettres].

Vu que personne n'a les pieds assez longs pour utiliser mes souliers et mes bottes de jardin, notre Mère n'aura pas d'objection à ce que vous les donniez à Gilles [un employé du jardin].

Quant aux autres guenilles, tirez au clair ce qui peut encore servir et brûlez le restant sans scrupule. Que les livres et revues du jardin passent à celle qui héritera de mon travail.

Sœur Sainte-Véronique

Du haut du ciel, j'assaierai de veiller sur vos intérêts financiers et spirituels. Si j'ai la chance de rencontrer notre Vénérable Mère, je vais lui dire beau bonjour pour vous toutes.

Je pars heureuse, l'âme en paix, ne regrettant rien, ayant tout donné de mon temps et de ma vie pour les autres. S'il y en a à qui j'ai fait de la peine, dites-leur de tout oublier, le bon Dieu est bon et miséricordieux, j'espère qu'Il me fera miséricorde. Que toutes me pardonnent les peines que j'ai pu leur faire. Si quelques fois, je disputais plus souvent qu'à mon tour, n'était-ce pas la faute des *sans-jarnigoines* que je ne pouvais souffrir...

Les sacrifices voulus et acceptés depuis mon noviciat comme de ne jamais manger d'oranges, pour mieux imiter la pauvreté de Jésus, et le sempiternel gruau de tous les soirs que vous pensiez que j'aimais tant, eh ! Bien ! c'était pour expier pour ceux qui font bonbance... et encore bien d'autres qu'il vaut mieux pas dire, laissant à Dieu de tout démêler cela. Je sais que tout se retrouve à l'heure de la mort !

Beau ciel, me voilà à la porte. Un petit coup de couteau de travers et hop, j'y suis ! [elle devait subir une intervention, le lendemain] Bonjour à toutes !

[signé]

Sœur Sainte-Véronique, 28 fév. 1960

La suave, Alice Lavoie de Sainte-Elisabeth (1894-1953)

Il y a des saints qui ont pu conquérir la couronne de la sainteté tout en conservant quelques défauts. C'est fort possible et probable chez les grandes femmes que nous venons de rencontrer. Celle qui s'amène maintenant, c'est la fleur parfaite, la petite Thérèse de chez nous, la *rose* sans *épines*.

Alice Lavoie, « Zabeth » comme disait Monsieur Miville (longtemps secrétaire de Mgr Ross), c'est la femme exquise de délicatesse dans ses paroles, dans ses gestes, dans ses sentiments, dans ses réactions, dans sa santé même.

C'est la dernière que Rimouski envoie pour l'ouverture du Monastère, en septembre 1925. Elle arrive accompagnée de la Gaspésienne Odile Létourneau de Mont-Louis (celle-ci s'en retournera dans sa famille après un an à Gaspé).

« Ce sont les dernières », écrivait la Supérieure de Rimouski, « je vous en supplie, n'en demandez pas d'autre ». On peut deviner le vide causé au jeune Monastère de Rimouski par le

Alice Lavoie
de Sainte-Elisabeth

départ de ces sept femmes de grande valeur, un Monastère tellement jeune encore, fondé en 1906, il n'a pas encore vingt ans... On n'a pu refuser à Monseigneur Ross ce qu'il demandait, mais au prix de quels sacrifices !

À l'heure du dîner ou du souper, les normaliennes au réfectoire voyaient passer « Zabeth » dans le corridor avec des plateaux remplis de victuailles, suivie de sa souriante compagne, Alice O'Connor. Elle se rendaient chez Monseigneur Ross qui logeait au Monastère. Celui-ci n'en voulait pas d'autre que « Zabeth » pour les servir, lui et Monsieur Miville ; cette tâche supposait en effet beaucoup de soins, de délicatesse, de savoir-faire et... beaucoup de discrétion.

À la fin de novembre 1953, une religieuse de la maison est foudroyée par une congestion cérébrale qui la laisse paralysée, entre la vie et la mort durant quelques jours. À la porte du corridor du réfectoire, qui séparait le cloître du domaine des élèves, il y avait parfois des petites rencontres clandestines. Ce 7 décembre après les cours, il y a là trois élèves qui viennent chercher des croûtes, de bonnes croûtes de pain frais beurrées, tout en prenant des nouvelles de la malade. Sœur Sainte-Elisabeth est là avec une autre religieuse et répond que la malade prend du mieux, que les médecins croient qu'elle va s'en tirer pour cette fois... Les élèves sont un peu déçues. « Nous aurions aimé cela voir des funérailles ici, au Monastère... » Sœur Sainte-Elisabeth leur réplique aussitôt : « Mais vous allez voir cela, moi, je vais mourir bientôt... » La religieuse qui l'accompagne proteste, lui donne une petite tape amicale pour la punir de dire pareille sottise, mais Zabeth insiste : « Si, je vais mourir bientôt ! » Et la chose en reste là.

Le douze décembre, soit cinq jours plus tard, on nous apprend une nouvelle stupéfiante : sœur Sainte-Elisabeth vient de mourir.

Depuis quelques jours, elle couvait une petite grippe, avait-on diagnostiqué. Le douze, ne se sentant pas bien, elle avait demandé la permission de rester couchée et ne s'est pas levée pour le dîner. Après la récréation et la lecture spirituelle de 13h30, une compagne va frapper à sa chambre pour lui demander un petit service.

Pas de réponse.

Étonnée, elle entrouvre la porte, s'approche lentement et découvre que notre petite sœur s'est envolée discrètement, sans bruit, comme tout ce qu'elle faisait. Elle s'est envolée dans son éternité.

Quand notre cimetière sera relevé, vingt-cinq ans plus tard, les voisins étant devenus trop proches de notre domaine, la pauvre tombe de bois de sœur Sainte-Elisabeth est dans un bien triste état, mais le corps de notre sœur est intact !

En dépit du grand étonnement que ce fait cause, en dépit de quelques sœurs qui voudraient qu'on prenne des photographies, nos responsables ne veulent pas de publicité autour de ce fait. Au fond, qu'est-ce que cela aurait changé ?

Alice Lavoie était originaire de Saint-Anaclet de Rimouski. Pour quelle raison elle était entrée chez les Ursulines, alors qu'elle avait déjà deux sœurs qu'elle aimait beaucoup dans la communauté des Sœurs du Saint-Rosaire, on ne saurait dire... elle était si attachée à sa famille, peut-être était-ce par détachement !

Fait étonnant, des neveux à elle, rencontrés récemment, se réclament de faveurs obtenues par son intercession. Ils ont grande confiance en son pouvoir là-haut.

Elle en est bien capable !

LES ANNÉES DE JEUNESSE

1925-1940

Le nid est...
... presque prêt

Le 18 juin 1925, une pieuse caravane gravit lentement la colline ensoleillée qui mène aux sommets bénis où trône le jeune monastère. Après un premier déblaiement de fortune, un coin de la place se fait habitable pour nos six pionnières.

Dès le lendemain, Sa Grandeur commence sa visite pastorale de Saint-Majorique à Cap-Chat. Il sera absent donc jusqu'au 16 juillet. Et voilà qu'il pleut et qu'il pleut encore, il pleut tout le temps ! Plein de sollicitude, le Père s'inquiète, il a laissé ses filles dans une maison fraîchement construite avec des murs et des planchers suintant encore l'humidité ; il craint pour leur santé. « Ramenez-les à l'évêché », écrit-il au Chancelier Forest, « si elles éprouvent tant soit peu les inconvénients de cette situation ». On le rassure, mais de Saint-Maurice où il est rendu, le 1er juillet il écrit de nouveau : « Quand vous aurez pu débarbouiller vos tristes appartements et recevoir un peu de tranquillité, écrivez-moi pour me dire que vous n'avez contracté aucun malaise grave dans votre précoce demeure. »

Je crois que le défrichement à 20 $ l'acre est plus avantageux que le faire faire par vos hommes, ils ont autre chose à faire. Avertissez votre fermier de faucher et rentrer pour vous le foin qui est sur la terre que j'ai achetée de la fabrique ; qu'il le coupe avant qu'il soit trop mûr. Et attendez mon retour pour faire reprendre le terrassement des cours...

Voyez comme j'ai de la peine à me procurer de bonnes plumes pendant ma visite. C'est l'un de mes plus cruels supplices. Il est vrai que j'écris mal, on me le dit si souvent, mais je vous jure que ce n'est pas uniquement de ma faute ; on me donne des plumes à bouts carrés, des porte-plumes fins comme des fils, qui glissent entre les doigts, d'autres fois, on me passe une pioche... et il faut que je m'en retire avec cela au grand détriment de ma réputation...

La visite pastorale est interrompue par le décès du Cardinal Bégin. Monseigneur Ross, chargé de prononcer l'oraison funèbre, se rend immédiatement à Québec. Il prend le temps d'envoyer un mot :

> [...] demain le service funèbre avec l'oraison ! Grand Dieu ! il m'en passe des frissons. Je serai forcé de lire et de résumer en même temps, j'écris toujours trop long et le temps me tasse. Mais, ne vous inquiétez pas, vous aurez votre décret d'érection en temps[1] !

Monseigneur tient sa parole...

Dans toute la Gaspésie la lettre épiscopale du 26 juillet 1925 répand la nouvelle :

1. AUG, 1925, p. 102.

> L'inauguration officielle du Monastère des Ursulines aura lieu le 15 août !
>
> Pour réaliser le progrès spirituel de nos ouailles, suivant la devise que nous avons choisie, *crescamus in illo per omnia*, croissons en Lui de toutes manières, nous avons la consolation d'annoncer aujourd'hui l'établissement d'une institution que nous avions à cœur d'élever au centre de la Gaspésie, comme l'un des plus puissants instruments de progrès. Le monastère des Ursulines de Gaspé élève maintenant ses murs solides sur la colline d'où il domine tout le village et la Baie de Gaspé, offrant de loin aux voyageurs qui arrivent par terre et par mer l'aspect d'une forteresse, symbole des espoirs que nous fondons sur cette maison de prières et d'œuvres, pour l'avenir de notre diocèse !

Monseigneur rappelle la fondation des Ursulines par Angèle Mérici, en Italie au XVIe siècle, fondation pour sauver *la famille des mœurs et du matérialisme du temps*. Il ajoute qu'en 1639, cette communauté vint s'établir en Canada sous la conduite de la Vénérable Marie-de-l'Incarnation et ses bienfaits devaient alors s'étendre jusque chez nous en Gaspésie :

> Dans ses *Relations sur les Gaspésiens*, le Père Christian Leclerc raconte qu'il fut intrigué de rencontrer dans certaines familles indiennes établies à Percé vers 1690 une tenue et des manières qui tranchaient sur l'apparence générale des wigwams de la tribu. Une enquête lui révéla que cette supériorité qui le frappait était due à la présence d'Algonquines qui avaient été élèves des Ursulines de Québec...
>
> ... Notons que cette maison religieuse d'après sa constitution même ne relève d'aucune autre ; elle est autonome, avec son noviciat propre et ses religieuses qui ne peuvent plus changer de monastère sans une autorisation expresse du Saint-Siège. C'est donc une institution proprement *gaspésienne*.

L'école normale est la *raison d'être* de sa fondation ! En outre, les Ursulines sont autorisées à faire suivre dans leur maison le cours traditionnel d'études des Ursulines, à savoir le *pensionnat*. Des fillettes peuvent être reçues dès l'âge de six ans et parcourir le cours entier jusqu'aux plus hauts degrés, dans toutes les conditions d'un pensionnat de premier choix.

> Enfin les Ursulines tiendront une *École ménagère* théorique et pratique. Cela afin de permettre à la femme de chez nous de mieux réaliser le rôle spécifique qui la fait *Reine du foyer*, une nécessité que nous voyons pour la sauvegarde de la morale et le progrès du milieu, comme un moyen de ramener les idées vers une conception saine de la vie[2] !

Le grand jour du 15 août 1925

Les objectifs sont réalisés, les travaux sont complétés depuis le 31 juillet, moment où la statue de Marie de l'Assomption, reproduction de l'œuvre de Murillo, a pris possession de son trône dans la niche au-dessus du portique de la façade.

Le 15 août, le Monastère est officiellement consacré à la Vierge. « Nous vous remettons cette maison qui vous reconnaît pour sa première supérieure », déclare la Fondatrice, tandis que les clés de la maison sont déposées aux pieds d'une statue de Notre-Dame.

C'est jour d'inauguration et jour d'entrée des premières postulantes. Une vraie pêche miraculeuse que ce coup de filet ! Elles sont sept, cinq anciennes élèves de Rimouski, Alice Duval, Marguerite Frenette, Marie-Anna Vignola, Irène Rioux, Marie-Rose Harvey, et une amie d'Alice, Marie-Eugénie Labbé, et une Gaspésienne, Marie-Anne Cassivi.

2. AUG, 1925, p. 121.

C'est avec une joie indicible que Monseigneur de Gaspé vint célébrer l'Eucharistie du 16 août et bénir le grand départ. Un équipage de quinze, un bon capitaine : ce qu'il va aller loin en haute mer, ce navire !

La Cloche et le Monastère sont bénis les 30 et 31 août.

La cérémonie du dimanche après-midi le 30, dans la cathédrale de Gaspé, commence par le salut du Saint-Sacrement, après quoi la cloche du Monastère des Ursulines reçoit avec l'eau baptismale les noms de François-Xavier et Catherine-de-Sienne. Fraîchement arrivée de Annecy-les-Viens, en France, cette cloche fondue par les frères C. Paccard pèse trois cent soixante-seize livres et donne le son de mi bémol. Pour la circonstance, les Sœurs du Saint-Rosaire ont fait sa toilette baptismale...

> Cette cloche sonnera », dit Monseigneur, « pour marquer tous les détails de la vie religieuse monastique, le commencement de la journée de prière, l'angélus, les vêpres, etc. et le soir, quand les autres cloches se seront tues, la cloche du Monastère sonnera encore pour dire que les religieuses se sont mises en prière...

Après l'allocution de Monseigneur et celle en anglais de M. l'Abbé Miles, les assistants viennent à tour de rôle sonner la nouvelle cloche et déposer leur obole.

Installée ensuite dans le clocher du monastère, elle ne tarde pas à se faire entendre. Pendant quarante-quatre ans, elle chantera avec nous les célébrations de l'Eucharistie, de l'Office Divin, elle annoncera aux alentours nos joies et nos peines. Elle sonnera une dernière fois en août 1968 avant d'être remise au Musée d'Histoire et de Traditions populaires de la Gaspésie.

Le lendemain, 31 août, 9h30, Monseigneur vint bénir solennellement le Monastère. Toute l'assistance accompagne l'évêque officiant, qui se promène mitre en tête et armé du goupillon à l'intérieur et l'extérieur de la maison, l'aspergeant partout d'eau bénite. Après la messe qui suit, la foule est admise à visiter de fond en comble le nouveau monastère.

Un événement historique, publiera *Le Devoir*. « Un événement historique, c'est bien le terme qu'il faut appliquer au fait, apparamment modeste et qui n'a pas suscité grand bruit dans les grands journaux, qui vient de se passer à Gaspé. Plus tard, on s'y référera sûrement comme à l'une des grandes dates de l'Histoire de la Gaspésie, comme au *principe* de quelques-uns de ses plus importants progrès.

> Monseigneur Ross a donc béni dimanche, le Monastère que viennent d'ériger à Gaspé, les Ursulines, et qui ces jours-ci y recevra une soixantaine d'élèves. Nos lecteur connaissent par l'émouvante lettre pastorale du 16 juillet, que *Le Devoir* a déjà publiée, l'objet de ce Monastère et les œuvres diverses qu'il abritera.
>
> Nous avons visité ce Monastère qui occupe un site merveilleux. L'intérieur est d'une grande simplicité, l'édifice est bien aménagé. Les classes sont spacieuses, bien éclairées et surtout bien aérées. Il en est de même pour le dortoir des élèves qui se trouve au dernier étage. Les appartements des religieuses sont aussi sur le même plancher. Chaque religieuse professe occupe une cellule, appartement fort petit, mais d'une grande propreté. On y voit un lit de fer, un lave-mains, un pupitre et une chaise. Sur la muraille toute blanche, un crucifix est accroché.
>
> Le Monastère est situé sur le flanc de la colline et domine la ville. C'est un site splendide.
>
> On y priera d'abord, et cela, pour qui tient quelque compte des réalités supérieures, passe en premier lieu ; puis on y formera des jeunes filles, de futures religieuses, de futures institutrices, de futures mères de famille car le nouveau monastère contien-

dra à la fois un noviciat, une école normale et une école ménagère [...]

[...] Probablement, on n'entendra plus guère parler de ce Monastère. Les Ursulines ont toutes les qualités du monde, mais elles ne s'entendent point à la publicité ! On n'en entendra plus guère parler, mais son histoire se développera suivant le rythme ordinaire. Le noviciat attirera des âmes ferventes ; les inspecteurs ne tarderont pas à noter la valeur particulière des institutrices de Mgr Ross, car l'évêque, spécialiste de la pédagogie, dirigera personnellement la nouvelle école normale ; les visiteurs remarqueront la distinction particulière des anciennes élèves du Pensionnat. Une élite se créera, ajoutera aux qualités actuelles de cette population des qualités nouvelles. Un jour, il faudra agrandir, faire de l'espace pour de nouvelles recrues, méthodiquement, sans tapage. Et un bon matin, quelque voyageur constatera que la Gaspésie possède l'une des plus belles institutions de la Province.

Est-ce user d'un langage ambitieux que d'appeler *historique* la naissance de cette institution ? Elle ne sera pas la seule du reste.

Pour septembre prochain, on annonce l'ouverture d'un Séminaire qui sera pour les garçons ce qu'est pour leurs sœurs le couvent des Ursulines, et comme la Gaspésie n'est pas soustraite à la loi commune, le site est déjà choisi de l'Hôpital qui recevra les victimes de la souffrance. Ainsi s'organise et se développe autour de l'évêché la vie intellectuelle et morale de la région.

Il faudrait plutôt écrire la vie tout court, car dans ce pays où il reste tant à faire, l'évêque a plus qu'ailleurs pris figure de directeur des activités économiques. Monseigneur de Gaspé lui-même faisait récemment observer que souvent de graves événements ne suscitent ni l'intérêt, ni la curiosité des contemporains, qu'ils les regardent surgir et se dérouler d'un œil indifférent, et cela est peut-être plus vrai aujourd'hui qu'hier. Sachons du moins reconnaître et noter que, sous nos yeux, quelque chose de grand et de bienfaisant vient de naître.

[signé] Omer Héroux[3]

3. AUG, 1925, p. 131.

Soixante magnifiques jeunes filles nous arrivent

À 22h, vendredi le 4 septembre, vingt-trois élèves arrivaient par le petit train de la Baie ! Les trente-sept autres qui viennent du côté nord de la Péninsule arrivent sur le *Gaspésia* de la Clarke Steamship, le samedi matin à 9h. C'est un début prometteur et le cœur du Pasteur du diocèse est tout réjoui quand il vient pour célébrer la messe d'entrée, le lendemain.

Parmi les nouvelles arrivées, il y a une petite Amérindienne, Marie Samson, âgée de dix ans. Cette enfant qui portait dans sa physionomie et ses habitudes les traits et les caractères des premiers habitants du pays ne restera que quelques mois au Monastère. Cependant, les religieuses sont heureuses d'avoir l'occasion de vivre pour un moment quelque chose qui ressemblait à ce que leur Vénérable Mère avait dû vivre aux premiers temps de la colonie.

Et commence le « Je vous offre, Ô mon Dieu, ce que je vais faire, que ce soit pour votre gloire et mon salut. Au nom de

Jésus-Christ, Notre-Seigneur, éclairez-moi, Seigneur, aidez-moi de telle sorte que je puisse vous plaire et accomplir votre sainte volonté ! » cette traditionnelle prière d'avant les cours que toutes les générations d'élèves diront parfois distraitement, mais le plus souvent avec conviction et sincérité, surtout avant les périodes d'examen ! Mais il faut dire que beaucoup ont puisé là, l'habitude d'offrir fréquemment leurs actions, de recourir fréquemment à l'aide d'en haut, une habitude pour toute leur vie !

Déjà une épreuve…

À peine quelques jours depuis qu'on est soixante-quinze dans la maison et voilà qu'éclate la nouvelle : « Il n'y a plus d'eau ! » Le puits est à sec, la sécheresse des dernières semaines et l'absence de vent se sont conjugués et voilà le résultat !

La nouvelle se répand dans le monde des Ursulines et une bonne âme du Monastère de Québec envoie à Mère Sainte-Catherine, la *recette* dont s'étaient servies les Ursulines de Stanstead.

> Mère Sainte-Eulalie (une très originale Irlandaise) prit la statue de saint Joseph et la plaça bien haut sur la galerie en disant : « Bon Saint-Joseph, faites votre ouvrage. Il faut que l'eau jaillisse enfin dans ce puits creusé si avant et resté vide ! » Alors, elle nous fit prier avec foi, et elle, sur la galerie, tournait et retournait saint Joseph, lui parlant tout le temps avec confiance de notre grand besoin d'eau, lui disant qu'il resterait là tant que l'eau ne viendrait pas. C'était du comique pieux dont le bon saint devait rire dans sa barbe ! Enfin, ô prodige de la prière ! Au moment où l'on s'y attendait le moins, on entend des profondeurs des cris sans merci. Les pauvres ouvriers, surpris par la veine d'eau qui s'ouvrait en un jet formidable, étaient menacés d'être submergés au fond du puits et perdaient chapeaux et pipes… Ce fut de notre

côté un éclatement de reconnaissance et la statue fut portée en triomphe jusqu'à la chapelle[4] ! »

Gaspé n'eut pas à enregistrer de miracle aussi éclatant, mais le ciel ne resta pas sourd ; avec parcimonie d'abord, l'eau monta dans la fontaine, puis vinrent les grandes pluies d'automne qui remplirent le réservoir pour un certain temps.

Et déjà aussi des joies inattendues !

Une merveilleuse surprise les attend un soir de novembre ! La statue de sainte Angèle ornant le corridor d'entrée fut offerte avec une générosité pleine de délicatesse par Monsieur E. Filion, entrepeneur des travaux de construction, et Madame Filion. Monsieur Filion avait dessiné lui-même la niche destinée à recevoir la statue de la sainte qu'il ne connaissait pas ; discrètement, il a pris des informations, demandé une photographie la représentant et commandé à Carli, statuaire de Montréal, de fabriquer une statue et de l'expédier à son nom au Monastère de Gaspé. Le soir du 6 novembre, à la dérobée, il place la statue dans la niche qu'il lui avait préparée.

Lorsqu'après les prières du soir, les deux petites sœurs chargées d'aller fermer la porte conventuelle extérieure découvrent la surprise… elles se croient en présence d'une vision céleste. En toute hâte, elles courent avertir Mère Supérieure et Mère Assistante qui, à leur tour, viennent contempler la radieuse vision, tandis que Monsieur l'entrepreneur et ses aides, dissimulés dans l'obscurité, jouissent sans être vus du bonheur que l'on goûte à faire des heureux.

4. AUG, 1925, p. 139.

« Ma chère, venez vite, il y a une apparition dans l'entrée ! »

De même, les ouvriers du Monastère voulurent laisser un témoignage de leur amour en faisant don de la statue du Sacré-Cœur placée dans la chapelle des religieuses.

L'un des ouvriers s'étant avisé de faire peindre par notre artiste, Mère Saint-André, l'image du Sacré-Cœur sur le cadran de sa montre, afin de la porter toujours sur lui comme un gant de protection, tous voulurent l'imiter. Ils venaient l'un après l'autre trouver *la sœur qui fait des Sacré-Cœur* sur les montres et l'abordant, chapeau bas et la montre ouverte à la main :

> Ma sœur, j'ai vu le Sacré-Cœur sur la montre de Max Bernier, et j'ai trouvé ça terriblement beau ! Voudriez-vous m'en faire un sur la mienne ?

Son premier hiver. Il était encore bien dénudé.

D'autres statues peupleront bientôt le Monastère, toutes des dons : une Vierge de Lourdes pour l'autel du noviciat, une Notre-Dame-du-Sacré-Cœur pour la salle de communauté ; un groupe Notre-Dame-de-Lourdes et Bernadette Soubirous pour habiter le Rocher de Massabielle à la base duquel gronde, non pas le Gave, mais le moteur électrique qui met en action l'orgue de la chapelle.

Le Séminaire voit le jour

De notre colline observatoire, on aperçoit avec joie ses murs qui s'élèvent ! Bientôt il sera terminé, les Pères Jésuites seront là, le Séminaire ouvrira ses portes... Quel heureux événement pour 1926 !

Monseigneur de Gaspé n'a pas perdu de temps ; ce magicien réalise l'un après l'autre les plans que son cœur a formés, les œuvres que son regard d'aigle a prévues pour le progrès de son diocèse ! Une circulaire au clergé annonce que :

> Notre Séminaire diocésain a *ouvert ses portes le 11 septembre*. La première entrée a dépassé les prévisions en nous amenant soixante et quelques élèves, partagés entre les classes de philosophie, éléments latins et éléments français. Par ailleurs, nous avons dû refuser une dizaine d'élèves en rhétorique et à peu près autant en versification, parce que nous n'avions pas les professeurs requis...
>
> En outre, cinq étudiants en théologie, n'ayant pu trouver place au Séminaire de Québec où se rendent ordinairement nos séminaristes, j'ai dû ouvrir un cours de théologie de première année...

> Les commencements de notre Séminaire établissent donc un succès avec un embryon de grand séminaire, qui aurait cru cela ?
>
> Le concours des Rév. Pères Jésuites qui ont la direction des études du petit séminaire nous assure tout de suite une maison de première valeur. Je n'ai pas à faire l'éloge de ces religieux comme éducateurs, ils ont pris dans l'Histoire de l'Église, de notre pays en particulier, un rang que vous apprécierez comme moi, et leur collaboration est fort goûtée de la population.
>
> L'insuffisance de notre organisation à ses commencements ne nous a pas permis de faire une inauguration solennelle de cette importante institution ; nous nous sommes bornés à une bénédiction privée des bâtiments, remettant à plus tard une solennité que nous ne pouvions faire à cette époque[5] [...]

Est-il besoin de dire que pour les Ursulines de Gaspé, l'arrivée des Pères Jésuites dans le milieu est une raison de bonheur et de reconnaissance ? Une précieuse assistance spirituelle est assurée pour leurs élèves, le jeune noviciat, les membres de la communauté.

Mais surtout, les religieuses se réjouissent de voir surgir cette œuvre nouvelle comme un complément de leur œuvre propre, comme un enrichissement du milieu gaspésien. Elles entrent dans les vues de leur évêque aux agirs prophétiques. La qualité d'un peuple dépend de la qualité de ses membres et cette qualité est assurée par l'instruction et l'éducation chrétienne comme l'Évêque de Gaspé tente de le réaliser dans le milieu qui lui est confié.

5. AUG, 1926, p. 201.

Ce monseigneur nous étonnera toujours !

Tel un aigle qui éveille sa nichée et plane au-dessus de ses petits, il déploie son envergure. (DT 32, 11)

La construction du Séminaire n'est pas terminé que déjà un autre projet s'amorce. La question d'un hôpital était dans l'air, rien que dans l'air, quand la nouvelle éclate soudainement :

> Je vous amène mercredi soir la Mère Supérieure des Hospitalières de Québec et la dépositaire auxquelles vous enverrez votre voiture au train. Les bonnes sœurs de l'hôtel-Dieu sont folles de joie. Et moi donc !

Le lendemain, suit une autre lettre :

> Nous n'arriverons que vendredi soir. Si vous voyiez comme c'est content tout ce monde-là de faire une fondation à Gaspé ! Même la Supérieure de l'hôpital de Roberval qui exulte. J'en rencontrai trois à l'hôtel-Dieu, hier, trois jeunes. Elles étaient folles de joie, me baisaient les mains. Une petite nous disait : Si vous pouviez lire dans les cœurs, vous verriez... Mais je lis dans les yeux, et ça me plaît beaucoup... Mes chères Mères, vous pourrez vous regarder par-dessus le bassin, et moi, j'aurai du cœur pour deux. Que le bon Dieu a donc été bon de mettre tout le bien à base d'amour. Prions qu'Il mène cette nouvelle œuvre à bonne fin !
>
> [signé] Votre père que plus ne se peut être[6]
>
> François-Xavier, évêque de Gaspé.

C'est flagrant, Monseigneur associe tellement les Ursulines à son œuvre qu'elles ont l'impression de fonder avec lui cet hôpital qui s'en vient, que c'est leur œuvre à elles...

---

6. AUG, 1926, p. 192.

Devant le Northland *qui les a conduites à Gaspé*

Quelques jours plus tard, on apprend que les voyageuses partent de Québec le jeudi matin, coucheront chez les Ursulines de Rimouski et nous arriveront par train vendredi soir. Comme entendu, notre voiture les attend à la gare, les traverse sur le bac et les amène au monastère où un accueil chaleureux les attend. Elles sont à Gaspé le temps de choisir le terrain et la propriété qui sera le berceau de leur œuvre et repartent aussitôt. L'affaire est en marche !

Le 25 septembre1926, les deux premières hospitalières heureuses élues pour Gaspé arrivent à bord du *Northland* de la Clarke Steamship et demeurent chez nous jusqu'au 25 novembre. Mère Cantin-de-Marie-de-l'Incarnation et Mère Saint-Albert passent avec nous deux mois de fraternité charmante : elles rient, prient, mangent, passent les recréations comme des Ursulines ! L'amitié trois fois séculaire des Augustines et des Ursulines se cimente de plus en plus. L'arrivée le 29 octobre de quatre autres Augustines, Mère Saint-Norbert, Saint-Michel, Marie-de-l'Assomption et Sainte-Marguerite,

Mère Cantin et St-Albert avec nos premières mères : Ste-Catherine en avant, St-André, Ste-Angèle et Ste-Cécile en arrière

complète leur communauté. Le Grand Office des Morts du 2 novembre prend une solennité mémorable avec toute ces participantes en grand manteau de chœur.

Grâce au Pasteur Ross-aux-grands-rêves, la jeune Église de Gaspé tente de reproduire sur le finistère Gaspésien les exploits réalisés à Kébec en 1639.

> Je dis à mes amis d'ici [Mgr écrit de Québec] que quelque jours, nous annexerons Québec à Gaspé... et que Québec est dans la beauté de son site, un petit Gaspé... ils me croient bien un peu prétentieux, mais ils ne savent pas... S'ils avaient nos yeux pour regarder cela[7] !

L'Hôtel-Dieu de Gaspé devient une réalité dès 1927.

De l'autre côté de la rivière York, sur le Montmartre gaspésien, nom que Monseigneur donne à la colline de l'hôpital, les

7. AUG, 1926, p. 193.

Le premier hôpital de Gaspé, lui aussi disparu aujourd'hui mais... remplacé

chères Augustines voient leur œuvre s'affermir graduellement. Dans leurs lettres du jour de l'an de cette année-là, elles écrivent que :

> Pendant les deux premiers mois de notre séjour à Gaspé, les Mères Ursulines illustrant les premiers jours de la colonie nous ont donné la plus cordiale hospitalité. Ensemble, nous avons parlé du dévouement et de l'étroite collaboration de nos Fondatrices venues de France ensemble. Les liens de jadis sont restés intacts au cours des siècles et le temps passé au sein de ce Monastère nous a permis de le constater à diverses reprises[8].

Pendant que Gaspé voit s'élaborer dans le silence de ses cloîtres l'histoire d'un peuple heureux au service du Seigneur, au-dehors sur le terrain politique et économique, la lutte est engagée afin de sortir de l'ombre cette quasi-province de notre beau pays !

« Je recommence la colonie », avait dit Monseigneur Ross.

8. AUG, 1927, p. 220.

Photo aérienne du Monastère prise
par le comte de Lesseps en 1926

Des pensionnaires de vacances

Le 4 du mois d'août 1926, le comte Jacques de Lesseps, aviateur français en service à Gaspé, fils du fameux comte de Lesseps dont le génie a percé les isthmes de Suez et de Panama, conduisait ses deux fillettes en notre Monastère pour un séjour de quelques semaines.

Le comte était venu lui-même demander à la Rév. Mère Supérieure une pension pour ses deux enfants. Il cherchait pour elles, pendant leurs vacances, une solitude ensoleillée, un air pur et vivifiant, un milieu où ces fleurs délicates et fragiles fussent protégées de tout contact malsain ; il avait choisi notre colline comme remplissant toutes les conditions exigées par son cœur de père catholique français. La maison ayant accepté, les deux petites âgées de 8 et 10 ans, portant les noms d'Elisabeth et de Catherine (Betty et Kiki dans leur langage enfantin), nous arrivèrent accompagnées de leur gouvernante, Mademoiselle Geneviève de la Tour Fondue. Elles occupèrent l'infirmerie des enfants et les appartements de l'aumonier, laissés libres par l'absence de celui-ci.

Les petites Betty et Kiki
sur les bords de la rivière York

Il venait les saluer du haut des airs…

Les hangars de la Compagnie Aérienne Française occupaient un vaste espace au bord de l'eau à un mille plus haut d'où se trouvaient les humbles quais. Tous les jours où la pluie ne les empêchait pas de descendre la longue côte des Ursulines, les fillettes se rendaient aux hangars rencontrer leur père et leurs deux frères et c'était un pique-nique au bord de l'eau. C'était charmant de voir les petites s'accrocher à lui, lui faire mille caresses pendant que Monsieur de Lesseps n'en continuait pas moins la causerie, coupée seulement d'un sourire ou d'un mouvement de légitime défense.

Un jour qu'un nouvel aéroplane lui était arrivé par le train et qu'il s'agissait d'en garantir le mécanisme aux hommes qui travaillaient sous ses ordres, Monsieur de Lessseps y vola lui-même d'abord, puis il fit monter ses quatre enfants pour un bon tour. La randonnée familiale faite, la machine était signée, chacun était sûr d'elle, le père n'aurait pas risqué ses enfants à la mort.

Après le retour des enfants à Toronto où elles demeuraient, le comte offre ses remerciements :

J'ai attendu pour écrire de savoir mes enfants bien arrivés, ce que je viens d'apprendre. Je désirais pouvoir vous offrir une vue, prise des airs, de votre magnifique Monastère. Je me permets de vous envoyer ci-jointe une épreuve, en m'excusant de son emballage rudimentaire ; je vais en commander un exemplaire que je me permettrai également de vous faire envoyer de Paris, avec tout mon respect et ma reconnaissance.

Je ne sais, en effet, comment vous remercier de la faveur faite à mes petites filles en voulant bien les accepter, et ausi de la façon si affectueuse et si bienveillante avec laquelle elles ont été accueillies et soignées. Ce court séjour leur a fait le plus grand bien !

[*signé*] *Jacques de Lesseps*[9]

Les fillettes reviendront aux vacances de 1927 et cette fois encore, le comte remerciera lui-même. Il dit que les petites se sont senties si heureuses dans l'atmosphère calme et recueillie du Monastère qu'elles avaient le cœur gros de s'en retourner à Toronto.

C'est autour du 20 octobre que le Comte périra dans un tragique accident. Parti pour une exploration de quelques heures, il n'était pas encore revenu après plusieurs jours. L'inquiétude croissant chez la population de Gaspé, on commence des recherches. Une aile de l'avion retrouvée à près de deux cent milles sur le rivage de Baie des Sables fait croire à une catastrophe qui aurait terrassé l'aviateur et son compagnon. On scrute les côtes de la péninsule, on interroge la mer profonde... Les côtes et la mer gardent leur secret.

Mais voici qu'un des premiers jours de décembre, la vague traîtresse lasse d'avoir balotté le corps du pauvre comte pendant

9. AUG, 1927, p. 240.

L'hydravion du comte de Lesseps
sur la rivière York en 1927

plus d'un mois vint le rejetter sur les rives lointaines de Terre-Neuve. On trouva sur le corps de ce croyant, dans un mince carnet bien conservé, une image de la petite Thérèse...

Il avait déjà exprimé le désir de voir ses cendres reposer en terre gaspésienne. Le 13 décembre, la dépouille mortelle arrivait à Gaspé et le lendemain avaient lieu les funérailles et l'inhumation. Le drapeau français enveloppait le cercueil. Monseigneur Ross prononça l'oraison funèbre et l'éloge de ce brillant aviateur dont la modestie égalait la bravoure. Un monument érigé à Gaspé en 1932 rappelle la mémoire de ce grand homme.

Le P. Alexandre Dugré, s.j., disait avoir été impressionné par deux longues conversations alors que le comte avait bien voulu s'attarder au Monastère des Ursulines. « Le bassin de Gaspé devrait être un immense port de mer », rapporte le P. Dugré. « Les élégantes machines s'élevaient de l'eau, prenaient leur essor, puis leur direction vers Cloridorme ou Barachois, selon qu'elles devaient photographier le nord ou le sud du plateau gaspésien. Les hydravions ressemblaient à des mouches alourdies par le butin, quand ils glissaient du ciel bleu pour se poser délicatement sur l'eau qui giclait. C'est comme si nous arrivions sur du marbre », disait M. de Lesseps, l'eau ne

Lors du transfert en 1988 du monument Lesseps (érigé en 1932) face aux anciens hangars de la compagnie France-Canada, les dames Lesseps avec un groupe d'Ursulines. De gauche à droite: Marthe Bernard, Alice O'Connor, Doris Bujold, Élisabeth de Lesseps, Kathleen Maloney, Laurette Caron, Catherine de Lesseps, Germaine Belles-Isles, Carmen Ahier, Isabelle Bélanger, Electa Poirier, Marie-Rose Harvey

cède pas, il faut la fendre. Monsieur de Lesseps était un prudent, un vrai brave, celui qui se sert de sa tête et ne se soucie pas de faire parler les gazettes. Il photographiait la Gaspésie à 14 000 pieds d'altitude pour faire ensuite les tracés de la carte.

Ce grand catholique, fidèle à la messe du dimanche, ne voulait pas que ses machines travaillent ce jour-là. Un de ses pilotes, étant sorti à l'heure de la grand-messe, Monsieur de Lessseps alla en personne fournir des explications à Mgr Ross, avec qui d'ailleurs il aimait aller causer d'histoire et de Gaspésie[10] !

---

10. Alexandre DUGRÉ, AUG, 1927, p. 242.

Comment Marie-de-l'Incarnation vient nous stimuler !

Au cours de l'été, un autre grand Français, Dom Albert Jamet, nous rend visite. Ce bénédictin de Solesmes a entrepris la publication complète de la vie et des écrits de Marie Guyart, notre Marie-de-L'Incarnation. Il travaille actuellement au tome 11 de cette œuvre, ce qui l'oblige à passer une partie de l'été à fouiller dans les archives du Vieux Monastère de Québec. Pour se reposer et connaître les différentes maisons d'Ursulines, il fait la tournée de toutes nos maisons.

Le 9 août, le voilà chez nous à nous parler de cette femme qu'il admire tant. Dans sa dévotion filiale et se grande connaissance de la spiritualité, il ose la placer au-dessus de la grande sainte d'Avila.

Il la fait revivre pour nous, il prouve que si elle est un modèle pour les âmes religieuses, elle l'est tout autant pour les chrétiens *laïcs*. Avant d'entrer en communauté à l'âge de trente-deux ans, Marie Guyart avait déjà expérimenté de grandes grâces d'union à Dieu. De son enfance, quelques traits seulement nous sont connus, sa charité envers les pauvres et sa grande piété, et ce songe où Notre-Seigneur se dirigeait vers elle alors qu'elle lui tendait les bras. « J'allais souvent à l'église et me tenais là, une bonne partie du jour. Mon cœur souhaitait avec ardeur la communication avec lui, et j'étais si enfant que je ne savais pas que c'était là faire oraison ! » écrivait-elle à son fils.

En dépit de son attrait pour la vie religieuse, c'est avec un total abandon à la volonté de Dieu exprimée par celle de ses parents qu'elle devint à dix-sept ans l'épouse de Claude Martin. Elle était à cet âge trop craintive pour s'opposer à son père. Ne confiait-elle pas à sa mère : « Puisque c'est une résolution prise et que mon père le veut absolument, je me crois obligée d'obéir à sa volonté et à la vôtre ; mais si Dieu me fait la grâce de me donner un fils, je lui promets dès à présent de le consacrer à son service ; et si ensuite, il me rend la liberté que je vais perdre, je lui promets encore de m'y consacrer moi-même[11]. »

On sait qu'elle eut un fils, Claude, et que six mois après la naissance de ce fils, elle devint veuve à vingt ans. Des difficultés de tous ordres l'attendent, faillite, procès, etc. Il ne lui reste que son fils, mais elle sait déjà d'où lui viendra le secours. « L'Esprit de Dieu qui m'occupait intérieurement me remplissait de foi, d'espérance et de confiance ! » Déjà Dieu l'honore de faveurs extraordinaires. Un matin qu'elle vient de méditer ce verset : « In te Domine speravi, non confundar un æternum... » elle se voit plongée dans toute l'acuité de son état de faiblesse humaine et en même temps immergée dans les flots du sang rédempteur.

Cette grâce allait être suivie de beaucoup d'autres alors qu'elle se trouve engagée plusieurs années au service de sa sœur

11. *Vie de la Vénérable Marie de l'Incarnation* par Dom Claude Martin, Paris, 1677, p. 9.

et de son beau-frère, années passées à des besognes humiliantes, années passées à méditer les humiliations du Christ. Enfin, on finit par se rendre compte de ses capacités exceptionnelles, de son courage, son discernement, son sens des affaires et on lui confie la gestion de toute l'entreprise. Pendant six ans, elle sera la cheville ouvrière d'une des plus grandes compagnies de transport du Royaume de France.

> Je passais presque les jours entiers dans une écurie qui servait de magasin et quelquefois il était minuit que j'étais sur le port à faire charger et décharger des marchandises. Ma compagnie ordinaire était des débardeurs, des crocheteurs, des charretiers et même cinquante ou soixante chevaux dont il fallait que j'eusse soin. Quelquefois je me voyais si surchargée d'affaires que je ne savais par où commencer. Je m'adressais alors à mon *refuge ordinaire*, lui disant, *mon amour*, il n'y a pas moyen que je fasse toutes choses, mais faites-les pour moi, autrement, tout demeurera… ! Ainsi, me confiant à sa Bonté, tout m'était facile. Ces nouveaux tracas ne me détournaient point de la grande application que j'avais à Dieu et qui m'occupait toujours, mais plutôt, je m'y sentais fortifiée parce que tout était pour la charité et non pour mon profit particulier[12] !

Marie-de-l'Incarnation, femme de Dieu, missionnaire, fondatrice comblée des plus grandes grâces mystiques, ou… Marie Guyart, femme d'affaires préoccupée de la prospérité d'une maison de commerce, c'est la même et *où qu'elle soit* et *quoi qu'elle fasse*, cette femme ne quitte pas la compagnie de son Seigneur, son être est tellement livré à l'Esprit de Dieu qu'il est maître chez elle, il lui enseignait à prier ! « Mon cœur parlait sans cesse à Dieu ! Et moi-même je m'étonnais de ce que mon cœur parlait

12. Claude MARTIN, *Vie de Marie-de-l'Incarnation*, tome 1, p. 79.

ainsi sans que je le fisse parler par mon action propre[13] ! » L'Esprit de Dieu avait toute liberté dans son être, il priait à sa place.

Le visite de ce grand spécialiste de Marie Guyart ravive en les Ursulines gaspésiennes le désir de se mettre davantage à l'école de leur illustre Mère. De retour à Québec, il écrit aussitôt, se dit ravi, enchanté d'avoir pu constater *de visu* ce que le zèle de Monseigneur Ross a réalisé de prodiges dans la lointaine Gaspésie.

Avant de quitter la terre canadienne à la fin de novembre, il écrit de nouveau :

> Gaspé est toujours dans ma pensée ainsi que les saintes âmes qui l'illuminent de leur générosité dans le service de Dieu ! Je pars vendredi pour la première patrie, mais j'emporte la *seconde* dans mon cœur. En vous quittant, je ne me sépare pas de vous, je suis sûr de votre fidélité aux promesses que vous m'avez faites au mois d'août et que vos âmes m'apporteront chaque jour le secours fraternel dont j'ai besoin pour faire notre œuvre.
>
> Que le Seigneur aime vivre chez vous, je ne ferai jamais assez de vœux pour votre sainteté, j'y suis le premier intéressé !
>
> *[signé] Dom Albert Jamet, o.s.b.*[14]

Il faudra quatre ans à Dom Jamet pour parachever son œuvre. Émerveillé toujours plus par cette Mystique qui passe avec tant d'aisance de l'action à la contemplation, il fait connaître au monde entier l'humble fondatrice de 1639.

Au Musée des Ursulines de Québec, les rétables d'autel brodés par Marie Guyart, les dictionnaires de Huron et d'Algon-

---

13. Marie-Paul DEL ROSARIO ADRIOZALA, *La connaissance spirituelle chez Marie-de-L'Incarnation*, Cerf, 1989, p. 63.

14. AUG, 1926, p. 213.

quin qu'elle a faits, la volumineuse correspondance qu'elle entretenait avec son fils et ses nombreux bienfaiteurs de France nous font saisir à quel point elle était femme d'*action* ! Il est facile d'imaginer en outre la somme de travail que représentait la vie communautaire et la tâche d'éducation des petites pensionnaires tant françaises qu'indigènes, l'évangélisation des Amérindiens, les relations avec les membres de la colonie particulièrement avec l'Évêque et le Gouverneur pour avoir une idée de ce que cette femme pouvait accomplir... Et si elle est canonisée un jour, ce ne sera pas pour cela, mais pour avoir *réalisé tout cela pour Dieu et en union avec lui.*

Les Ursulines du monde entier sont reconnaissantes à Dom Jamet pour la révélation éclairée et enthousiaste qu'il a faite de notre Mère, Marie Guyart. Trois siècles après la mort de cette femme extraordinaire, c'est lui qui a donné le coup d'envoi à de nombreuses études, recherches et publications à son sujet.

Pendant que s'affermissent à Gaspé les trois Institutions qui, comme des champignons, ont poussé sous l'influx du dynamisme de l'évêque de la place, pendant que Marie-de-l'Incarnation s'en vient fortifier ses filles, Monseigneur Ross, lui, est rendu à Montréal ; il a été invité à faire...

Une conférence au Gèsu

Les Jésuites nouvellement établis à Gaspé découvrent jusqu'à quel point la région a été défavorisée ! Ils sont les témoins émus du zèle ardent de l'apôtre du milieu, Monseigneur Ross, et c'est pourquoi ils décident de lui procurer une invitation pour aller sur la place publique exposer la situation. Le Gèsu, voilà la bonne tribune pour rejoindre le plus de monde possible.

Les journaux ne tarissent pas d'éloges sur cette conférence du 9 février 1927 dont le sujet est *La place d'honneur que Gaspé devrait occuper au champ de l'histoire*, et ce qu'il faudrait *faire* pour développer ce coin de pays...

> Ce grand audacieux dont la pensée plonge si loin dans l'avenir, qui formulait en même temps que ses desiderata et ses projets d'ordre religieux, un ample programme de réforme économique, ce réalisateur hardi qui, en trois années, a fait surgir du sol gaspésien, un séminaire, un hôpital, une école normale et ménagère, sait faire la part du temps et compter avec lui. Il connaît jusque dans le détail les dispositions mentales créées par l'origine des divers groupes ethniques et leur histoire !
>
> Cette étude doit être mise à la portée de tous », continue Omer Héroux. « Elle sera pour un grand nombre une sorte de révélation ; elle apportera à tous de précieux renseignements, d'utiles sujets de réflexion ; elle pourra être pour d'autres le principe d'intéressantes et fécondes initiatives[15] !

La tentation était forte de citer toute cette conférence ici, mais... même si l'Histoire du premier Évêque de Gaspé est très étroitement liée à l'Histoire des Ursulines, il faut laisser aux historiens de Monseigneur Ross le soin de faire connaître aux âges à venir, la valeur émérite du premier évêque de Gaspé.

> Et il se dit :
> Le jour du départ doit-il être celui de la récolte ?
> Et sera-t-il dit que ma veille n'était en vérité que mon aurore ?
> Et que donnerai-je à celui qui a abandonné sa charrue au milieu du sillon...
>
> Quand l'amour vous fait signe, suivez-le,
> Et lorsqu'il parle, croyez en lui.
> Car de même que l'amour vous couronne, il doit vous crucifier.
> Il vous broie jusqu'à la blancheur.

---

15. *Le Devoir*, AUG, 1927, p. 218.

Il vous pétrit jusqu'à ce que vous soyez souple,
Et alors il vous livre à son feu. »

Khalil Gibran[16]

Le 15 février devient un jour mémorable

Une chose qu'à Yahvé je demande,
la chose que je recheche
C'est d'habiter la Maison du Seigneur...

Celui de l'année 1927 voit la cérémonie de vêture de deux premières Gaspésiennes. En plus de porter plusieurs livres de poids sur les épaules, les héroïnes du jour, Laurette Caron et Antoinette Roy, héritent d'un nom qui leur sera un programme de vie, Saint-François-Xavier et Sainte- Ursule.

Celui de l'année 1928 est encore plus important. Il s'agit de vœux cette fois, de la profession publique pour trois ans des premières recrues de 1925. Six d'entre elles ont persévéré et pour la première fois les beaux chants de *veni sponsa christi... posuit signum* résonnent dans notre chapelle.

« Il faut des refuges aux grands repentirs et aux grandes douleurs », se plaît-on à répéter en certains milieux en parlant des cloîtres. Louis Veuillot met ce dicton au nombre de ces idées toutes faites dont on ne voit le fond de sottises qu'en les rencontrant dans certains esprits. « S'il y en a tant qui vont se cacher dans les cloîtres, c'est, dit-il, non pour avoir commis des crimes, mais parce qu'ils craignent l'ombre du péché, non pour avoir subi de grandes douleurs, mais parce qu'ils ressentaient un grand amour. »

16. *Le prophète*, Casterman, 1972, p. 10.

« Saintes sœurs, que vous m'avez donc édifié ! » écrivait le P. Alexandre Dugré, s.j., en cette occasion. « Cette jolie communauté toute jeune, faite de jeunesse et d'espérance, planant dans la ferveur sans perdre le pied d'un solide bon sens, tant de silence enveloppant tant de gaieté... c'était réellement pour moi une pure étrenne du Bon Dieu ! »

Une très discrète... quasi-secrète cérémonie chez nous. Cette même année, le 27 octobre 1928

C'est la prise d'habit des deux premières Missionnaires du Christ-Roi. Les sœurs Frédérica et Antoinette Giroux arrivent de Montréal le 26 octobre et le lendemain toutes deux, seules dans la chapelle avec notre évêque qui préside, elles tiennent leur cérémonie de vêture comme religieuse du Christ-Roi ; Monseigneur a emprunté le rituel de cérémonie des Ursulines, car leur propre rituel... n'est pas encore prêt.

Monseigneur de Gaspé avait dit à ses confrères, les évêques, qu'une seule communauté lui manquait dans son diocèse, une communauté missionnaire. Mgr Forbes connaissait bien les deux fondatrices, il les avait aidées, dirigées dans leur exode chez les Sœurs de l'Immaculée-Conception. Les sœurs Giroux ne trouvaient pas dans cette communauté une réponse à leur idéal missionnaire, désireuses qu'elles étaient d'aller dans le monde entier, alors que chez les sœurs de l'Immaculée-Conception, on était confiné à la Chine. Monseigneur Forbes les avait référées à l'Évêque de Gaspé qui les accepta. C'est donc une fondation tout à fait neuve !

Ces dames sont restées très discrètement chez nous jusqu'au 3 décembre, à coudre pour leur future chapelle et autres nécessités de leur maison, pendant que leur Bethléem se faisait rafistoler pour devenir habitable. À leur départ, Mère Sainte-Catherine leur a fait donner tout ce qu'il nous était possible, surtout le petit autel du noviciat qui venait de la vieille église de Gaspé, les hosties et le vin pour les premiers sacrifices eucharistiques, etc.

Ces courageuses fondatrices nous ont remplies d'admiration par leur humilité et leur filial abandon à la Providence ! Elles sont toujours restées des sœurs pour nous.

Quand M. l'Inspecteur vient à l'école normale

C'est toujours un événement !

Mais quand c'est la première fois, c'est un gros événement ! Après sa visite du 29 mai 1927, il y en a des échos jusque dans les journaux de Québec.

« Monsieur le Commandeur Magnan a été fort impressionné des succès des élèves de l'École Normale de Gaspé ! Deux points surtout l'ont surpris : la force des petites de sept et huit ans en arithmétique et leur habileté à résoudre mentalement par le procédé intuitif des problèmes de fractions dont la difficulté dépasse les capacités ordinaires des enfants de cet âge ; deuxièmement la manière dont se sont tirées d'affaire les élèves-maîtresses à leur examen d'enseignement pratique. Contrairement à son habitude, en effet, Monsieur l'Inspecteur indiqua au dernier moment de l'examen, les étudiantes qui devaient donner le cours et la matière de la classe à donner ; d'ordinaire, ce point est donné d'avance, afin de permettre aux élèves de se préparer, puisqu'il s'agit de pratique[17] ! »

Monsieur l'Inspecteur Magnan, dont la verve reste malgré les ans toujours vive, alerte et chaude, exprima en termes pittoresques, sous lesquels on sentait une bienveillance toute paternelle pour la benjamine des Écoles Normales, la satisfac-

17. *L'Action catholique*, AUG, 1927, p. 268.

C'est qu'il était déjà beau en 1929. La vigne décorative a grandi. Imposant pour le temps !

tion qu'il avait éprouvée de son séjour à Gaspé. « Les trois normaliennes qui ont enseigné devant moi, élèves choisies au hasard, ont fait preuve d'un savoir-faire et d'une maîtrise qui laissent supposer nécessairement une préparation éloignée de haute valeur. L'École Normale de Gaspé, une fois les difficultés de recrutement du début vaincues, ira loin dans la voie du progrès pédagogique et de la saine formation morale et sociale des institutrices de Gaspé[18] ! »

Il a ensuite visité le domaine, admiré les cours de récréation, l'immense jardin, les terrasses, le préau, les berceaux. Oui, les berceaux ! Il s'agit de deux kiosques entourés de vigne grimpante, érigés l'un sur la terrasse des religieuses de la communauté, l'autre sur la terrasse des novices. À qui cette dénomination pourrait sembler étrange, disons que *les heureuses bercées* n'ont en effet qu'un désir, devenir et rester d'humbles petits

18. *Ibid.*, p. 267.

enfants, puisque le ciel est pour les petits et *ceux qui leur ressemblent*.

La plus longue partie du préau affectée aux normaliennes est dominée par la statue de la Vierge, alors que la moins longue réservée aux petites du Pensionnat est protégée par la statue de Jésus-Enfant. « Ah ! ce préau, ce qu'il en a vu des choses ! Il faisait partie de notre vie quotidienne, il nous a vu nous promener, gambader, sauter de la corde, nous reposer, étudier, prier... pleurer parfois quand l'ennui nous gagnait ! C'était merveilleux de passer là de bons moments de silence à admirer la Baie, confortablement assise sur les solides bancs que Monseigneur avait donnés, et cela même les jours de pluie, car le toit du préau nous protégeait par tous les temps ! » rappelait Gemma, une élève des années trente.

Et nous continuons... nos fondations !

On est en 1929. Depuis sept mois, nous avons pour aumônier un saint prêtre, autrefois religieux trappiste. Tour à tour Prieur d'Oka, Supérieur et Directeur des scolastiques à la Trappe de Mistassini, il vient d'obtenir un indult d'exclaustration pour lui permettre de fonder un nouvel ordre religieux. La règle des Cisterciens avec quelques modifications s'adaptera mieux que celle du Père de Rancé aux exigences de notre pays. Reçu au diocèse de Gaspé par Monseigneur Ross, le Père Brault venait en notre cloître refaire ses forces physiques tout en mûrissant son projet de fondation. Il sera pour toutes les religieuses de notre maison un foyer de lumière et de révélation de Dieu. Pour les élèves du temps, il sera baptisé le Père Éternel.

Peu à peu, les choses se précisent, la fondation se fera à Val-D'Espoir dans le canton de Percé. Les Cisterciens de Lérins, en France, acceptent de se joindre au Père Brault et de venir fonder une ferme-école. On projette d'ouvrir les portes de cette école dès septembre 1930 pour le bénéfice des jeunes gens désireux de s'initier aux travaux de défrichement et d'agriculture tout en parachevant leurs études.

Monseigneur de Gaspé entreprend de déraciner le préjugé qui veut que la Gaspésie ne soit pas apte à l'agriculture. Les pionniers de la Gaspésie ont toujours vécu pauvrement de *pêche*, une pêche abusivement exploitée, situation que l'évêque de Gaspé s'appliquera très tôt à améliorer par la création de coopératives. Les touristes attirés par les sites enchanteurs, la beauté du ciel qu'on compare à celui de l'Italie, la renommée d'hospitalité des Gaspésiens, etc. commencent à affluer sur les nouvelles routes qui viennent d'être parachevées. Aux ressources de la pêche et du tourisme, il convient donc d'ajouter celles de l'agriculture. Il y a déjà quelques centres agricoles en Gaspésie qui s'en tirent très bien, ce qui prouve que le potentiel agricole est là comme ailleurs.

> Val-d'Espoir, deux petits mots combinés qui font entrevoir de grandes choses et qui ouvrent de belles perspectives dans le domaine religieux, agricole, social et économique de cette province ! Projet magnifique en voie de réalisation, le Père fondateur de l'établissement a déjà quelques scolastiques entraînés, le terrain est déboisé et arrosé de cours d'eau dont on peut régulariser le débit pour la production d'électricité, le sol est riche et se prête bien à la formation d'une belle paroisse agricole, le chemin de fer passe à trois milles de là[19].

Tel est dans ses grandes lignes le projet qui suscite de grandes espérances et réjouit le cœur des Gaspésiens, particulièrement des Ursulines. Dans quelques années, l'œuvre pourra vivre de ses propres ressources, espère-t-on ! Déjà des colons viennent s'installer, fonder une nouvelle paroisse ! Débuts

19. *L'Action catholique*, AUG, 1930, p. 110.

prometteurs qui ne survivent que quelques années sans qu'on sache vraiment en identifier la raison ; si la paroisse est toujours là, les Cisterciens, eux, n'y sont plus ; ils se sont retirés à Rosemont où ils ont fait jaillir un gigantesque Centre de culture de la pomme qui fait la prospérité du milieu.

Monseigneur n'a plus d'église

« La cathédrale est en feu ! » D'un bond chacune court à la fenêtre pour voir si c'est vrai. Hélas, c'est trop vrai ! On voit déjà les flammes qui montent du toit...

Cette Semaine sainte de 1929 avait été d'une grande ferveur, la présence de Monseigneur avait rehaussé les cérémonies habituelles d'un éclat de pompe inaccoutumé, l'assistance avait

Monseigneur avait une église devenue cathédrale

L'Église de Gaspé en flammes

été plus nombreuse que jamais ! Les cœurs et les âmes jubilaient dans l'attente du plus beau des lendemains !

Le Samedi saint, vers deux heures de l'après-midi, l'attention de quelques passants est attirée par la fumée sortant des fenêtres de la cathédrale. Personne ne se trouve dans l'église à ce moment. On croit à un feu de cheminée et l'alarme est donnée sur-le-champ.

Soudain, la fumée livre passage aux flammes qui s'échappent par toutes les ouvertures, lèchent les murailles et s'acharnent à embraser tout l'édifice. Comme le village ne possède pas de pompe à incendie, on tente, mais sans grand succès, d'organiser une chaîne pour transporter des seaux d'eau ou de neige sur le lieu du sinistre. Tout est à peu près inutile, l'élément dévastateur semble avoir des ailes. La foule impuissante et triste assiste à l'inévitable destruction de son temple.

Monseigneur Ross, qui le premier quitte le palais épiscopal en entendant les cris d'alarme, s'élance dans la cathédrale en flammes pour ouvrir le tabernacle et en sortir les Saintes

Espèces, ne voulant confier à aucun autre l'honneur d'opérer ce sauvetage.

Des craquements sinistres se font entendre dans la voûte et la toiture menace déjà de s'écrouler. Monseigneur, aidé de quelques personnes, réussit à sauver les ornements sacerdotaux de la sacristie. Les flammes activées par le vent continuent leur œuvre avec rage. La cloche qui, il y a à peine quelques heures, a carillonné si gaiement, tombe avec un bruit sourd, et de chez nous et de toutes les hauteurs de Gaspé, on peut voir le clocher s'incliner peu à peu, pour enfin s'abattre dans les flammes.

On s'affaire encore à sauver la résidence des Sœurs du Saint-Rosaire et des Missionnaires du Christ-Roi ; leur ameublement est déménagé plus loin dans la boue et la neige, une peine onéreuse et inutile car les résidences sont sauvées. Du haut de notre colline, on suit toutes les péripéties du terrible drame ; les mots restent collés dans la gorge, personne ne sait quoi dire... aller à la chapelle réciter le chapelet et crier au ciel, c'est tout ce qu'on peut faire !

C'est bien fini ! La cathédrale n'est plus qu'une masse de tisons embrasés, de même que le presbytère et la magnifique résidence de Monsieur Charles Lindsay, auxquels le feu s'est communiqué dès le commencement de l'incendie et qu'il a été impossible de sauver.

Le lendemain, ce n'est pas sans un serrement de cœur que nous portons nos regards vers le bassin où tant de fois nous avions vu se mirer le clocher paroissial. Nous n'apercevons plus qu'un amas de ruines fumantes. La messe du dimanche de Pâques se célèbre dans l'ancienne toute petite chapelle, heureusement épargnée. C'est notre petit autel du noviciat, cet autel latéral de la vieille église de Gaspé, cet autel que nous avions prêté aux chères Missionnaires du Christ-Roi, qui sert de trône de gloire à Notre-Seigneur en ce matin de la Résurrection.

Quelle lourde épreuve pour le jeune diocèse de Gaspé et son digne Pasteur ! Celui-ci est resté tout pâle, méconnaissable, tant il est affecté !

Notre chère Mère Sainte-Catherine veut être des premières à manifester à Monseigneur la part que nous prenons à son malheur. Avec les affectueuses sympathies de ses filles, il reçoit dans la journée même une offrande de cent dollars, « premières pierres de sa future cathédrale » lui a écrit notre Mère.

Ce geste est suivi d'une autre don non moins généreux de la part de nos élèves qui, sur la proposition de l'une d'elles, font le sacrifice de toutes les friandises reçues de leurs familles à l'occasion de Pâques. Le tout, évalué à 25 $, est acheté par Mère Supérieure qui, joignant un nouveau chèque au premier, les offre à Monseigneur. Au dîner de Pâques, les élèves ont la délicieuse surprise de retrouver sur les tables de leur réfectoire ce qu'elles avaient sacrifié de si bon cœur le matin même ; ainsi, elles partagent fraternellement bonbons et gâteaux qui ont pris une saveur toute spéciale.

Pour nourriture, j'ai mes soupirs,
Comme l'eau s'épanchent mes gémissements,
Ni tranquillité ni paix pour moi... (Job 3,24-26)

Je sais que tu es Tout-Puissant :
ce que tu conçois, tu peux le réaliser.
As-tu raconté tes œuvres grandioses que je ne comprends pas,
des merveilles que j'ignore et qui me dépassent ? (Job 42,2-4)

Mais la Sagesse, d'où provient-elle ?
Où se trouve-t-elle, l'intelligence ? (Job 28,12)

Une grande fête à l'horizon de Gaspé

Un héraut claironne la nouvelle
dès le 22 juin 1929

C'est le quatrième centenaire de la découverte du Canada ! Le Député de Gaspé au Parlement d'Ottawa, l'Honorable Rodolphe Lemieux, membre de L'Institut de France, Président de la Chambre des Communes préconise la célébration à Gaspé, en 1934, de la commémoration de cet événement[20].

Champlain a été fêté à Québec en 1908, et c'était de bon aloi ! Voilà que s'annonce pour notre pays une fête plus brillante et plus glorieuse encore que toutes les autres.

> Il y aura bientôt quatre siècles, en effet, Jacques Cartier devenait découvreur du Canada. Ne possède-t-il pas des titres innombrables à notre affection et à notre reconnaissance ? Il a remonté le premier le grand fleuve Saint-Laurent jusqu'à Montréal, il a donné des noms à notre pays, à nos îles, à nos caps, à nos baies, il fut encore le premier défricheur et le premier colon...
>
> Du Canada, il fut le premier historien et comme nous dirions aujourd'hui, le premier et l'un des plus glorieux publicistes. Le récit de ses voyages écrit dans le style naïf et primesautier de Montaigne, contient des descriptions d'un charme si savoureux qu'elles ont conservé leur fraîcheur à travers les siècles écoulés.
>
> Il fut aussi le premier à faire connaître les nations indiennes du Canada. Il observa leurs coutumes, leurs mœurs ; il apprit un peu leur langage. À Gaspé, il prêcha par signes ; à Montréal, il répandit la bonne parole par l'intermédiaire de deux mauvais interprètes. Par lui et par le Saint-Laurent, comme dit George

20. *Le Devoir*, AUG, 1929, p. 384.

Goyau, la religion romaine s'introduisit et pénétra dans le continent américain.

Navigateur habile, Cartier consigna soigneusement ses observations, dressa les rudiments d'une carte du Canada... exécuta des sondages qui seront précieux pour les futures navigations[21] !

Jacques Cartier, c'est le nom que nous avons tous lu, enfants, sur le piédestal de la première statue qui orne le vestibule de notre galerie de héros ! Même s'il est vrai que cet illustre découvreur reste un personnage peu connu... perdu dans la brume du temps, il apparaît toujours pour tous, solide comme un éclat du granit de Bretagne.

Le Sieur de Limoilou, comme on l'appelait parfois, et son épouse, Katheline des Granches, habitaient une modeste gentilhommière à sept milles de Saint-Malo, aux limites des paroisses de Paramé et de Saint-Coulomb. Du point culminant d'une colline, leur vue s'étendait sur la ville, la pointe de Varde, et sur l'Atlantique alors mystérieux, dont les brumes cachaient des *terres inconnues* ! Après avoir vaincu la mer et découvert le secret des terres inconnues, c'est de cet endroit que l'illustre naviguateur consignera méthodiquement ses souvenirs.

Le récit de sa première relation est poétique, débordant de charme : « Voici l'île des Ouaiseaulx », dit-il « et tout à coup, par-dessus l'île de Miscou, aperçumes autres terres et caps qui nous demeuroict au nort... entre lesquelles basses terres et les haultes, y avaient grande baye et ouverture... »

C'est sa première vision gaspésienne !

il nous convinct entrer plus avant, sept ou huit lieues amont icelle rivière, en ung bon *hable seur*, que nous avyons été voyr

21. Rodolphe Lemieux, AUG, 1929, p. 384.

> avec nos barques. Et pour le mauvais temps, fusmes en icelluy hable et rivière jusques au XXVe jour dudit moys, sans en pouvoyr sortir.

Ce *hâvre sûr* qui abrite le découvreur du Canada, ce refuge contre les puissantes tempêtes qui battent de temps à autre la péninsule, c'est Gaspé. Cartier vient de découvrir le plus magnifique port de mer naturel du monde !

Dès son retour en France, il relate avec ferveur le récit du geste religieux de la prise de possession du pays, le premier accompli sur nos bords.

> Le XXIIIe jour du dict moys, dit-il, nous fismes faire une croix de trente pieds de hault, qui fuct faicte devant plusieurs d'eulx [les Indiens, en fait les Algonquins] sur la pointe de l'entrée dudict hable, soubs le croysillon de laquelle mîmes ung escusson en bosse, à trois fleurs de lys, et dessus ung écriteau en boys, engravé en grosse lettre de forme où il y a poincte devant eulx, lesquels la regardoyent faire et planter, et après qu'elle fut eslevée en l'air, nous mîmes tous à genoux, les mains joinctes et leur fismes signe, regardant et leur montrant le ciel, que par icelle estoit nostre rédemption, de quoy ils firent plusieurs admyrations, en tournant et regardant icelle croix[22].

« Si la découverte de notre pays fut avant tout un acte religieux, la commémoration de ce grand fait devra être d'abord et avant tout une commémoration religieuse », en conclut l'honorable Lemieux.

C'est d'une logique flagrante, Jacques Cartier, le premier de cordée de notre ascension comme peuple a établi chez nous une tradition, il a tracé un sentier dans notre histoire.

---

22. *Ibid.*, p. 386.

Cette fête religieuse et nationale, ne convient-il pas de la célébrer là où se fit la découverte du Canada ? Ne convient-il pas que ce soit à Gaspé ?

Sans doute, Cartier a longé la côte du Labrador, l'île Saint-Jean, le Nouveau-Brunswick avant d'arriver à Gaspé, mais il s'y arrête peu. Il ravitaille ses navires et continue sa route, regardant chaque soir, comme les Conquistadors, monter du fond de l'océan des étoiles nouvelles.

Ce n'est qu'en arrivant à la Péninsule merveilleuse, mollement étendue dans le Golfe, qu'il s'arrête, qu'il séjourne, qu'il observe longuement. S'il passe plusieurs jours à Port-Daniel, s'il fait un arrêt à Percé, c'est pourtant à Gaspé qu'il prend possession du pays au nom du Roi de France ! C'est là qu'il accomplit le grand acte de foi dont la relation est si touchante.

Aujourd'hui, la Gaspésie n'a-t-elle pas tout ce qu'il faut pour attirer, le moment venu, les milliers de pèlerins qui viendraient de tout le Canada, des États-Unis, de la France et même de l'Angleterre, pour célébrer cet anniversaire d'une importance non seulement nationale, religieuse, mais encore universelle et mondiale ? Les foules n'accourront-elles pas, heureuses de cheminer le long de la Baie qui attire déjà des milliers de touristes ? Par la route neuve, par les transports maritimes toujours actifs, par le chemin de fer, tous viendront jusqu'au lieu de ralliement... Gaspé ; nulle part ailleurs que Gaspé, parce que c'est là que Jacques Cartier a planté la croix de la Rédemption, parce que c'est là qu'il faudrait édifier un monument digne du Canada.

Car comment assurer autrement la permanence de ce grand souvenir ? Comment donner un lendemain à cette illustre fête ?

Et notre enthousiaste député fédéral y va alors d'une proposition fantastique aussi merveilleuse qu'inattendue :

> Il serait juste et convenable d'ériger une cathédrale à l'endroit même où fut plantée cette croix salvatrice. Ce serait la cathé-

drale de l'évêque de Gaspé. Monseigneur Ross, ce prélat distingué, depuis quelques années déjà, dépense sa santé et ses talents d'organisateur et d'apôtre pour continuer l'œuvre entreprise autrefois par Cartier ! Par son zèle apostolique, il a conquis l'admiration de tous. Avec des ressources modiques et en peu de temps, il a déjà réalisé la création de trois institutions de qualité, il se dépense sans compter pour le relèvement économique de la Gaspésie. L'ombre de sa houlette se projette sur le territoire naguère parcouru par Cartier... C'est à lui que revient l'honneur d'être le premier évêque de cette cathédrale-souvenir !

Les préparatifs à faire ? Cinq ans suffisent à peine pour préparer cette commémoration grandiose dont la splendeur doit égaler celle de l'événement. À cette œuvre nationale, se joindront les collaborations des sociétés nationales, des sociétés historiques, des universités, des écoles, des sociétés religieuses et du clergé tout entier. Le gouvernement canadien se joindra spontanément à l'entreprise. L'Angleterre, les États-Unis, la France surtout répondront à l'appel. Cinq ans, c'est vite passé !

Songeons aussi que le Canada n'est plus uniquement terre française. À côté des Français, les Anglais se sont établis sur le sol de Cartier. Comme nous, ils tiendront à célébrer la découverte du pays qui est maintenant le leur comme il est le nôtre. Les Anglais, à plusieurs reprises, ont étudié cet homme mystérieux. Ils ont admiré la grande détermination et la fière audace du découvreur qui le premier pénétra au cœur du continent. Ils ont publié ses œuvres La plus récente édition des *Voyages de Jacques Cartier*, celle qui fait école, n'a-t-elle pas été préparée sous les soins de M.H.B. Biggar, chef archiviste du Canada, en Europe ?

Déjà, je vois la foule qui arrive en ce beau mois de juillet, « le tiers jour » ou le « quart jour » ; les automobiles se suivent, des navires, des avions s'approchent venant de partout, le train fourmille de pèlerins, de pèlerines du souvenir, tous se hâtent vers le « hable seur », la cathédrale-souvenir là où se dressait la croix « de bois, haulte de trente pieds » entre les mariniers Français et les indigènes naïfs et étonnés.

[signé] Rodolphe Lemieux[23]

D'aucuns diront peut-être : que voilà une bien longue digression dans cette humble Histoire du Monastère des Ursulines !

Oui... mais comment omettre ces si belles pages de notre aventure à tous ?

L'Histoire des Ursulines est bien inscrite dans de ce qui fait l'Histoire de Gaspé. Sa Grandeur Monseigneur Ross est indéniablement un des plus grands bâtisseurs de l'Histoire de Gaspé, et son Monastère premier, si intimement lié à la pensée du fondateur, n'est-il pas lui aussi à sa façon bâtisseur de Gaspé ?

En fait, tout ce qui fait la vie de Gaspé, tout ce qui le fait grandir est au cœur de l'action du Monastère de la colline, au cœur des religieuses, ces éducatrices qui ont répondu à l'appel de Monseigneur Ross.

Si le cloître des Ursulines a pendant longtemps voilé au public les battements de sa vie intérieure, ce public se doute bien que les cœurs, les esprits, les agirs, les espoirs, les projets sont toujours restés libres d'embrasser toute la Gaspésie et ses avenirs.

Et puis ce quatrième centenaire à fêter bientôt va impliquer considérablement les religieuses de la colline...

23. AUG, 1929, p. 383.

L'ODYSSÉE DU MONUMENT-SOUVENIR

L'idée lancée par l'honorable Rodolphe Lemieux fait son chemin. Cette idée merveilleuse semble vouloir se concrétiser, grandir, prendre des proportions nationales. Une église-monument, construite là où fut plantée la croix de Cartier, église qui serait une basilique-nationale du Canada dédiée au Christ-Roi, le Maître-Éternel, à qui l'illustre Malouin voulut d'abord rendre hommage des nouvelles terres, l'idée de cette basilique s'impose de plus en plus...

Tous en parlent à Gaspé, à Québec, le projet est à l'ordre du jour ! Le Supérieur du Séminaire de Gaspé, le Père Olivier Beaulieu, s.j., écrit dans le *Messager Canadien du Sacré-Cœur* que « la cathédrale de Gaspé est au moins dans l'air[24] ».

C'est devenu une question patriotique et religieuse à la hauteur de la reconnaissance de tout un continent envers le

24. AUG, 1930, p. 5.

découvreur malouin. Vue sous cet angle, la naissance du monument-souvenir gagne toutes les sympathies.

Depuis quatre siècles, la Gaspésie au soleil dort à l'ombre de la croix. La voie fluviale devait nécessairement porter plus au centre la civilisation et le progrès. Ces quatre siècles de culture et d'industrie ont transformé le continent, multiplié les provinces, les villes et la richesse, laissant la péninsule gaspésienne dans l'attente de quelque heureux événement qui amène son développement.

Gaspé n'est encore qu'un village au moment où Rome vient le créer centre d'un nouveau diocèse. Sous l'impulsion de cet évêque au regard d'aigle, il va grandir, prendre la place que lui méritent sa situation géographique, sa beauté pittoresque, la valeur de ses ressources premières et surtout le courage et les talents de ses pionniers.

Une modeste cathédrale suffisait à ce milieu ; le feu l'a réduite en cendres. Milieu pauvre, loin des grands centres, peu connu des mécènes, Gaspé devrait attendre longtemps la reconstruction de son temple.

Mais Cartier, lui, devrait-il toujours attendre, alors que les héros de la colonie, les fondateurs de villes, les soldats morts au champ d'honneur ont vu s'élever les monuments qui les rappellent à notre souvenir ? L'occasion est belle d'honorer notre illustre découvreur tout en assurant à Monseigneur Ross et à Gaspé la cathédrale qui leur est nécessaire.

Les journaux propagent la bonne idée. « Pour célébrer de religieuse et patriotique façon le IVe centenaire de la civilisation, instaurée au Canada, par la croix que planta Cartier, une commission d'initiative vient de se former dans le vieux Québec pour l'érection du monument-souvenir », nous dit *L'Action catholique*. Les Croisés du Christ-Roi sont les promoteurs du projet ; le travail acompli est déjà immense, les hautes approbations sont accordées, de distingués patronages sont obtenus, le comité exécutif est formé avec secrétariat permanent, etc. Tout l'organisme est sur pied.

En quoi consistera l'exécution de ce projet ?

Célébrer le IVe centenaire de la découverte du Canada et prélever une souscription dont l'objectif est de 500 000 $ pour l'érection d'une basilique nationale à Gaspé. Les circonstances facilitent le travail de ceux qui préparent cette fête. La Gaspésie, depuis quelques années, est à l'ordre du jour.

En érigeant ce nouveau diocèse et en le confiant à un évêque dont le nom restera lié à l'histoire, Rome a donné à ce coin canadien un élan non seulement spirituel, mais matériel. Autour du modeste évêché, un hôpital, une école normale, un séminaire ont déjà surgi. Une petite maison, qui sera probablement révérée demain comme le berceau d'une grande œuvre, abrite les débuts d'une communauté missionnaire. Un ordre antique, les Cisterciens, vient recommencer à Gaspé le travail qu'il a fait en Europe, bref l'heure est à l'espoir...

Le gouvernement du Québec, en ouvrant la grande route qui ceinture la péninsule, en a fait un endroit de villégiature à la mode. Le Canadien National, en acquérant les deux petits chemins de fer de la péninsule, s'est implicitement engagé à mettre au service de la région toutes les ressources dont il dispose. À tous les points de vue les perspectives sont bonnes ! Voilà autant d'arguments pour l'Honorable Lemieux et ses croisés.

Quant aux finances, le gouvernement du Québec a promis 100 000 $, la Ville de Montréal, 50 000 $, la Ville de Québec, 25 000 $, etc. et les dons personnels affluent. Combien a été recueilli en tout ? Nul ne saurait le dire, assez semble-t-il en tout cas pour le construire, ce monument.

Et l'on en parle... durant quatre ans ! Ici au pays, l'abbé Lionel Groulx multiplie les conférences historiques, les discours,

La crypte... en attendant mieux !

fait constamment appel au patriotisme des Canadiens français. En France, Georges Goyau de l'Académie Française, sous le titre *De Jacques Cartier à Rodolphe Lemieux*, publie une émouvante évocation de notre histoire :

> En cette semaine où de somptueuses liturgies viennent de fêter la canonisation des Martyrs canadiens, l'heure est propice pour faire connaître à la fidélité française la plus récente manifestation de la fidélité canadienne [...]
>
> Cet appel redit à ceux qui l'auraient oublié que l'acte initial de l'histoire canadienne fut un acte religieux, que la minute où Cartier débarqua fut la minute où le Christ commença à régner dans ce pays. Et j'espère que la France religieuse, elle aussi, par ses générosités, voudra dans Gaspé faire œuvre d'architecture, puisqu'en honorant le premier épisode des annales canadiennes, elle ne fera que glorifier une page de [...] son propre passé[25].

Et le beau rêve continue comme un conte de fée... Il continuera jusqu'en 1934, 1936, 1937...

25. AUG, 1930, p. 41.

Selon le plan, comme on la voyait en rêve !

À Gaspé, on a fait les fondations de ce qui sera la crypte, et pour un certain temps servira de cathédrale, crypte inaugurée officiellement en 1937 et située à l'endroit précis où le rêve devait devenir réalité.

Au long des années, des événements sont survenus, pas tous très clairs ! Les architectes ont fait des plans... et puis encore d'autres plans... qu'il faut payer ! On apprend que la plus grosse partie de l'argent placé en fiducie en attendant la construction est perdu par le fiduciaire qui a fait banqueroute. Un procès ne redonne pas l'argent ! Face à cette situation, les dons promis ne rentrent pas. Monseigneur doit payer lui-même pour les travaux de la crypte. Les dettes qui restent ne seront liquidées qu'après le décès du premier évêque de Gaspé.

L'odyssée merveilleuse n'est plus qu'un château de cartes, un rêve éphémère ! « La cathédrale est engloutie », non plus en musique mais dans le concret de la vie gaspésienne. Il nous reste à jongler, à mijoter la philosophie de « l'a-quoi-bon » et du « il-faut-bien-s'en-contenter » jusqu'à la fin de nos jours !

Mais non ! Un jour viendra où il s'en lèvera un de chez nous qui dira : « Il nous le faut, ce monument ! »

Car maintenant, nous en avons des hommes et des femmes d'action, des gens d'affaires, des entrepreneurs, des économistes, des ingénieurs, des compétences capables de relever le défi. Ces hommes et ces femmes éparpillés un peu partout dans le pays et dans le monde entier ont grandi chez nous, ont été formés au petit Séminaire de la place, au Collège qu'on a eu tant de mal à conserver. Un jour, ils seront là !

La cathédrale-monument a été engloutie mais l'espérance ne l'est pas. Elle bouillonne toujours quelque part !

Autour du pont qui enjambe la rivière

Pendant que Rodolphe Lemieux s'affaire autour du monument, Monseigneur Ross, lui, s'affaire autour du pont. Ses multiples traversées d'une rive à l'autre quand il logeait de l'autre bord lui ont suggéré l'idée qu'un pont est indispensable sur la rivière York et l'idée est toujours là qui le tenaille. Il écrit...

> Me voilà retenu à Québec, affaire de pont... ! L'affaire de notre pont était bel et bien bloquée et vraisemblablement pour toujours. Je me démène... Un télégramme reçu hier me donne enfin l'assurance que le déblocage se fait à Ottawa et que je recevrai la papier officiel dans deux jours. Je ne peux donc pas partir sans l'avoir obtenu, pour m'assurer qu'il n'y aura pas d'autres retards...

On peut admirer le merveilleux pont-levant de 1932

Quand je partirai, j'emmenerai avec moi l'ingénieur et d'autres qui mettront le travail en marche. Nous l'aurons bien gagné[26] !

Comme il le souhaitait, Son Excellence revint vainqueur et triomphant. La question est réglée, le pont se construira et là où il le veut. La population de Gaspé vient l'acclamer le soir de son arrivée à la gare. La ville est tout illuminée en son honneur, les deux rives s'unissent déjà pour mieux se réjouir.

Voilà une nouvelle preuve que cet évêque ne manquait pas de ténacité ni de cordes à son arc ! Il est vrai que c'était probablement plus facile dans ce temps où le fonctionnarisme n'alourdissait pas encore l'administration, mais il reste que débloquer politiquement un pont et descendre immédiatement avec l'ingénieur pour commencer les travaux, cela ne se voyait pas souvent, même en 1929.

Et le pauvre bac commence alors à trembler de toutes ses vieilles planches car son règne ne sera plus bien long !

Le pont Monseigneur Ross est immédiatement réalisé et inauguré le 9 octobre 1932. Il aura coûté 400 000 $. Pendant de nombreuses années, il rend d'immenses services à la population.

---

26. AUG, 1931, p. 76.

Lorsqu'il tombe malade dans les années soixante-dix, essoufflé qu'il est d'avoir à toujours s'ouvrir et se fermer à chaque passage de bateaux, alors qu'au-dessus la circulation se fait de plus en plus dense, il cède la place à son successeur en 1978, un pont fixe qui unit les deux rives si simplement qu'on oublie même que c'est un pont !

Dans la chère maison en 1929 : un jubilé !

Pendant que la fête se prépare, que les rêves s'élaborent à l'échelle nationale et que le pont se construit, nos écoles s'affermissent, débordent d'activité ; chaque rentrée amène un peu plus d'élèves avec la découverte d'authentiques talents artistiques et littéraires, chaque graduation propulse dans tous les coins du diocèse de magnifiques institutrices. La bonne nouvelle se répand comme le bon grain sur la bonne terre.

À l'été 1929, on célèbre un jubilé d'argent, celui de la Supérieure et fondatrice. Il y a vingt-cinq ans, Mère Sainte-Catherine a prononcé ses vœux de pauvreté, chasteté et obéissance au Vieux Monastère de Québec et aujourd'hui le Monastère de Gaspé est des plus heureux de pouvoir fêter cela !

Comment se fête un jubilé dans un monastère ? Par une cérémonie religieuse doublée d'une fête profane, ce qui requiert deux jours de congé. La veille de ce mémorable 16 juillet, la salle de communauté perd son cachet austère sous la profusion de fleurs et de bannières ; on y transporte un piano et la maisonnée est convoquée là pour 13h30. Toutes y sont le cœur battant très fort quand l'héroïne du jour arrive au seuil de la porte aux accords de la *Marche triomphale* de Schubert que Mère Sainte-Cécile et Mère Saint-Joseph exécutent avec brio. Une fois le duo terminé, c'est la cérémonie du couronnement de la jubilaire avec le magnifique diadème de lauriers argentés qu'a fait parvenir Georgine Badeau, une des premières diplômées de l'École Normale.

Après, vient le tour de la chanson de fête, car il y a toujours une chanson de fête, qu'il y ait des poètes dans la place ou qu'il n'y en ait pas ! Mère Saint-André, la poétesse de l'heure, a composé vingt couplets avec presque tous les mots d'amour et de poésie qu'elle connaît !

Ah ! Contemplez, forte en sa foi,
Cette âme jeune, ardente et fière,
Se prosternant sous le vieux toit
De notre antique Monastère.
Son cœur ému dit le serment
Qui, pour toujours à Dieu l'immole,
Et dans un doux ravissement
D'un chaste voile, l'auréole !

La mission de Rimouski
Fut le premier sillon
Où tu semas le grain béni
D'une âme sereine et virile.
Là-bas, ton œuvre, en traits d'amour
A buriné ton nom, Ô Mère,
Et ton esprit, fin, sans détour,
Y brille encore par sa lumière.
Gaspé, c'est bien le fier sommet
Qui donnera le mot sublime
Pour mieux louer le grand bienfait
De ton labeur magnagnime !
Y respirant l'air des hauteurs,
Ta flamme s'élève et s'anime
Pour rayonner et semer le bonheur
La vertu… la vie… de cime en cime… !

C'est ensuite la remise du bouquet spirituel, des cadeaux mirobolants : une magnifique chape en brocart d'or de la part de l'évêque de Gaspé, une élégante nappe et pente d'autel brodée suivant le style Richelieu par la maman de Mère Saint-Joseph, un léger surplis de linon avec dentelle de Cluny confectionné par une religieuse de la Providence, sœur de Mère Sainte-Angèle, une frise d'autel et un bas d'aube au point d'Irlande, confectionnés par les novices ! On le constate, ces cadeaux sont tous pour la chapelle et c'est ce qui fait la joie de Mère Sainte-Catherine !

L'après-midi se termine en congé jusqu'à 16h30, heure des prières. Le soir de ce jour ressemble aux autres soirs excepté qu'il est auréolé de couleurs de fête, qu'il est baigné d'une atmosphère d'amour.

Le grand jour du lendemain voit la chapelle transformée comme pour les professions avec le grand tapis parsemé de fleurs et le prie-Dieu au centre où, à l'heure de la messe solennelle, Mère Sainte-Catherine prend place aux vibrants accords de l'orgue. À l'offertoire, la jubilaire renouvelle les promesses de sa première profession et chante de sa voix magnifique le *suscipe me* de son oblation. Les chants, l'homélie, la décoration de l'autel... tout est à la hauteur de la fête !

C'est vraiment le plus grand congé qui soit, celui qui donne droit de parole aux repas du midi et du soir et cela, c'est rarissime ! Même les grandes fêtes de Noël et de Pâques se fêtent toujours dans le silence. Le seul congé asssuré pour le réfectoire est habituellement celui de la fête de la maison, le 15 août, et lorqu'il y a des vêtures ou des professions, ce qui a une chance d'arriver une ou deux fois dans l'année. Le menu de ce 16 juillet s'est fait à la hauteur de la circonstance, il y a certainement des asperges, des petits oignons (le jardin en produit) et peut-être aussi des olives... et des fraises, qui sait ?

Au martyrologe du jour, la lectrice ajoute que : « Le Monastère de Gaspé est en fête à cause du jubilé d'argent de profession d'une vénérée Mère Sainte-Catherine, supérieure et fondatrice. » Presque une canonisation que cette affiliation aux saints Martyrs !

Ad multos annos ! Mère Sainte-Catherine,
au revoir au jubilé d'or !

Et surtout, « bonne santé ! » clame-t-on de tous côtés. Ce dernier souhait n'est pas superflu car depuis quelque temps la santé de cette bonne Mère est chancelante. Les médecins qui étudient son cas n'ont pas encore réussi à trouver le mal qui la mine.

Comment de grands visiteurs viennent chez nous

Ils viennent nombreux, souvent amenés par Monseigneur qui veut faire partager ses joies à ses filles de la colline. C'est le Consul de France au Canada, Monsieur Carteron, c'est le Commandant de la frégate *Ville d'Ys*, Monsieur Belloc, c'est l'Abbé général des Cisterciens, Monseigneur Janssens, ou encore le Délégué apostolique, Mgr Andréa Cassulo, qui nous apporte un congé papal... enfin tous ces Grands de la terre sont admis dans la salle communautaire.

Un règlement de nos Constitutions veut que personne ne mette les pieds dans cette salle à moins qu'il ne soit un représentant du Roi ou de la Reine, ou une autorité supérieure de l'Église, ou encore par exception quelqu'un qui accompagne l'Évêque du lieu. C'est le cas le plus fréquent.

Le protocole est toujours le même, les religieuses en deux rangées solennelles, mains cachées dans leurs grandes manches, forment une haie d'honneur de chaque côté. Une fois assises, elles restent tournées vers le centre, ce qui fait que les visiteurs les verront de profil, eux qui sont rendus au bout de la salle accompagnés de la Supérieure et de l'assistante. La conversation se tient uniquement entre la supérieure et le visiteur. S'il arrive que le visiteur fasse la tournée comme le Lieutenant-Gouverneur de la province et offre à chacune ses « mes hommages, Madame », rendu au quarantième hommage, la visite commence à être fort amusante !

D'autres visiteurs feront marque chez nous comme Jean-Louis Barrault et son épouse Madeleine Renaud. Venus à Montréal pour on ne sait trop quelle célébration, ils ne veulent pas quitter le Canada sans se rendre saluer leur ami, François-Xavier. Pour cette raison ils s'embarquent sur le très-pas-pressé-train pour se rendre jusqu'au terminus de Gaspé. Que soit bénie cette amitié qui leur vaut à eux un si pittoresque voyage et à nous une si belle soirée artistique ! Jean-Louis nous fait des fables de Lafontaine ; il devient tour à tour corbeau, chien, renard, tous les autres malades de la peste tandis que Madeleine nous régale d'extraits d'Andromaque. Cette soirée est d'un charme inoubliable.

Et comment viennent aussi trois sœurs de Saint-Paul

En septembre 1932, on accueille à l'École Normale trois religieuses françaises, Sœur Angèle de Saint-Pierre (Jeanne Chevalier de Bretagne), 33 ans, Sœur Albert de Saint-Paul (marthe Béret de Cournould, Suisse), 25 ans, et Sœur Pauline-du-Sacré-Cœur (Pauline Hervins de Turcoing, nord de la France), 25 ans. Ce sont des Sœurs de Saint-Paul, récemment arrivées au Québec.

Quand, à l'été 1929, le Premier Ministre du Québec, l'Honorable L.A. Taschereau, est venu dans la région pour l'ouver-

Nos trois sœurs de Saint-Paul et leurs cornettes

ture officielle du Boulevard Perron, aujourd'hui la route 132, il remarque qu'il n'y a pas d'hôpital dans le secteur nord de la Péninsule et il promet les fonds nécessaires pour remédier à cette situation pourvu qu'on trouve une communauté qui accepte de se charger de l'administration de cet hôpital.

L'annonce se rend jusqu'en France, puisque voilà que des Sœurs de Saint-Paul arrivent en mai 1930 pour étudier la question. Elles sont charmées de saisir sur nos lèvres les vieilles expressions bretonnes et normandes, d'entendre ici les chansons des pêcheurs bretons, accompagnées comme là-bas de la musique des vagues.

On ne les a pas toujours encouragées à pénétrer dans la Gaspésie « pays de glaces, de pauvreté, d'isolement, où trois semaines en bas de Québec, on rencontre encore, paraît-il, des wigwams peuplés de sauvages... » L'accueil tout français, tout empressé qu'elles rencontrent ici, les résidences modernes qu'elles y trouvent dissipent vite les fantômes que nos bons amis de *par en-haut* leur avaient annoncés.

De son côté, Mgr Ross entrevoit dans l'arrivée de cette communauté chargée d'expérience et de mérites la réalisation, à brève échéance, d'un de ses rêves : pourvoir chaque paroisse de religieuses formées en terre gaspésienne. Quel précieux trésor pour notre région isolée, privée de religieuses enseignantes et de médecins, que cette communauté capable de fournir à la fois, des institutrices et des infirmières visitant les malades à domicile.

Le 19 septembre 1930, elles arrivent pour de bon et quand elles descendent du Northland, elles sont émues aux larmes d'entendre les cloches de l'église sonner pour leur arrivée, de voir les gens, le curé Veuilleux en tête, rassemblés au quai de Sainte-Anne-des-Monts, pour accueillir les chères sœurs venues de France. Dès l'après-midi du même jour, telles des mouettes, on voit voyager dans les rues la cornette blanche. Un Beauceron de chez nous, rencontrant pour la première fois une des ces sœurs, crut un instant reconnaître sa grand-mère lorsqu'à cinquante ans, celle-ci travaillait encore aux champs.

Plusieurs paroisses les demandent déjà pour tenir leurs écoles. Or il leur faut des diplômes de la province de Québec pour pouvoir enseigner dans notre milieu et c'est là la raison de leur séjour à notre École Normale. Elles y passeront l'année, même les vacances de Noël, car entre Gaspé et Sainte-Anne-des-Monts, la distance est longue en hiver.

C'est pour nous l'occasion de connaître mieux cette communauté. Fondée depuis 1674 par un humble curé de campagne, cette congrégation grandit à Chartres et reçoit de l'Évêque du lieu le nom de Sœurs de Saint-Paul. Il semble qu'elles héritent de l'esprit apostolique de leur patron, car leurs maisons se multiplient très vite autant en Afrique qu'en Orient. Elles sont pour nous de charmantes compagnes durant cette année d'études. C'est merveille de les voir s'enchanter de tout ce qu'elles voient chez nous. « Nous voulons », disent-elles bien aimablement, « nous faire une âme canadienne-française. »

Elles réussissent brillamment l'obtention du brevet d'enseignement convoité et en juin on les voit partir avec regret. « Vers Dieu, montent nos actions de grâces pour notre année de normalienne dans le cloître fervent des chères mères Ursulines ! » nous écrivent-elles avec reconnaissance. Leur séjour avec nous constitue une belle page de notre histoire !

Monseigneur nous écrit de Paris

Au début de la récréation de midi, Mère Sainte-Catherine fait lecture d'une lettre de Monseigneur. Il a quitté Gaspé le 10 novembre pour sa visite « ad limina » à Rome. Actuellement, il fait escale à Paris d'où il donne de ses nouvelles :

> Avant de partir pour Solesmes, d'où je reviendrai pour aller à Lisieux, je vous jette un mot à la hâte. Le temps est encore beau ici, malgré quelques averses par-ci par-là. J'en profite pour visiter Paris et faire quelques visites personnelles qui m'en attirent d'autres.
>
> Grâce à M. Knight, le Ministre de France au Canada, j'ai été invité ce soir à un thé chez Madame Girod de l'Ami, où j'ai eu le plaisir de rencontrer une foule intéressante de gens de condition, très assoiffés de choses du Canada ; un tas de comtes et de comtesses, et cousins et cousines de Lévis, de Montcalm, de Frontenac... tous charmants ! Je suis enchanté de ces rencontres parce qu'elles nous font nouer des connaissances qui peuvent nous être parfois utiles.
>
> Et je revisite Paris. Quelle ville, mes chères Mères !
>
> Belle par ses larges avenues, ses boulevards, ses monuments d'art ; elle m'intéresse surtout par l'histoire qui surgit à nos yeux à chaque pas. J'ai visité le vieux Louvre avec une dame pour guide ; c'est vous dire que j'ai eu tous les détails que j'ai voulu avoir et d'autres encore... ! Aujourd'hui, j'ai visité la

Téléph. ELYSÉES 35-07. 35-08
Cable Addr. FRONTENAC 86 PARIS

2.1.1.1. – 3 - 91

LE CHATEAU FRONTENAC
54, RUE PIERRE CHARRON
CHAMPS-ÉLYSÉES
PARIS

Le 24 Novembre 1929

Rde Mère Ste-Catherine
Supérieure des Ursulines
Québec

Ma très chère Mère,

Je vous jette un mot à la hâte avant de partir pour Solesmes, d'où je reviendrai pour aller à Lisieux et rencontrer le P. Jansens qui doit être à Versailles le 2 ou 3 décembre. Le temps est encore beau ici, malgré quelques averses par-ci par-là. On chauffe à notre hôtel et ça me semble un peu gênant. J'ai profité pour visiter Paris et faire quelques visites personnelles qui m'en attireront d'autres. Grâce à M. Knight, le ministre de France au Canada, j'ai été invité ce soir à un thé chez Mme Girod de l'Ain, où j'ai eu le plaisir de rencontrer une foule intéressante de gens de condition, très sympathiques aux choses du Canada : un tas de comtes et de comtesses, des cousins et cousines de Lévis, de Montcalm, de Frontenac, des dignitaires catholiques des plus intéressants, et très charmants, distingués grands amis du Canada. M. Firmin Roz, dont nous avons souvent lu des extraits (Bazin, petit Pi...), est actuellement directeur de la Maison Canadienne des étudiants et il a

Conciergerie, je suis entré dans le cachot de Marie-Antoinette, j'ai passé par la porte basse qu'on lui avait ménagée pour la forcer à se plier. Les plafonds et les planchers sont les mêmes, la vieille lampe qui l'éclairait misérablement est encore là, et bien qu'un mur ait été enlevé, on se rend compte de ce qu'était le cachot à l'époque où elle l'habita.

De là, j'ai visité le fameux hôtel de Mme de Sévigné, aujourd'hui un musée qui contient une salle remplie de souvenirs de la famille royale au Temple et à la Conciergerie ; des vêtements de la Reine, du Roi, du Dauphin, le lit que Mme Elisabeth avait eu au Temple, la parfumeuse de la Reine qui n'a pas été complètement vidée de son parfum, des cahiers du Dauphin, le billet de Louis XVI ordonnant à ses gardes de se retirer lors de l'assaut des Tuileries, etc.

Là, j'ai retrouvé le salon où la fameuse Mme de Sévigné recevait les gens d'esprit. Je voudrais aller voir Versailles et les Trianons et Saint-Cyr et Saint-Cloud. En aurai-je le temps ? Il faudrait un long congé pour satisfaire ma curiosité...

Écrivez-moi, parlez-moi de vous, de votre entourage, des enfants... En attendant, je vous bénis avec toutes les vôtres et vous souhaite tous les biens y compris... de l'eau... !

[signé] *François-Xavier Ross, évêque de Gaspé*[27]

Avec comme maître cet homme ouvert à toutes les cultures et communiquant aisément les richesses qu'il découvre, il n'est pas étonnant que nos professeurs de l'École Normale nous aient souvent étonnées par leur culture. Le contact de ce fin lettré qu'était Monseigneur Ross était à lui seul toute une éducation. Ce contact a bien des chances de devenir plus fréquent, puisque Monseigneur s'en vient demeurer chez nous... le bruit en court

27. AUG, 1930, p. 10.

dans les corridors et à travers les branches des peupliers et des érables de la cour, oui...

Il s'en vient chez nous !

La jeune Communauté missionnaire de Monseigneur prend de l'ampleur, grossit à vue d'œil et la pauvre petite maison ne suffit plus, vraiment plus !

À l'automne de 1930, Monseigneur met son évêché à la disposition de ses protégées, et lui se retire à l'Hôtel-Dieu avec son procureur, M. L'Abbé Alphonse Miville, désormais aumônier des malades. Sa Grandeur conserve toutefois ses bureaux à l'évêché et s'y rendra travailler tous les jours. Si on se souvient qu'il doit traverser la rivière York en bac, au minimum quatre fois par jour, on comprend qu'il apprécie plus ou moins ce sport et c'est peut-être lors de ces traversées qu'il forge le projet de faire jaillir un pont à cet endroit. Toujours est-il que dans le moment, il vient se plaindre très discrètement à sa confidente, Mère Sainte-Catherine. Celle-ci n'est pas lente à trouver une solution :

Son bureau chez nous

Le kiosque de repos qui devint sien

Il aimait venir s'amuser des réparties des petites

Mais, venez-vous en chez nous, Monseigneur, nous allons vous faire une place, ce sera prêt pour Noël !

Ainsi fut fait ! Grand remue-ménage général : les salles attenantes à l'aumônerie sont transformées en clairs bureaux de travail ; l'infirmerie des élèves monte plus haut, jusqu'au troisième étage pour trouver gîte dans le bureau du Principal. C'est plus étroit, plus restreint, plus loin des commodités mais cela n'entre pas en balance avec la joie de recevoir cet évêque qui n'a plus de chez lui, qui a donné jusqu'à sa maison. Voilà maintenant un évêque qui n'a pas de cathédrale et pas d'évêché... Les richesses de l'Église, ce n'est certainement pas à Gaspé qu'elles sont entreposées !

Pour faire plaisir aux normaliennes, il accepte de poser

Monseigneur Ross sera heureux chez nous ! Heureux de monter prier dans la chapelle le soir quand il est sûr qu'il n'y a plus personne là ; heureux de regarder parfois par la fenêtre les petites jouer dans la cour ; heureux de venir aussi se promener dans le préau quand la jeunesse a terminé ses ébats au-dehors et est sagement rendue à la salle d'étude !

Il demeurera douze ans chez nous, jusqu'en 1942, moment où il achète la maison qui sert de base à l'évêché actuel, maison qu'il fait agrandir. Les besoins ont augmenté, il faut loger les collaborateurs nécessaires pour la marche et le développement de ce diocèse. À ses Ursulines, Monseigneur confiera : « Je me sacrifie pour mes prêtres. »

« Votre maison ne sera pas une ancre mais un mât... »

Au doux nid de l'amour

Au soleil de l'amour se fondent chaque jour comme métal précieux les pierres vivantes qui bâtissent le Monastère. Car même si celui-ci est fait de béton, de tôle, de briques, de vitres, il est moins que rien sans l'âme qui l'habite, sans ces femmes qui ont tout misé sur l'invisible !

Les six jeunes recrues de 1925 ont beaucoup vécu depuis cinq années et demi. Pendant six mois, elles ont été des postulantes généreuses observant avec soin la manière de vivre des religieuses. Le diagnostic a été bon des deux côtés puisqu'on les accepte au noviciat où pendant deux ans, elles ont loisir d'expérimenter leur faiblesse et la force de Dieu. Ce noviciat, c'est comme la signature d'un contrat avec elles-mêmes et avec Dieu et les études qu'elles y font les amènent à comprendre mieux les grandes vérités de la vie et les vouloirs de Dieu à leur sujet. Après ce temps d'études et de maturation, elles s'engagent par vœux à vivre pendant trois ans l'intégrité de la vie religieuse. Trois ans, c'est engageant, mais ce n'est pas encore toute la vie !

Voilà que le 15 février 1931, la probation est terminée et que sonne l'heure de la profession perpétuelle. Comme la jeune épousée tremble devant l'engagement pour le meilleur et pour le pire, ainsi la jeune religieuse pèse tout le poids de la perpétuité de son engagement. « Avec les prières des mères et des sœurs, j'espère le pouvoir faire », répondent unanimement les six élues du jour à la question de l'évêque.

Dans peu de temps, Alice-de-Sainte-Thérèse-de-l'Enfant-Jésus entrera dans l'histoire comme Directrice de l'École Normale et Annaliste du Monastère. Mère Sainte-Catherine est de plus en plus malade et graduellement initie Alice à remplir ces fonctions. Pendant plus de vingt ans, Alice sera directrice et responsable de l'organisation et de l'entretien de la bibliothèque, du choix des articles de journaux accessibles à l'ensemble des religieuses.

C'est elle qui préside à la naissance du journal de nos écoles. « *Brindilles* se fait pour vous », écrit-elle aux anciennes élèves, « une petite feuille porteuse d'amitié, pleine du désir d'éclairer votre présent de tous les rayons d'un cher passé. À travers ces comptes rendus de notre travail, nos événements, nos fêtes de famille, vous reconnaîtrez la jeunesse éternelle de vos seize ans[28] ! »

Elle sera aussi Supérieure de la maison quelques années. Femme d'une rare intelligence, Alice trouve son bonheur en Dieu et dans les livres. Jusqu'à 82 ans, la dernière année de sa vie, elle ira travailler à la classification des volumes à la bibliothèque du Collège de la Gaspésie. Cette sainte femme nous quittera pour son éternité le 1er janvier 1979, peu de temps après avoir célébré son jubilé d'or.

Marguerite-de-M-du-Sacré-Cœur deviendra une épatante infirmière, professeur de français et d'art et surtout réception-

28. *Brindilles*, 1945, p. 1.

niste de « haut calibre » au petit guichet près de la porte conventuelle. Aucune ancienne ne l'a oubliée, peut-être même un bon nombre de séminaristes, car elle avait un « flair » très spécial pour détecter les faux petits cousins à travers les vrais petits cousins !

Cette grande dame a terminé son voyage terrestre le 20 juillet 1995, après six ans à l'infirmerie de Rimouski, toujours habitée par la mort de sa petite sœur Marthe, comme un symbole de son propre passage en l'au-delà. Son dernier message, elle l'a livré à une compagne de ses derniers moments : « Dites-leur que je les aime toutes ! »

Quant à Marie-Anna-de-M-de-l'Incarnation, de longues années professeur de pédagogie et de tissage, elle deviendra missionnaire à Gascons et Supérieure du Monastère par après. Entre temps, elle joue beaucoup du métier à tisser et un peu de la guitare. Partie pour le ciel à 86 ans, elle s'est sans doute placée avec les gens qui aiment rire et raconter des histoires, et cela depuis le 12 novembre 1990.

Irène-de-Saint-Joseph, de toujours à toujours fut professeur de musique et brodeuse experte. Elle appartenait à cette catégorie d'artistes, dont le rêve de perfection ne trouve sa réalisation que dans l'autre vie où elle est rendue depuis le 26 mai 1973. Elle avait 70 ans.

C'est elle qui avait monté le splendide oratoire dédié à saint Joseph dans l'arrière cour de récréation, conjuguant ensemble ses deux plus grandes amours : son saint patron et les fleurs.

Au cours de notre évolution, Marie-Rose-de-Marie-de-l'Assomption a retrouvé son nom de baptême, Marie-Rose Harvey, et avec ce fait, une nouvelle jeunesse. Ce bienfait lui permet de visiter régulièrement les malades du Centre hospitalier Mgr Ross, et cela en dépit de ses 89 ans bien sonnés. Son enseignement au pensionnat, au cours commercial, à Saint-Siméon lui permettra de « briller comme une étoile dans le ciel », selon la promesse du Seigneur. Nous n'en doutons pas.

La petite dernière, Marie-Eugénie-de-Sainte-Marthe, la spécialiste du service rendu, n'a qu'un seul regret : ses quatre-vingt-quatorze ans mettent obstacle à son désir de rendre encore des services comme autrefois. Il lui faut maintenant en recevoir de ses infirmières et tout ce qu'elle peut faire en retour, ce sont les plus beaux sourires du monde… à travers les nœuds de frivolité qu'elle confectionne entre deux Ave. Elle est une preuve vivante que le travail ne fait pas mourir !

Un grand bravo pour ces six dames qui ont tracé le chemin de la vie monastique à toutes les âmes généreuses qui suivront ! Dès l'année suivante, le 15 février 1932, deux autres recrues prononcent leur engagement perpétuel, d'authentiques Gaspésiennes cette fois.

Marie-Antoinette Roy est venue de Sainte-Anne-des-Monts, la Métropole de la Gaspésie, à son humble avis. Ses études terminées, elle ne peut réaliser immédiatement son rêve de vie religieuse ; il lui faut veiller à l'éducation de ses frères et sœurs et tenir maison. Neuf ans plus tard, quand le petit dernier entre au collège, elle sollicite son entrée au Monastère de Gaspé. Elle y fait sa marque comme éminent professeur de littérature, de français et d'histoire et comme poétesse spécialisée dans la composition des chansons communautaires. Cette femme travaille toujours si vite que son cœur commence la grève alors qu'elle n'a que cinquante ans. Cela ne l'empêchera pas de se rendre à 93 ans et de vivre une heureuse vieillesse de prières et de chants qui édifie toute l'infirmerie. Mère Sainte-Ursule, car c'est bien elle, s'envole pour le ciel le 19 novembre 1993.

La deuxième Gaspésienne est toujours là, bien vivante. Originaire de Grande-Vallée, Laurette Caron n'a qu'un problème, celui d'un baptistère qui, un jour, a disparu dans le feu en même temps que son église. Cela lui vaut le privilège de pouvoir se dire toujours jeune, sans âge ! Sa carrière est faite de l'enseignement du français, de fines relations littéraires et épistolaires, d'un court supériorat et de nombreuses années comme secrétaire provinciale et maîtresse des novices. Sa retraite se passe à mettre à jour les Annales du Monastère et de la Maison des Buissonnets et à composer des chansons pour les événements marquants de notre Ordre. Un témoignage de femme heureuse et totalement donnée à Dieu, voilà ce qu'exprime tout la vie de Mère Saint-François-Xavier.

La même année, mais le 3 août cette fois, c'est la profession perpétuelle de Germaine Belles-Isles. À sa vêture, on l'a mise sous le patronnage de saint Augustin, probablement à cause de la sagesse de cette perle de Saint-Fabien. Ses années de formation religieuse se font conjointement avec son perfectionnement dans les arts ménagers qui la transforment en *spécialiste de haute couture*. Longtemps maîtresse de division avant de devenir supérieure, Germaine se montre toujours douce et compréhensive. Elle n'oublie pas le conseil du prédicateur lors de sa profession : « L'humilité est la caractéristique des âmes saintes, il faut savoir prendre sa place en face de Dieu ! »

Le 15 février reprend ses droits en 1933 avec la profession d'une troisième Gaspésienne. Une année d'études à l'École Normale a suffi à Germaine Fournier, de Grande-Vallée, pour découvrir qu'elle n'aimait pas l'enseignement. Elle aime cuisiner et donc, à 17 ans, cette petite gâtée décide de devenir religieuse converse, passe à travers tous les sacrifices, la probation, le noviciat, les vœux temporaires et aujourd'hui s'engage au Seigneur pour toujours.

Cardiaque qui s'ignore, elle persévère généreusement jusqu'à ce qu'une congestion cérébrale la terrasse avec fracas.

Un long et dur cheminement de six mois à l'hôpital prépare notre sœur Sainte-Monique à la rencontre merveilleuse de ses derniers moments. « Oh ! qu'elle est belle ! » s'exclame-t-elle, soudainement assise dans son lit, elle qui y était clouée depuis si longtemps ! À quarante-quatre ans, un jour de fête de Marie, elle part heureuse le 24 mai 1954.

Avant que notre œuvre ait bouclé ses dix ans, le 6 avril 1934, on voit une onzième profession perpétuelle au nid de l'amour. Il y a six ans, le Seigneur est allé lui-même chercher « celle qu'il aime » dans les chantiers de Mont-Louis. Alice, seize ans, une troisième année primaire, une grande débrouillardise, un sourire constant, une spécialiste de la soupe aux pois, s'en vient chez nous répondre à l'appel qu'elle a entendu dans son cœur.

Il nous faut peu de temps pour réaliser le trésor qui nous tombe du ciel. Sœur Sainte-Anne devient tour à tour aide-jardinière, cuisinière, buandière, responsable du poulailler, éducatrice des aides ménagères ; c'est une femme toujours prête à rendre service qui cherche à s'instruire à travers ses occupations, attrape tous les mots d'anglais qu'elle peut par fidélité à son père O'Connor et avec le temps, devient la bonne sainte Anne de sa paroisse natale, l'Anse-au-Griffon.

Mère Sainte-Catherine part pour Québec !

> Plus profondément le chagrin creusera votre être,
> Plus vous pourrez contenir de joie[29] !

Elle est bien malade. Elle fait un séjour à l'Hôtel-Dieu de Gaspé d'où les médecins la réfèrent aux grands spécialistes de Québec.

29. *Le Prophète*, Khalil Gibran, Casterman, 1956, p. 39.

Lors de son transfert le 12 octobre 1932, elle fera une courte halte chez nos Mères de Rimouski.

« Pouvez-vous deviner la grande nouvelle ? » demande la Supérieure de Rimouski à ses sœurs. Celles-ci risquent quelques réponses.

« Les Mères de Gaspé, peut-être ? Mère Sainte-Catherine vient nous voir » clame tout à coup une sœur soudainement inspirée. « C'est bien cela », répond Mère Supérieure de Rimouski qui fait ensuite lecture de la lettre de Gaspé.

« Nous étions là, debout autour de notre mère, oreille tendue, bouche ouverte, pensant tout haut... nous allons enfin revoir notre chère Mère Sainte-Catherine ! Et depuis, nous l'avons revue, Dieu sait avec quelle joie... et reçue, avec quel cœur ! » écrit l'Annaliste de Rimouski[30].

> La halte a été bien courte, mais son gros cœur a su trouver le temps de parler de sa petite famille gaspésienne ; elle a eu un bon mot pour toutes et chacune et elle se promet bien, au retour, de finir ce qu'elle n'a pas eu le temps de dire. Elle est partie le lendemain se disant très bien ; nous avons pleine confiance que son long voyage aura une heureuse issue. Elle est encore si courageuse et si pleine d'espoir tout en parlant de la mort comme d'une chose qui lui est familière.
>
> Sa pensée ne nous quitte pas depuis son passage dans nos murs. Cette chère Mère, comme nous l'avons trouvée changée, pâle, bien que toujours elle-même avec son entrain habituel, sachant encore mettre le mot drôle, spirituel, et nous faire rire. Après huit ans ! Quel bonheur de la revoir ! Oui, il y a encore de bons petits bouts dans la vie... et c'en fut un !

Des nouvelles de notre malade nous parviennent des Ursulines de Québec :

---

30. AUG, 1932, p. 195.

> Oh ! la pauvre Mère Sainte-Catherine est plus souffrante que nous le pensions ! Après une semaine de repos, elle est toujours très fatiguée ! Notre Mère Supérieure est tout ardeur pour obtenir un grand miracle pas l'intercession de Marie-de-l'Incarnation. Nous faisons neuvaines sur neuvaines... et unissons nos prières à celles que vous faites vous aussi[31] !

D'autres nouvelles suivent, plutôt inquiétantes : les poumons ne remplissent pas bien leur office, le cœur, après examens, se révèle très malade. Il faudra un repos prolongé et un ménagement continuel de ses forces.

Le soir de la minuit 1932, Monseigneur lui écrit :

> Pendant que les étoiles sourient au ciel de Gaspé et que la maison dort, en attendant la messe de minuit et ces chants que vous connaissez si bien chère Mère, et que je goûte toujours si profondément, je vous apporte mes vœux pour votre parfaite union aux sentiments du Divin Enfant, qui en cette nuit dit à son Père : voici que je viens pour accomplir votre volonté.
>
> Ma chère Mère, plus j'approche du terme et on approche vite à 63 ans, plus je comprends que le vrai bonheur que rien ne peut nous enlever, est cet abandon filial entre les mains d'un Père qui connaît mieux que nous ce qu'il nous faut... C'est le secret de la crèche que je vais méditer en attendant le joyeux *Gloria*[32] !

Cette bonne Mère nous écrira elle-même que « le cœur joue sa partie à sa manière, qu'il est inutile d'essayer de le brider ». Malgré tout, elle est rayonnante de joie spirituelle voulue et non pas sentie, et nous communique se joie et sa confiance en Dieu.

---

31. AUG, 1932, p. 197.
32. AUG, 1932, p. 215.

En fait, notre malade ne nous reviendra que le 26 juin 1933, avec une santé un peu améliorée. Quelle joie de la retrouver, et avec quel amour, on la chante !

De la vieille Maison-Mère
Au doux petit nid,
Descend un parfum austère
Tout plein d'infini.
Les fraternelles tendresses
Du cher Rimouski,
Les bonnes délicatesses
Du beau Mérici,
Ces doux revoirs font chanter en moi, un merci !

La dernière lettre de Marie Guyart à son fils

À son retour à Gaspé, Mère Sainte-Catherine rapportait ce chant de Québec. À cause de nos anciennes élèves qui l'ont connu et aimé, il convient de transcrire ici cette dernière lettre que la Bienheureuse Marie-de-l'Incarnation envoyait à Claude, le 30 octobre 1671, lettre mise en vers par une religieuse de Mérici et qui se chante sur l'air du « Petit Gabier ».

Demain partira le vaisseau

Je veux lui confier ce mot
Le dernier, peut-être, sur terre,
Que vous écrira, mon cher fils
Celle qui vous berçait jadis
Votre humble Mère.

Jamais j'aimai rien tant que vous,
Mon petit Claude au nom si doux,
Dissipez cette peine amère.
J'ai cru mourir, lorsque pour Dieu

2- Mais, qu'est-ce que vous me demandez
Je ne vous aime pas assez ;
Cela, parce qu'en la jeunesse
Vous pensez m'avoir fait souffrir
« Mère que j'aurais dû bénir,
En ma détresse. »

4- Il vous souvient de ce guichet
Où passa votre corps fluet,
Et de la grille trop austère
Où vous réclamiez à grands cris

Je vous abandonnai sans lieu
Moi, votre mère !

En notre réfectoire, un jour,
Je mesurai tout mon amour
Lorsque d'une troupe légère
Votre voix s'éleva soudain ;
Triste appel de mon orphelin
« Je veux ma mère ! »

Partout, je vous voyais présent,
Me reprocher à chaque instant
Mon abandon... votre misère.
Dans le lointain de l'avenir,
Alliez-vous, méchant devenir,
Faute de mère ?

Et, vous savez, mon cher enfant
Comment s'apaisa mon tourment,
La main de notre Providence
Vous conduisit aux saints autels
Jouir des seuls biens éternels
Reconnaissance.

Pour moi, je vais à mon repos
Mes soixante-douze ans, mes maux
Me sont une horloge éloquente,
Et mes affaires du salut
Je veux ordonner le statut
Dans la présente

Je suis riche de vous avoir
Car pour un fils, c'est un devoir
De prier pour sa pauvre mère
La vôtre, beaucoup a reçu,
Ai-je toujours bien répondu ?
Profond mystère.

Bien imparfaite, je me vois,
Après tant de grâces de choix
Dont je vous fis la confidence
Mon Dieu, quand même,
dans la paix,
D'être avec moi bientôt admis
Au Monastère.

6- J'avais l'âme en un vif émoi
À l'écart, j'allai dans ma foi,
Prier le Dieu de la souffrance.
Mais le Ciel me resta fermé
Longtemps dormit le Bien-Aimé,
Cruelle absence !

8- Oui, ce martyre fut le mien
Dans ma nuit, je ne voulais rien
Sinon que l'amour me rassure...
Mais il dormait, dormait toujours,
Quels sombres et pénibles jours,
Pour la nature !

10- Depuis, l'adorable Bonté
Vous tient en grande privauté
Oh ! que c'est un heureux partage !
Soyez fidèle jusqu'au bout !
Elle couronnera le tout
De son ouvrage.

12- Quand vous apprendrez mon décès
Pour me donner plus vite accès
Près de la Majesté divine
Toutes messes que vous pourrez
À vos Pères, demanderez,
Pour l'Ursuline.

14- Parfois l'amour-propre surprend
Le cœur en son bon mouvement
Miséricorde, je réclame...
Vos suffrages, mon cher enfant
Couvriront du Précieux-Sang
Toute mon âme.

16-Mon fils, la sainte Volonté
En nous, trouve conformité
À tous ses desseins adorables !
Ne vivons plus qu'en Lui, pour Lui.

M'appelle à de nouveaux bienfaits ;
J'ai confiance.

Gloire, honneur à la Trinité ;
Par elle dans la sainteté,
Grandisse votre âme fervente !
Au ciel, je donne rendez-vous
Pour un colloque des plus doux,
L'aimable attente

Il est la force, il est l'appui
Seul véritable !

Comment on vit l'année sainte de 1933

En cette période cruciale de crise économique, l'année bénie du 19e centenaire de la mort de Notre-Seigneur apporte les joies renouvelées de la Rédemption tout en restant marquée des tristesses de la misère des pauvres gens. Nous ne pouvons que nous apitoyer sur le sort de ces malheureux qui, cet hiver encore, n'ont rien pour se vêtir ni se chauffer. L'annaliste du temps écrit :

> Aujourd'hui [on est en janvier], c'est un petit garçon de treize ans qui a fait quinze milles *en chien* pour venir mendier les étrennes de ses petits frères. La maman avait écrit quelques mots sur un chiffon de papier, disant qu'ils étaient dépourvus de tout, qu'elle n'avait pas de quoi s'habiller pour aller à l'église et que ses chers petits... n'avaient pas eu d'étrennes. Notre Mère, émue de compassion, comble le pauvre petit de vêtements, de nourriture, de chapelets, de médailles, de cahiers, l'invitant à revenir dans un mois.
>
> Comme il partit heureux et content ! Heureux de faire plaisir à sa maman et aux petits frères qui, sans doute, l'attendaient le nez à la fenêtre.... Content, car il partait en branlant la tête... agitant une belle tuque neuve qui avait remplacé le vieux bonnet sale et déchiré !

Allez, fier petit roi des grands chemins, allez porter dans la pauvre mansarde où l'on guette votre retour, le sourire, le bonheur... la joie[33] !

Des secours directs de toutes sortes sont organisés pour subvenir aux plus urgentes nécessités et empêcher les gens de mourir de faim. Offrande minime parfois : Monsieur le Curé de Gaspé, l'abbé Valère Roy, a eu la délicatesse de faire vendre au profit des pauvres le gâteau Pont Mgr Ross qui ornait la table du banquet au jour de l'an. On a recueilli la jolie somme de 12 $! Plusieurs pauvres auront ainsi un morceau de pain de plus à manger. En fait depuis 1931, avec cette terrible crise, c'est...

La lutte pour notre survivance

À la rentrée de septembre 1931 : une cinquantaine d'élèves seulement, presque toutes des anciennes. On sait que la crise économique sévit et il semble que ce soit un fléau mondial, puisque le Saint-Père publie une encyclique à ce sujet, le 2 octobre : « Les petits enfants sont privés de pain et de joie », dit-il.

Comment cette crise nous affecte-t-elle ?

Est-il besoin de le dire, la Gaspésie si démunie d'avance est dans le plus grand besoin. La rentrée de 1932 ne verra arriver que quarante-quatre élèves en septembre. Pourrait-on envoyer sa fille aux études, quand le voisin n'a pas de pain à manger ? Les gens de par ici n'hésitent pas, ils s'entraident ! Dans une lettre aux autorités gouvernementales pour faire la vérité (il avait été dit à Québec que la Gaspésie se portait bien en dépit de la crise) et solliciter leur intervention, l'Hon. John Hall Kelly donne des exemples cruciaux :

---

33. AUG, 1933, p. 214.

> Des femmes parcourent neuf milles à pied pour venir offrir en vente, chez moi, une seule perdrix, pour avoir quelques sous pour acheter de la farine... Des hommes viennent de Paspébiac à New-Carlisle pour vendre quelques truites qu'ils ont pêchées dans des lacs éloignés et cela pour pouvoir acheter quelques nécessités de la vie... Un prêtre-missionnaire quête pour ramasser quelques piastres pour acheter une vache afin de fournir le lait à au-delà de 25 bébés et petits enfants... Des femmes venant à la maison pour demander de quoi à manger et qui sont trop faibles pour manger ce que l'on met devant elles[34] !

Dans nos Annales, on lit au début d'octobre de l'année 1932 :

> Notre bon saint Joseph nous envoie de la main-d'œuvre pour la récolte des patates ; quatre chômeurs viennent s'offrir ce matin, demandant leur nourriture comme unique salaire. Mère dépositaire les accepte et la récolte des patates se fait en deux jours. Ces pauvres gens qui veulent tant travailler sont réduits à quêter leur subsistance journalière !

De tels exemples nous donnent une idée de la gravité de la situation. Il faut commencer par survivre, si on veut, un jour, se faire instruire.

La pension d'une élève et son instruction étaient alors de 10 $ par mois à l'École Normale et au Pensionnat. Elles étaient quarante-quatre, le calcul est facile... Si on multiplie par quarante, car toujours la communauté a accepté quelques élèves gratuitement et il y en avait alors quatre, cela donne 400 $ par mois et pour dix mois, un revenu annuel de 4000 $, quand c'est payé...

Plus tard, en 1936, la pension mensuelle s'élèvera à 13 $ par mois et restera longtemps à ce tarif, presque jusqu'à la fin des

34. AUG, 1932, p. 203

années quarante, où elle sera fixée à 14 $. C'était bien peu pour une maison comme la nôtre, mais en ces années de crise, pour le père de famille qui avait à verser ce montant, c'était beaucoup !

On se souvient de l'emprunt de 200 000 $ (en fait 201 000 $) pour la construction à 5,30 %, ce qui requiert un montant d'intérêt de 11 055 $ à payer chaque année. Le gouvernement versait en ce temps un octroi de 10 000 $ et l'on devine facilement à quoi servait cet argent. Quel casse-tête que ce problème de finances ! Une subvention spéciale de 25 000 $ en cinq versements, cinq années consécutives, nous est octroyée, grâce à l'intervention de Monseigneur Ross.

Pour fonctionner dans une marge de budget si étroite, il faut beaucoup d'adresse et de calcul et la plupart du temps « se serrer la ceinture ». Cette grande maison, la chauffer, payer l'électricité, le téléphone, entretenir l'autel... payer des employés pour la culture de la ferme, même avec des salaires minimes comparés à ceux d'aujourd'hui, c'est vraiment du grand art !

L'épouse de notre fermier, Madame Desrosiers, disait à une dame amie :

> C'est vrai que le salaire n'est pas très élevé ici, mais nous pouvons quand même faire des économies, car nous avons presque tout pour vivre sans avoir à débourser. La maison est fournie, l'électricité payée, même le téléphone... Nous avons le lait et tous les légumes gratuitement et souvent même la viande, car à chaque fois qu'il est fait boucherie nous avons notre petit quelque chose. Et l'instruction de nos enfants est assurée, ils peuvent étudier même la musique et le dessin s'ils le veulent sans que cela nous coûte rien.

Il est est vrai que Madame Desrosiers était une femme remplie de sagesse et de savoir-faire. Elle cousait elle-même les habits des enfants et rien ne se perdait dans la maison ; elle savait apprécier sa situation, travailler et trouver son bonheur dans son foyer et dans la paix du milieu.

Les autres sources de revenu pour nous étaient les leçons de musique et de peinture, à 3 $ par mois, la vente des œufs et des fraises au cours de l'été. Ces belles fraises que notre sœur Saint-Laurent cultivait, on les vendait toutes, on n'avait pas les moyens d'en manger. Et dire que bien des gens en voyant les cinq étages de notre maison répétaient à qui mieux mieux la phrase à la mode : « Les sœurs sont riches ! »

On comprendra que le nombre d'élèves a de l'importance ainsi que leur capacité de payer. Plusieurs élèves ont payé leurs études après coup, alors qu'elles enseignaient ; d'autres ne l'ont jamais fait. L'économe du temps écrit dans ses livres qu'au cours de ces années assez pénibles, elle devait biffer quantité de comptes de pension d'élèves, jusqu'à 3000 $ et plus par année, pas nécessairement durant les premières années, mais tout au cours des années. Après cinq ans, un compte impayé était biffé.

La majorité des gens ignoraient alors combien c'était lourd pour les autorités de notre maison durant ces années. Personne chez nous n'a oublié la reconnaissance que nous devons au Vénéré Mgr Albini Leblanc, pour les gestes prophétiques qu'il a posés, en nous permettant d'ouvrir un pensionnat pour les petits garçons, et de franchir les portes du cloître pour aller enseigner dans les écoles paroissiales. C'est à ce moment seulement que nous avons pu commencer à respirer financièrement et à avoir du macaroni sur la table de temps en temps !

Comment oublier dans notre reconnaissance Monseigneur Paul Joncas au dévouement humble et discret qui, avec Monsieur l'abbé Robert Fortin, principal de l'École Normale, nous ont obtenu des subventions suffisantes en 1959 pour diminuer la dette, réparer l'immeuble et construire la dernière aile du

Monastère ? Il avait tout de même fallu attendre... trente-cinq ans !

Mère Saint-André, longtemps économe, se plaisait à raconter que la Providence avait toujours veillé sur nous et maintes fois d'une façon émouvante :

> Un jour, plus de 5000 $ dollars manquent pour payer les intérêts dus au 1er juin. Plus qu'une semaine avant l'échéance des coupons de débentures ! Impossible de trouver ce montant ! De là, inquiétude profonde, appel suppliant vers Dieu. Voici que le surlendemain, une partie de la subvention aux élèves pour l'année scolaire suivante nous parvient prématurément, ce qui n'était jamais arrivé jusque-là, et couvre un peu plus que la somme obligatoire à verser.
>
> Une autre fois, les salaires du mois pour les employés de la maison, soit 2100 $, manquent totalement. (Soit dit entre parenthèses que l'argent déposé en banque à notre nom est réservé toujours pour les obligations financières de la dette d'abord. Il ne faut pas s'en servir à moins d'un surplus.)
>
> Au déjeuner, à regret, on avertit ces bons Messieurs que leur paiement viendra dans quelques jours. À neuf heures et trente minutes, le courrier apporte une lettre. On l'ouvre ! Un chèque de 2300 $, paiement d'une dette sur laquelle on ne comptait plus. Un secours direct du ciel pour nous !
>
> Voici un autre fait : *Caritas* vient d'être annoncé pour aider aux œuvres diocésaines. À la dernière minute, l'économe du temps est prévenue...
>
> On lui dit qu'il serait convenable d'offrir la somme de 50 $. Rien en caisse. Prise au dépourvu, la pauvre économe, ne sachant que faire, crie au ciel tout en pensant... *au moins, si j'avais un beau billet neuf de cinquante dollars !* Quelques minutes s'écoulent. Un bon monsieur s'amène pour donner un acompte sur la pension

de sa fille, et il présente... un billet tout neuf de 50 $. Il n'était pas encore sorti de la procure qu'on vint chercher notre aumône[35].

35. *Revue d'Histoire de la Gaspésie*, n° 46, p. 142.

Les glorieuses fêtes gaspésiennes du 4e centenaire

Quelques jours après les remarquables solennités des 24, 25, 26 août 1934, on écrivait :

> Pour être célébrées dans leur cadre légtime et avoir leur véritable sens, les fêtes du quatrième centenaire de la découverte du Canada devaient revêtir, à Gaspé, un caractère franchement français et catholique. Et c'est exactement ce caractère qu'elles ont eu de la première à la dernière heure. Les manifestations du 25 et 26 août, dans leur grandiose simplicité, ont tourné en une véritable apothéose de la Nouvelle et de la Vieille France, dont Jacques Cartier était le fils illustre, et de la Foi catholique, à laquelle il appartenait par sa naissance, son éducation et ses profondes convictions de croyant.

Gaspé a été, deux jours durant, le point de mire de l'attention universelle en Europe et en Amérique. Tout a concouru à faire de ces fêtes le succès le plus complet qui pût être rêvé ! Un temps idéal, un décor naturel enchanteur, une foule immense, la présence des plus grands personnages civils et religieux du

Canada, des délégations extrêmement brillantes et représentatives de la France, de l'Angleterre et des États-Unis ; enfin et surtout, l'ambiance toute française qui enveloppait et pénétrait, à ce moment, la mignonne petite ville.

Cette ambiance avait été aussi, de longue main, patiemment et prudemment préparée. L'illustre Évêque de Gaspé, cet actif et énergique apôtre de la Gaspésie, veillait avec constance à ce que son programme soit exécuté.

Quant aux Ursulines de Gaspé, ces vacances de 1934, pourraient-elles jamais les oublier ? « Chez nous, écrivent-elles, on n'entend parler que de fêtes, de réceptions, de programmes, d'ajustements, etc. Gaspé est en effervescence et le Monastère en triple effervescence ! On fait des ménages à n'en plus finir de la cave au grenier, à l'extérieur dans les cours, le jardin, autour des hangars, comme si les cousins de France iraient voir jusque dans nos derniers recoins ! » Tous les doigts sont à l'œuvre pour confectionner drapeaux, bannières, blasons, oriflammes, fleurs, costumes, etc. Les aiguilles, le fer à repasser, les pinceaux, la scie font du feu ; le papier crêpé, les soies, les cotons, les cartons, les colorants, toutes les richesses du studio de Mère Saint-André y passent.

Cent jeunes Gaspésiennes sont attendues chez nous pour figurer aux différentes cérémonies, pour assurer le service des tables aux banquets, et nous sommes chargées de leur bien-être et de leur première initiation.

Ces jeunes filles adopteront pour la circonstance des costumes bretons et normands : coiffe, collet et manchettes en mousseline blanche unie ou en organdi. Corsage en satinette, à manches longues et étroites, genre basque serré à la taille, à retombée recouvrant la partie supérieure de la jupe et du tablier, laçant sur chemisettes blanches. Jupe également en satinette, droite, plissée à la taille, tombant à 6 pouces de terre avec ourlet

Des « belles » des fêtes de 1934

de 4 pouces. Tablier en mousseline blanche unie ou en organdi, plissé à la taille, tombant à 6 pouces du bas de la jupe avec un ourlet de 3 pouces. Bas blancs, les sabots seraient dans la note, mais c'est un article peu facile à trouver et surtout à porter. Des souliers ordinaires noirs avec boucle en métal blanc, si possible, conviendront. Une petite croix au cou, soutenue par un ruban de velours noir...

En fait, le soir du 23 août, arrivent près de cent cinquante demoiselles du XVIe siècle, alors qu'on en attendait cent tout au plus ! Et c'est le branle-bas général en pleine nuit ; les religieuses donnent leurs lits, demain, elles se fabriqueront de belles paillasses.

Tôt dans la matinée, Mère Sainte-Cécile taille dans le coton jaune, tandis que Mère Marie-du-Sacré-Cœur pédale sur la machine à coudre et naissent et naissent encore les paillasses sur mesure ! Hélàs, même en étirant le coton jaune, il reste à peine ce qu'il faut pour une toute petite dernière et celle-ci aura

Anciennes élèves au rendez-vous des « belles choisies », Anita Côté et Lina Maguire

une forme carrée ! La plus petite d'entre nous, Laurette, y couchera... en diagonale ! Et ce qu'elle en rigole, la Laurette ! La procession à la grange, le remplissage des paillasses, le déménagement de ces paillasses qui reviennent lentement à la queue leu leu font rire aux larmes notre bonne Mère Sainte-Catherine qui contemple tout cela du haut de la galerie.

Un autre impromptu attend les Ursulines à l'occasion de ces fêtes.

Le 17 juillet, Monseigneur vient visiter les parterres et causer quelques minutes avec les religieuses au kiosque de la Communauté. C'est de la future basilique qu'il parle, des clo-

« Vous vous débrouillerez bien, je vous connais ! » dit Monseigneur

ches attendues, du programme des fêtes, du feu d'artifice, etc. « On semble craindre, dit son Excellence, les démonstrations religieuses ; on peut les craindre, car il y en aura ! C'est notre programme catholique qui sera exécuté.

> À propos, dit Monseigneur, le banquet du vendredi soir, le 24 août, sera donné dans la cour de vos élèves. Les scouts vont y dresser une grande tente qui occupera tout le carré laissé libre par le préau. Ils vont aussi voir à transporter assez de tables pour les 350 convives. Cet après-midi, on viendra prendre les mesures. Vous aurez à vous occuper de ce banquet pour la réception du Cardinal Villeneuve...
>
> Respectueuses objections de notre part :
>
> Mais, Monseigneur, personne de nous n'a jamais pris part à quelque banquet que ce soit, comment nous débrouiller là-dedans ? Le protocole ? la vaisselle ? les vivres ?
>
> Ce n'est pas compliqué, répond Monseigneur. Chez Dupuis Frères vont envoyer la vaisselle qui manque et une dame du

gouvernement viendra vous expliquer la démarche à suivre. Vous vous débrouillerez bien, je vous connais !

Comme ce n'est donc pas compliqué une tête d'évêque ! Sa bénédiction nous suffit donc et à notre débrouillardise maintenant d'entrer en action !

Monsieur le Sénateur Lespérance vient nous enseigner comment faire des sandwiches pour que cela aille vite... et Dieu sait si cela va vite ! Les dames du gouvernement, car elles sont deux, avec un sifflet, appellent et stimulent les serveuses, les scouts, ce qui fait que cela va encore plus vite !

Il y a bien certains détails moins réussis, comme les deux à trois mille langues de morues qu'il faut faire rôtir et garder assez chaudes pour que ce soit mangeable, compte tenu de nos pauvres moyens du temps (réchaud trop petit, longue distance de la cuisine aux tables du banquet, etc.). Et que dire de l'énorme montagne de poudings aux bleuets qu'il nous faudra si longtemps manger par après ? Au soir de la fête, il fait tellement chaud, les convives préfèrent manger des framboises avec de la crème plutôt que de ce fameux pouding !

Le programme officiel nous a placées en tête. Les fêtes commencent au soir du vendredi 24 août par la réception religieuse à la crypte de la future Basilique et aussitôt après, c'est notre banquet jusqu'à 23h, moment où éclatent les feux d'artifice de la fête de nuit !

Le lendemain, arrivée des officiels sur le *Champlain*, magnifique transatlantique escorté de trois navires de guerre, les frégates le *Vauquelin*, le d'*Entrecostaux* et le *Ville* d'Ys. C'est avec un enthousiasme délirant, une émotion facile à comprendre que toute la péninsule reçoit les navires français, qui vers 10h du matin viennent s'ancrer dans la baie de Gaspé, à l'endroit même où il y a 400 ans la navigateur malouin Jacques Cartier venait découvrir tout un monde !

Une flottille de barques de pêche, portant chacune les écussons des provinces françaises, fourmille dans la Baie comme un voilier d'oiseaux et se rend au-devant des navires, conduite par les vaisseaux le *Druid* et le *Mardep* du Département de la marine. Un beau navire blanc qu'on appelle le « Champlain canadien », le *Kanaka*, est déjà dans la Baie avec à son bord les officiels du Canada. Ce vaisseau a comme escorte le *Saguenay* et l'*Acadia*, deux navires du service hydrographique. Tous sont décorés d'oriflammes. Dans un spectacle inoubliable, c'est un échange de salutations, d'acclamations, de vivats débordants ! On chante la France qui revient ! C'est tout simplement féerique ! Les Ursulines, du haut de leur colline, contemplent, extasiées !

Dans l'après-midi, à 3h, se déroulent le dévoilement de la croix et les discours officiels suivis d'une manifestation au monument du comte de Lesseps. Les 700 invités d'honneur se rendent ensuite au Séminaire pour le grand banquet officiel, banquet offert par le comité national des fêtes. Les magnifiques discours ne se comptent pas et servent de prélude à une autre fête de nuit.

Ils étaient plus de 900, les Cousins de France, à venir à cette fête ! Le nombre et la qualité des délégués français qui participent aux célébrations du 4e centenaire de la découverte du Canada par Jacques Cartier témoignent de l'intérêt immense que la France apporte à ces manifestations. C'est incontestablement la plus belle délégation française jamais venue au Canada ; on y relève les noms les plus illustres dans le domaine des lettres, des sciences, des arts, du commerce et de la politique. Le gouvernement français avait comme représentants officiels l'Honorable P.E. Flandin, ministre des Travaux publics, et M. Sébastien Charlety, recteur de l'Université de Paris. Il n'est pas possible de citer ici tous les illustres personnages, il y en avait tant, mais au moins... il faut en nommer quelques-uns.

Notre population était heureuse de voir au nombre des délégués l'aviateur Louis Blériot, qui rendait visite à Québec en 1912, trois ans après s'être rendu à jamais célèbre par sa traversée de la Manche. Il était pour les gens d'ici un peu comme un frère du comte de Lesseps qui avait suscité tant de sympathie dans notre milieu.

D'autres délégués présentent aussi un intérêt spécial pour nous, Canadiens français. Il s'agit des descendants en ligne directe ou collatérale de ces militaires qui ont jeté tant de lustre sur la colonie naissante de la Nouvelle-France. Nommons le duc de Levis-Mirepoix, le prince de Robech, le comte Jean de Montcalm, ainsi que le comte de Ramel, arrière-neveu de Frontenac.

L'un des illustres visiteurs français, Henri Bordeaux, représentant officiel de l'Académie française à nos fêtes, a raconté son premier contact avec la terre gaspésienne. Il venait à peine de descendre du *Champlain* et se promenait sur le chemin du Roi quand il rencontre une demoiselle qu'il salue et à qui il demande son nom. Elle répond : Marguerite Bourgeoys (c'était bien en effet une Marguerite Bourgeoys des Trois-Rivières) ; charmante coïncidence que le grand écrivain a trouvée délicieuse, et qu'il n'a pas manqué de souligner dans un de ses écrits.

L'Angleterre était officiellement représentée à ces fêtes par Sir Robert Keyes, amiral de la flotte anglaise. Celui-ci, en un français impeccable, soulignera dans son discours l'harmonie qui existe entre les deux grandes races canadiennes, puis saluera Jacques Cartier, un enfant de la mer, tout comme lui-même.

La république voisine, les États-Unis, n'a pas voulu rester étrangère à ces fêtes. « Elle témoigne de son amitié pour nous », disait l'Honorable L.A.Tachereau, Premier Ministre de la Province de Québec, dans son discours : « Et nous, Canadiens français, en accueillant les délégués des États- Unis, nous ne pouvons pas nous empêcher de songer qu'ils représentent non seulement leur pays, mais encore deux millions de Franco-Américains qui ont fait connaître et aimer le génie français dans plusieurs États américains[36]. » L'Honorable William D. Robbins, chef de cette déléguation américaine, a lui aussi prononcé, en excellent français, un remarquable discours qui a créé une grande impression sur la foule. Ces représentants officiels de deux pays de langue anglaise qui s'expriment dans le plus beau français mettent en évidence, aux yeux de certains critiques, le fait que le Premier Ministre du Canada, l'Honorable R.B. Bennet, est le *seul* à n'avoir pu s'exprimer en français lors de cette occasion.

Plusieurs personnalités étrangères font partie de la mission, entre autres un représentant de la Belgique, M. X. Janne, professeur de droit à l'Université de Liège, de Haïti M. Laraque, conseiller de la Légation d'Haïti à Paris, du Japon, M. Sugiyama, professeur à l'Université Impériale de Tokyo, de la Suisse, le professeur Roch, de Genève, etc.

Tous ces illustres personnages sont présents au dévoilement de la croix le 25 août 1934, à 15 h.

La croix-commémorative devant rappeler le geste initial de Cartier arrive à Gaspé le 25 juillet. Ce magnifique bloc de granit bleu d'une seule pièce tiré des carrières de la Rivière-à-Pierre, au Saguenay, mesure 37 pieds de hauteur et pèse 40 tonnes. Une grue puissante l'a délicatement posée sur la goélette *Annie M. Nadeau* qui, sans broncher, a supporté le poids énorme et a rendu son précieux fardeau à Gaspé sans incident notable. Comme témoin de l'histoire, ce solide monolithe rappellera aux générations futures que la nôtre a su garder avec la foi, la Croix du Christ et le Culte du souvenir.

---

36. AUG, 1934, p. 345.

L'embarquement de la croix de Gaspé
sur le Annie M. Nadeau *au vieux port de Québec.*

Grandiose, cette cérémonie du dévoilement de la croix ! Sous les yeux de trois nations officiellement représentées, en présence de milliers de spectateurs attendris parfois jusqu'aux larmes, l'Église et l'État évoquent l'héroïque et glorieuse figure de Cartier !

Des foules nombreuses accourues de partout sont massées à l'arrière-plan, jusqu'à la crypte de la future basilique. Les marins de la *Ville d'Ys*, de l'*Entrecostaux*, du *Champlain français* et du *Kanaka*, les scouts de la France, de Granby et d'ailleurs, les officiers militaires encadrent les membres de la déléguation nationale de France qui occupent l'estrade principale dressée sur le même plan que le monument commémoratif.

La croix dominant
les blasons des provinces

Sur un palier inférieur a pris place la chorale dont les membres ont été recrutés à Québec et à Lévis. Sur un palier plus bas encore se tiennent les militaires du Royal 22e Régiment dans leur costume de gala. Enfin, au dernier palier, des milliers et des milliers de spectateurs anonymes dont le cœur vibre à l'unisson de ceux qui forment maintenant un véritable escalier vivant.

À trois heures et demie, les officiels arrivent et prennent place autour de la croix. Après le premier discours prononcé par l'Honorable Patenaude, Lieutenant-Gouverneur du Québec, le Premier Ministre du Canada R. B. Bennett enlève les drapeaux anglais et français qui voilent le monument. Le drapeau anglais est le premier à se détacher du bloc de granit, mais le drapeau aux fleurs de lys reste accroché plus longtemps au bras droit de la croix, symbole, n'en doutons pas, de l'attachement de l'âme française à la croix en sol canadien.

Le moment où les plis du drapeau fleur de lys tombent sur l'estrade est un moment d'indicible émotion. Les vaisseaux de guerre dans la rade tirent une salve d'artillerie ! Dans le ciel des fusées projettent des milliers de petits drapeaux français, anglais, américains, canadiens, lesquels s'étalent dans le firmament pour descendre ensuite gracieusement et lentement dans la Baie. Au même moment, musiciens et chanteurs entonnent les hymnes nationaux des trois pays !

De nombreux discours suivent, aussi émouvants et passionnants qu'il est possible !

« La vie pour chacun de nous commence par une chanson et finit par une prière », dit l'Honorable représentant de la France. « Nos mères et les vôtres nous ont chanté au premier jour et nos fils nous réciteront à notre dernière heure les mêmes oraisons ! Point n'est donc nécessaire que j'évoque longuement ici tout ce qui nous unit ! »

Son Excellence Monseigneur de Gaspé prononce un discours magistral, débordant d'intelligence et de cœur :

> Bien des événements se sont passés pendant ces quatre siècles ! Politiquement, bien des choses ont changé ! Messieurs, je crois pouvoir vous signaler une chose qui n'a pas changé, l'âme que nous avons reçue de France ! Cette âme, vous la trouverez substantiellement la même qui nous fut transmise par les idéalistes du temps de Cartier et de Champlain, par ces hardis pionniers qui portaient la civilisation attachée à la croix, dont ils jalonnaient les routes, les forêts, les villages, dont ils balisaient les fleuves immenses qu'ils remontaient jusqu'aux sources ! La croix dont ils ornaient leurs clochers en les surmontant du coq gaulois, la croix suspendue à la ceinture des Missionnaires et devant laquelle les peuplades barbares déposaient leurs tomahawks et se civilisaient !

> C'est autour de la croix de nos clochers que se groupèrent nos ancêtres aux heures angoissantes et c'est au pied de cette croix, unis dans le solide faisceau de l'organisation paroissiale qu'ils purent conserver l'âme de la France, la langue de la France, l'idéal de la France, opérant ainsi ce que l'un des vôtres a appelé le miracle canadien et le miracle acadien[37] !

Après tous les discours, les cloches de la basilique-souvenir sonnent une volée, puis la foule entonne l'hymne national *Ô Canada* ! Plusieurs dames et demoiselles de la délégation française, duchesses, marquises, princesses apparentées aux héros de notre histoire, Lévis, Montcalm, Frontenac, montent ensuite au Monastère où un goûter leur est servi sous le Préau, après quoi elles visitent le cloître et l'École Normale.

La magnifique fête de nuit qui suit le banquet officiel du Séminaire est une apothéose de lumière : les navires ancrés dans le bassin brillent comme des diamants ; tout autour sur la côte qui constitue l'amphithéâtre de Gaspé, des centaines de feux s'allument et se joignent à la fête tandis que les gros édifices de la petite ville s'irradient de tous leurs feux ! Jusqu'à minuit, des pièces pyrotechniques sont projetées dans les airs sous les feux de la lune dont les rayons dorent les flots de la Baie. Et puis, tout doucement... tout lentement... la nuit redevient silencieuse.

Les grandioses fêtes de Gaspé prennent fin le lendemain avec la messe solennelle célébrée à l'extérieur par Son Éminence le Cardinal Villeneuve et par la bénédiction de la pierre angulaire de la future basilique. Cette cérémonie, l'une des plus touchantes, est rehaussée par la présence d'un Prince de l'Église, du Délégué apostolique, par l'émouvant sermon de Monseigneur Camille Roy et le décor enchanteur des alentours ! Les délégués

37. AUG, 1934, p. 350.

Ce qui semble avoir touché le cœur des français, c'est le défilé des jeunes filles habillées à la mode de Bretagne, de Normandie ou d'Acadie

de France qui y assistent assurent avoir été profondément émus par ces célébrations.

Vers dimanche midi, les bateaux lèvent l'ancre et la mission française quitte Gaspé pour continuer son voyage en terre canadienne. Elle n'oubliera jamais, dit-elle, la chaleureuse réception dont elle a été l'objet, le charme des Gaspésiens, leur souriant accueil, le spectacle de la flottille des barques de pêche portant les écussons des provinces françaises ! Mais ce qui semble avoir touché le plus profondément les cœurs français, c'est le défilé de nos jeunes filles habillées à la mode de Bretagne, de Normandie ou d'Acadie, qui vinrent déposer des fleurs au pied de la croix pendant la grandiose cérémonie du dévoilement. Ceux qui, parmi les distingués visiteurs, ont bien voulu communiquer leurs impressions, en revenaient tous à la signification de ce geste !

Monsieur Franc-Nohain, directeur littéraire de *L'Écho de Paris*, a publié à son retour des fêtes gaspésiennes plusieurs articles dont voici quelques extraits :

> Bonjour Messieurs, nous n'avons pas découvert le Canada, c'était déjà fait !
>
> Nous ne bravions guère que le mal de mer et encore ! Un bateau comme le *Champlain*, sans vouloir causer de peine au Capitaine Jacques Cartier, est tellement mieux aménagé que sa *Grande Hermine*...
>
> Notre voyage était un voyage d'amitié. Ah ! les magnifiques réserves d'amitié que nous avons, non pas découvertes mais retrouvées là-bas, que nous savions bien qui existaient, mais dont nous n'aurions jamais osé soupçonner la profondeur et l'étendue. Ces réserves d'amitié, maintenant que nous avons constaté qu'elles existent, il importe de ne pas les laisser perdre. Et c'est pourquoi il était excellent que tant de jeunesse se soit trouvée mêlée aux personnages officiels qui avaient été délégués à ces fêtes ; il est excellent que tant d'entre nous aient profité de cette croisière et des vacances pour emmener leurs fils et leurs filles.
>
> D'abord parce que la délégation y gagnait en grâce et le voyage en gaieté. Mais surtout, parce qu'il faut que nos enfants se souviennent, eux qui sont destinés, Dieu merci, à se souvenir plus longtemps que nous ! Heureux les frais regards qui se sont posés sur ces scènes et auront le loisir de les méditer longtemps pour le plus grand bien, dans l'avenir du Canada et de la France !
>
> Il faudrait avoir le cœur bien sec, pour ne pas garder à jamais, entre autres, la surprenante émotion de tous ces avions qui, dès qu'apparut la terre de Cartier, semblaient sortir du ciel tout exprès pour nous jeter des fleurs, tandis qu'autour du *Champlain*, tournait cette multitude de barques pavoisées à nos couleurs !

Dès que nous eûmes touché le sol, c'était pour être, à chaque pas, arrêtés dans notre promenade par de braves gens qui se plaçaient devant nous et nous tendaient la main, sans rien dire d'autre qu'un nom, leur nom...

— Leblanc !

— Lajoie.

— Landry... ces noms qui attestaient qu'ils étaient de chez nous... venus et restés !

Mais celui dont le visage m'est encore présent, c'est en mer que je l'ai rencontré, dans la Baie de Gaspé où le *Champlain* était encore à l'ancre.

Le lendemain de notre arrivée, le lendemain des fêtes gaspésiennes, je m'étais levé de bon matin et, seul sur le pont-promenade, j'avais voulu emplir mes yeux du spectacle de cette côte incomparable, que sans doute, je ne reverrais plus jamais...

Bien entendu, après les illuminations qui s'étaient terminées tard dans la nuit, l'horizon marin était vide, sauf les navires ancrés non loin de notre paquebot.

Et voici qu'apparut une petite barque, qui semblait plus petite d'être seule, qui s'approcha et se mit à tourner lentement autour du navire, comme avaient fait la veille et la plus grande partie de la nuit, les barques pavoisées et illuminées. Elle était montée par un vieil homme, qui avait mis ses habits des dimanches et qui répétait gravement, agitant son chapeau :

— Bonjour, Messieurs !

Évidemment il répétait cela pour lui seul, pour sa satisfaction à lui, puisque sur le pont du paquebot, il n'y avait alors que moi qu'il ne voyait pas.

Mais de toute évidence aussi, il s'était dit, quand il avait appris notre venue : « Il faudra que j'aille leur souhaiter le bonjour, à nos Français ! »

Seulement, il arrivait un peu tard, parce qu'il habitait trop loin ; n'importe, il était content, il nous souhaitait le bonjour !

Le souhait du vieil homme s'est réalisé : voilà d'inoubliables *bonnes journées* pour la France[38] !

En pigeant dans nos annales tous ces extraits des glorieuses fêtes de Gaspé, on découvre que cet événement de 1934, un des plus beaux de l'Histoire canadienne, ferait à lui seul tout un volume qui mériterait bien de voir... le jour !

Monseigneur en aurait-il trop fait ?

Pas longtemps après ces grandes fêtes, Monseigneur Ross tombe malade... Un frisson d'angoisse nous saisit.

Au début de l'année 1935 sonnent de sérieuses alarmes. Jour et nuit, ses Ursulines montent la garde auprès du Saint-Sacrement et... réussissent à toucher le cœur du Seigneur, car les bulletins de nouvelles de l'Hôtel-Dieu de Québec s'améliorent peu à peu ; dans les cœurs, l'espérance renaît, il reviendra, notre Père, il reviendra ! Et de nouvelles actions de grâces s'ajoutent à notre quotidien.

Mais... on sait maintenant que son cœur est atteint, qu'il lui faudra beaucoup le ménager !

38. AUG, 1934, p. 369.

Dans une maison bien réglementée

Une élève de l'année 1935 recrée le folklore du règlement du temps. Le jour de la rentrée l'impressionne jusqu'au plus profond de ses entrailles. Dès le seuil, deux lourdes portes lui disent que « n'entre pas qui veut et ne sort pas non plus qui veut ! » Cela fait réfléchir !

Le profond silence, l'espèce d'atmosphère mystérieuse et sacrée qui enveloppe toute chose donnent une frousse terrible même aux plus braves qui cherchent par où elles pourraient bien prendre la fuite, mais trop tard... déjà la porte sans serrure, sans poignée, la porte conventuelle large comme trois s'est refermée et avant d'avoir pu le réaliser, l'arrivante se retrouve *cloîtrée* en dedans.

Le premier contact avec les Mères si simples et quand même si imposantes dans leur grande robe noire, l'initiation au grand dortoir où selon des rites qui ont fait leurs preuves depuis Marie-de-l'Incarnation, tu apprends à ranger ta commode, à plier ta robe de chambre et ta serviette, à disposer tes pantoufles ; puis, c'est la découverte du grenier où ranger ta valise dans le coin en dessous du clocher, c'est la rencontre des élèves des années précédentes qui semblent chez elles et des nouvelles arrivées au cœur tremblotant comme le tien, c'est la prise de connaissance des lieux, des espaces cloîtrés à ne jamais franchir ; bref, tout cela vous fait une première journée si intense, que le soir personne ne se fait prier pour tomber dans son lit et dormir comme une marmotte à poings fermés jusqu'au matin, ce qui est bien le meilleur départ pour une pensionnaire.

Le lendemain, les examens de chant, de classement, l'organisation des cours, l'achat et la couverture des livres, l'attribution des responsabilités ménagères et réglementaires, font que dès le soir « la structure est complète, les rouages sont en place. Il s'agit maintenant de travailler à l'intérieur de ce cadre, d'assurer la bonne marche du mécanisme d'ensemble tout en contribuant au développement intégral de chacune selon un principe pédagogique cher à Mgr Ross, le septième dans son gros livre... »

Des séances d'information et de formation commencent le soir même pour une bonne quinzaine de jours jusqu'à ce qu'on sache où l'on va et ce qui nous attend si on n'y va pas ! Rien n'est dans le vague, les outils de contrôle sont en place. « Et peu à peu, on se familiarise avec le grand silence, la tenue vestimentaire, les mesures d'ordre et de propreté en vigueur sur nos propriétés privées, (nous-même, pupitre, cellule) ou sur les places publiques (dortoir, réfectoire, vestiaire etc.) et on apprend que tous les écarts se solutionneront aux notes du dimanche. Moment solennel que ces notes, condensé psychologique de la semaine écoulée, condensé d'attitudes, d'interactions, d'efforts, de laisser-aller, de délits, de contestation, etc.

> Tous les matins, à 5h30, il y a un signal avant-coureur du lever : les religieuses commencent à psalmodier l'Office divin à la chapelle située sous le dortoir. Vingt minutes plus tard, c'est notre

tour. Quatre-vingt-dix-neuf fois sur cent, tu réagis immédiatement et tu te conformes au rythme collectif. Si tu commences ta journée en grande, tu es déjà assise dans ton lit pour le « Mon Dieu, je vous donne mon cœur » et au second coup de cloche, tu es à genoux bien droite pour l'offrande du matin.

Tu disposes de vingt minutes pour te laver, te vêtir, faire ton lit, tout ranger avant de descendre à la salle d'études pour la prière du matin. Tu défiles ensuite à la chapelle pour la messe, coiffée de ton voile blanc. Si par hasard, tu l'as oublié quelque part la veille, si tu te présentes avec le noir, tu manques déjà de *prévoyance*. La maîtresse n'a pas besoin d'intervenir, tu le sens toi-même ! Si tu es en retard parce que tu as couru à la recherche de l'objet perdu, alors, tu manques d'*exactitude*. Et ici, l'exactitude, c'est la politesse des rois, il ne faut pas l'oublier.

Que dire du silence ? En dehors des congés, tu peux parler légalement quatre fois par jour après les repas, soit quinze minutes le matin et une heure le midi et le soir et une demi-heure à la collation de 16 heures. Illégalement, tu peux toujours tenter ta chance !

Qui connaît quelque peu la gent féminine sait combien le contrôle de la langue est héroïque à certains moments tout comme le contrôle de certaines humeurs malicieuses ! À cet âge-là, on pense que cela n'est pas payer trop cher que de perdre une note du dimanche pour goûter le plaisir d'une ou deux courses dans les corridors, d'une danse endiablée quand Reina est au piano, d'une expérience de mongolfière dans le monte-charge, ou encore d'une exploration risquée dans le pays du cloître ; on peut même aller parfois jusqu'à faire de la contrebande de friandises quand l'occasion se présente. Et « si ta maîtresse te fait sentir la moindre désapprobation, tu peux spontanément contester en entonnant en sourdine :

Oh ! quel malheur d'être pensionnaire,
On ne peut plus faire sa volonté !
À des tyrans, tout le jour, il faut plaire,
Ah ! c'est un sort bien triste en vérité ! »

Et suivent quatre couplets de même calibre, œuvre d'une illustre poétesse des années précédentes dont une fidèle tradition conventine perpétue le talent. Conscientes d'être injustes envers nos éducatrices en fredonnant cette complainte, nous y allions *pianissimo*, juste assez fort pour être entendues de l'intéressée. Et que dire des autres phénomènes inhérents à la prière ? Le soir, la longue prière du Concile de Trente qui suit le chapelet est parfois occasion de compétitions respiratoires avec l'une ou l'autre voisine : qui peut par exemple dire le plus long de prière sans respirer ? Ou encore, à midi au dortoir, pendant la récitation latine des litanies de la Sainte-Vierge, qui ne succomberait à la tentation de modifier un peu la formule en faveur de ton chef d'État *québecois*, qui a certainement besoin de tes prières ? L'inspiration est si forte et l'occasion si propice que tu le fais en dépit des options politiques de ta famille ! Ta réponse devient alors :

Mater Dei... ora pour Maurice !
Mater divinae... ora pour Maurice !
Mater purissima... ora pour Maurice !

C'est là le défi des notes du dimanche ! Si personne n'a réalisé tes écarts, ta conscience, elle, le fait et tu restes ton seul juge ! C'est toi qui te donnes tes notes et tu réalises que tu ne peux longtemps trahir la confiance que tes éducatrices mettent en toi ! Et c'est la même chose quand il est question des classes, des repas, des ménages, des parloirs, de la correspondance, etc !

Tout est ordonné en vue d'une authentique formation à la responsabilité personnelle ! Ces années comptent parmi les plus belles de ma vie ! Il est difficile d'apprécier à leur juste valeur les richesses qu'elles m'ont apportées ! Je ne saurais non plus rendre assez hommage à ces éducatrices qui me les ont servies avec tant de compétence, de cœur et de dévouement[39] !

Ah ! ces fins d'années !

Et les années s'écoulent en ce foyer de vie ! Et les fins d'années se succèdent toutes pareilles et pourtant différentes ! Elles se ressemblent par leur caractère d'intensité au travail, par leurs joyeuses couleurs de printemps, par la musique d'espérance qu'elles font chanter dans les cœurs ! Si les minois sont différents, ils constituent toujours un parterre de fleurs de tous les coins de la Péninsule ! Et le temps passe si vite que les élèves se retrouvent étonnées d'être déjà rendues au congé du 31 mai, prémisse des grands examens. Dès le matin de ce dernier jour de mai, ce sont gais ébats, rires joyeux, promenade dans la montagne jusqu'aux Buissonnets, goûter champêtre, bonheur dans toutes les frimousses. Ce congé se termine par...

Le procession à Marie

Des roses, des oriflammes décorent le trône de la Vierge au-dessus du préau. Le Petit Jésus des Petites a mis la jolie bannière de satin peinte par Mère Saint-André et gracieusement donnée par Anita Côté et Élise Bernard. À 19h, la procession se met en marche au chant des litanies. Les Petites suivent la grande bannière avec une couronne de fleurs naturelles et ses nombreux rubans dont chaque petite tient un bout ; suivent les Grandes en toilette du dimanche, voile blanc et ruban d'enfant de Marie. On sort par la porte conventuelle, traverse la magnifique entrée et les beautés d'en avant du Monastère pour remonter la côte jusqu'à la cour arrière où devant l'autel, chacune vient déposer

39. Roseline FOURNIER, *Revue d'Histoire de la Gaspésie*, n° 46, p. 11.

dans un réceptacle spécial le petit papier sur lequel elle a écrit ses secrets, ses demandes, ses sacrifices, ses peines parfois, afin que le tout soit brûlé comme un encens d'amour pendant le chant de « Prends mon cœur, le voilà ! » Et l'on revient par le même chemin, le cœur débordant, prête à tout sacrifice, surtout aux grands examens.

L'événement spécial pour 1935

Une fois les élèves parties, les grands ménages terminés, c'est habituellement la retraite annuelle des religieuses. Il fait bon dans la maison nette, remplie de silence, de parfums de pivoines et d'odeur de cire fraîche ! En 1935, la retraite est suivie d'une profession, celle d'Anita Boissonnault. Celle-ci a préféré le 3 août au traditionnel 15 février. Disons qu'elle est assez spéciale par son tempérament, sa vision du monde, son tempo original qui la mèneront loin. Professeur d'anglais à Gaspé, organisatrice de l'Institut Familial, elle deviendra Supérieure à l'École de Saint-Siméon et à celle de Maillardville en Colombie-Britannique ; en finale, elle se rendra jusqu'au Zaïre en Afrique pour « sauver les âmes » et aider les Miss. du Christ-Roi. Son périple et son zèle se sont terminés à l'infirmerie de Rimouski le 4 mai 1991. Elle avait 81 ans et 61 de vie religieuse.

Un 17 février inoubliable

And may there be no sadness of farewell when I embark[40] *!*

Mère Sainte-Catherine nous quitte le 17 février 1936. Elle a dit maintes fois : « Je vais vous aider de là-haut, je serai toujours avec vous ! N'ayez pas peur de mon bonheur ! »

---

40. « Et puisse-t-il ne pas y avoir de tristesse lors des adieux, quand je partirai ! » *Crossing de Bar,* Alfred Tennysson.

Elle était devenue plus souffrante depuis quelques mois et la communauté entrevoyait l'épreuve crucifiante. Elle-même avait dit quelques semaines avant son départ : « Vous savez bien que cela ne peut pas durer longtemps comme cela ! » Et aux derniers jours, elle pensait davantage à ses sœurs qu'à elle-même : « Chères enfants, que vous devez être fatiguées ! De vous voir si bonnes pour moi me fait penser à la bonté du bon Dieu ! Que j'ai hâte de le voir ! » Et elle renouvelle encore ses mercis qu'elle n'a cessé de prodiguer pendant toute sa maladie.

Comme nous la trouvions belle dans son dernier sommeil, nous ne nous lassions pas de la contempler !

Les témoignages affluent de partout, de la déléguation apostolique d'Ottawa, du Surintendant de l'Instruction publique, de l'Inspecteur des Écoles Normales, même du Carmel de Lisieux qui écrit « qu'en compagnie de sainte Thérèse de l'Enfant-Jésus, votre chère Mère effeuillera des roses célestes sur sa fervente communauté ! »

Son cher Monastère de Rimouski est à l'unisson de notre peine : « Notre cœur est trop plein de douleur pour ne pas venir l'épancher dans les vôtres. Le bon Dieu pouvait-il vous demander un plus grand sacrifice ? Son souvenir ne nous quitte pas ! »

Liliane Lafolley, une Gaspésienne ancienne élève de Rimouski, a su exprimer le sentiment des élèves de ce temps-là : « Les anciennes Normaliennes de Rimouski se souviennent toujours de leur Mère directrice qui savait à la fois les faire trembler et se faire adorer ! Autant elle avait d'entraînante gaieté, d'esprit primesautier, de verve malicieuse en recréation, autant elle était brillante pédagogue à ses heures de cours, autant elle était minutieuse et austère dans l'observance des règles de la discipline ! »

Qui est celle-ci qui monte du désert
Appuyée sur son Bien-Aimé ? (Cant. 8,5)

C'est la grande dame de Gaspé !
C'est la nouvelle Marie-de-l'Incarnation !

Nous héritons d'un missionnaire de choix !

À Montréal, fin juin 1936, le Père Provincial des Jésuites demande au Père Léo-Paul Bourassa, alors que celui-ci est à se préparer activement à partir pour l'Asie, s'il ne pourrait pas d'urgence remplacer un prédicateur pour donner la retraite d'été aux Ursulines de Gaspé. Celui-ci est pris de court, ses affaires ne sont pas prêtes... « Qu'est-ce que je vais leur dire ? » On lui répond : « Vous leur direz tout bonnement ce que vous essayez de vivre vous-même ; je suis sûr que vous allez les aimer et que vous ne le regretterez pas ! »

Comme tout missionnaire qui se lance dans une aventure qu'il sait tellement au-dessus de ses forces, le bon père se cherchait secrètement une communauté religieuse qui l'accompagnerait là-bas de sa pensée, de son appui, de sa prière. Les missionnaires aiment recevoir de longues lettres « pour en avoir à lire pendant huit jours... » comme l'écrivait à saint Ignace-de-Loyola nul autre que saint François-Xavier lui-même.

Le Père Bourassa se décide donc à donner la retraite et raconte comment Monseigneur Ross l'a interpellé par sa proposition soudaine : « Père, vous partez pour la Chine. Que diriez-vous d'être le missionnaire du couvent de Gaspé ? Les religieuses et les élèves s'intéresseraient à vous, à votre apostolat, prieraient pour vous ! » Les choses en restent là, mais voici que pendant la célébration eucharistique et l'action de grâces du dernier jour de la retraite, un appel irrésistible à répondre « oui » jaillit au fond du cœur du missionnaire.

Et c'est ainsi que l'adoption s'est faite !

Arrivé en Chine, le Père Bourassa passe deux ans à l'étude de la langue à Wuhu et Anking au Anhwei. À l'été 1938, il rejoint sa mission de Suchow.

Le collège qu'il était appelé à diriger fut supprimé par les autorités japonaises après quelques mois. Le Père se met aussitôt à l'étude de la langue nippone, et après dix mois de patience, de contacts et d'amitiés, il obtient officiellement la réouverture des classes. Malgré les mille chicaneries et l'animosité de plusieurs bureaux, il relève le collège et en fait le meilleur et le seul vraiment chinois de la région, tout en restant l'intermédiaire inlassable et souvent le paratonnerre de toute la Mission. Les religieuses et les élèves de Gaspé le soutiennent de mille manières, lettres, délicateses, aumônes, quantité de petites choses pratiques, etc.

En 1943, c'est l'exode de tous les Pères et leur internement à Shangai. La connaissance de la langue japonaise du Père Bourassa lui vaut de devenir l'interprète des trois cents religieux prisonniers et des officiers japonais. Par sa délicatesse et sa fine diplomatie, il réussit à procurer bien des adoucissements au régime du camp. Son temps de claustration se passe en études et en lectures de tout ce qui touche la Chine et les missions.

En 1946, le Père Bourassa avec le Chanoine Lebel

La guerre terminée, après un séjour de propagande au Canada, le Père retourne à Suchow, à son collège Hsin-Hsin qu'il essaie de transformer en collège universitaire. L'arrivée des Rouges change ses plans et ses supérieurs doivent l'envoyer à Shangaï où il est affecté au Catholic Center.

À la demande du représentant du pape, le voilà à Hong-Kong en 1949. C'est l'année du grand pèlerinage de la relique de saint François-Xavier au Japon. Nommé délégué jésuite, le Père accompagne la relique dans sa tournée triomphale et trouve ainsi l'occasion de connaître tous les milieux catholiques japonais et d'y faire la semence de durables amitiés.

À son retour à Hong-Kong, il reprend son travail de Directeur de la revue *Mission bulletin*. D'un style aisé, sobre, il touche tous les problèmes, analyse les situations les plus troubles, regroupe les faits saillants d'une époque. Il monte une documentation de première valeur et toujours à date, entretient une immense correspondance avec presque tous les missonnaires de Chine, fait de longs voyages d'informations directes dans le Sud-Est de l'Asie, de la Malaisie, l'Indonésie, les Philippines, la

Le Père Bourassa en compagnie d'Albert Desrosiers, notre homme de confiance

Nouvelle-Guinée. Les nombreux contacts personnels et les longs entretiens que ces séjours permettent, tout cela fait du Père Bourassa un des hommes les mieux renseignés sur tous les problèmes missionnaires d'Orient.

Durant cette période à Hong-Kong, il travaille intensément à faire sortir de Chine les missionnaires détenus prisonniers par les Rouges ; il va au-devant d'eux sur le pont-frontière, il se fait leur consolateur, leur intermédiaire, leur guide de réadaptation vers une vie normale.

En 1956, il quitte Hong-Kong pour Rome où il travaille au bureau du *Christ au monde* pour l'apostolat des non-chrétiens. Il y passera neuf ans.

> À Rome, mon évêque de Chine venu pour travailler au Concile passait me voir les dimanches et nous causions de choses d'Asie et de Chine. Il me demandait si j'étais toujours l'enfant gâté des

En 1960 avec le Principal de l'École normale, Robert Fortin

Ursulines et des élèves de Gaspé. Pas besoin de répondre, un simple sourire. Il comprenait et me répétait son message : remerciez-les tant et plus pour tout ce qu'elles ont fait pour nous en Chine, pendant tant d'années !

Il m'arrive encore, bien sûr, de revoir Gaspé. C'est toujours Monsieur Desrosiers que j'entrevois à la descente du train pour m'accueillir dans sa belle voiture-automobile. Nous montons bien plus vite qu'autrefois, il est vrai, jusqu'aux nouvelles résidences des Mères, là-haut sur la montagne. Mais j'éprouve une profonde nostalgie en passant à côté du Monastère ! Et je regrette le « boggey » ou même la barouche de 1936. Le cheval noir nous tirait lentement, lentement, nous avions le temps de contempler, de goûter par avance le moment de la rencontre !

Par centaines sinon par milliers, nos élèves lui ont écrit et fait parvenir des aumônes, des délicatesses et à toutes il a toujours répondu, donnant à chacune un message d'espérance et d'amitié. Ce saint missionnaire est devenu après ces quarante ans une belle page de notre histoire et de notre folklore. Dans son éternité, il continue à veiller sur nous et sur la Chine qu' il aimait tant !

Allons faire une visite au noviciat !

Comme sur le « pont d'avignon, beaucoup
y passent et... quelques-unes y restent ! »

L'appel de Dieu reste un fait plein de mystère !

Mystère de l'Appel et mystère de la... réponse ! Six jeunes femmes ouvrent ce noviciat, y demeurent, puis deux autres s'ajoutent... et deux autres et encore deux autres... et voilà qu' elles sont toujours là, douze à former la communauté avec les six fondatrices !

« Fais attention que tes pieds collent au noviciat ! » avertissent les élèves d'expérience aux petites nouvelles de l'année lors de la procession de l'Immaculée-Conception. C'était la menace suprême, elles sont bien rares celles qui souhaitaient que les pieds collent !

Beaucoup sont venues, âmes de bonne volonté, puis... sont reparties une à une, mystère ! En 1936, il n'y a pas de profession perpétuelle, c'est la première année que cela arrive depuis la fondation. Les trois dernières recrues de cette époque à avoir pris racine sont Simone Vaillancourt de Bonaventure et deux Irlandaises de la famille Maloney de Barachois, Kathleen et Lorraine.

Simone fait profession perpétuelle le 15 février 1937. Elle deviendra spécialiste en mathématiques et en patience pour les expliquer. Les anciennes conservent le souvenir de cette bonne mère comme celui d'une compréhensive Maîtresse de division. « Elle était si bonne », nous dit l'une d'elles, « elle était comme une vraie maman ! » Avant de s'envoler à 81 ans, le 20 mai

1983, elle œuvrera un certain temps dans nos écoles comme Supérieure et professeur des toutes petites de première année.

Nos deux Irlandaises deviennent élèves à l'École Normale, apprennent le français, réussissent leurs études, puis s'en retournent enseigner dans leur milieu.

Mais l'Appel... toujours l'Appel au fond du cœur ! Kathleen revient en mars 1932 et Lorraine la suit, cinq mois plus tard. Cette dernière fera profession perpétuelle en 1938, après quoi il n'y aura pas d'autre profession perpétuelle avant 1946, donc un trou de 8 ans.

Kathleen-de-Marie-Immaculée sera professeur d'anglais, puis directrice de l'Institut Familial durant de longues années. C'est un ange de paix et de bienfaisance dont les anciennes élèves conservent un souvenir plein de révérence. « Une femme cultivée, de grand jugement, de haute distinction, et pourtant très près de nous », nous dit Reine Bélanger. « elle nous paraissait sévère au premier abord, et elle l'était, mais plus on la connaissait, plus on l'appréciait. Son influence nous faisait grandir ! » « Elle est devenue pour moi une très grande amie ! » témoigne à son tour Monique Kavanagh. « pour moi, elle était très exigente et cela m'a aidée à me réaliser. » Kathleen est entrée dans la paix de son éternité à 84 ans, le 11 juin 1993.

Sa sœur Lorraine-de-Sainte-Gertrude, on s'en doute, fut aussi professeur d'anglais et longtemps dépensière de la maison, c'est-à-dire celle qui faisait les menus et voyait aux achats des aliments. Aux heures de la JEC elle agit comme responsable du mouvement dans notre maison. Une élève de cette période (1940-50), Guertie Leblanc, racontait comment l'expérience de son engagement chrétien sous la tutelle de Mère Sainte-Gertrude lui avait été bienfaisante pour toute sa vie. « Une petite adolescente un peu inquiète se transforme si elle rencontre de la compréhension de la largeur de vue, de la bonté !

Elle peut ensuite conquérir le monde, c'est ce qui m'est arrivé, moi je me suis senti pousser des ailes, au cours de ces années de travail dans la JEC. »

En 1960, Lorraine déménage à Murdochville pour être supérieure du groupe des religieuses et directrice de la section anglaise. On la dénomme la *sœur protestante*, car elle se fait la mère de tous les petits Anglais quelle que soit leur confessionnalité.

Cette fine ratoureuse de 77 ans a mille trucs dans son sac et ses compagnons d'éternité là où elle est rendue depuis le 27 décembre 1987, oui, ses compagnons d'éternité ont besoin de se bien tenir, s'ils ne veulent pas se faire attrapper par ses ruses et ses sortilèges.

Après ces trois dernières, le noviciat reste vide ! Quelques fragiles espoirs se présentent, très vite évanouis !

Au printemps de 1940, il y a bien encore un unique tout petit voile blanc ! Comme les voiliers dans la Baie qui tournent sous l'influence d'une souffle nouveau, le petit voile blanc a tourné aussi, a lentement pris une autre direction.

Et le noviciat est comme une maison abandonnée ! Plus de vie, plus de rires, plus de prières, plus de soupirs non plus !

Mais une petite espérance pointe à l'horizon !

Pour fêter les trois cents ans des Ursulines en Canada

L'année 1939 marquait le troisième centenaire de l'arrivée des Ursulines et des Hospitalières au Québec et cet anniversaire déclenche de grandes fêtes dans la capitale. Nos Mères de Gaspé, la Supérieure et l'assistante y sont invitées et s'y rendent voile baissé et c'est cela le grand événement ; à l'époque, il n'était pas question de voyage pour nous, surtout pas d'un voyage pour des fêtes, fût-ce des fêtes de centenaire...

Il en est deux venues d'Europe pour l'occasion. La Mère Marie-de-Saint-Jean-Martin, supérieure des Ursulines de l'Union Romaine qui se rend ensuite jusque chez nous. Elle nous expose sa vision de l'Église, du monde actuel, des Ursulines du monde entier, principalement de l'Union Romaine qui regroupe déjà la plupart des communautés d'Europe, d'Asie et des États-Unis. Nous ne songeons même pas à mordre à l'appât qu'elle nous tend...

La visiteuse des Augustines, le Mère Yvonne-aimée-de-Jésus, Supérieure-générale de Malestroit, est une femme auréolée d'une réputation de sainteté extraordinaire, une stigmatisée, dit-on. Elle vientà Gaspé voir ses sœurs et se rend nous visiter. Elle retournera en France de justessse avant que la guerre ne mine l'océan Atlantique et sera bien précieuse dans son pays pour sauver des soldats qu'elle cache dans son monastère.

À Gaspé, une centaine d'anciennes élèves se réunissent le 4 juin pour une amicale qui coïncide avec le 16e anniversaire de la consécration de Mgr Ross. Une réception centrée sur Marie-de-l'Incarnation, ses adieux au monde et à son fils, son départ pour le Canada, son action providentielle au début de la colonie.

Monseigneur a reçu comme cadeau des anciennes élèves une paire de burettes et une paire de sandales épiscopales, ce qui lui fait dire « qu'elles ont trouvé chaussure à son pied ! » Il ajoute que

> ce qu'il y a de plus divin dans le cœur de l'homme n'en sort jamais, faute de mots pour l'exprimer. L'enfant qui regarde sa mère avec des yeux noyés de tendresse, qui sans proférer aucune parole, ouvre sa bouche innocente à ses baisers, offre une œuvre de beauté que ni les délicats tableaux de Raphaël, ni les merveilleuses statues de Michel-Ange, ni les vers de Hugo ne peuvent égaler !

Il fait ensuite allusion à cette noble romaine à qui on demandait de montrer ses bijoux et qui présenta ses enfants en disant : *voilà mes bijoux !* « C'est dans ce sentiment aussi naturel à un père qu'à une mère, qu'à cette assistance distinguée qui nous honore aujourd'hui, je présente mes élèves, celles d'aujourd'hui et celles d'hier, en répétant ces simples mots : *voilà mes bijoux !* » Monseigneur termine par un hommage à Marie-de-l'Incarnation mieux connue et plus invoquée en Europe que chez nous. « Quels sont les Canadiens, même instruits, même après la publication des ouvrages de Dom Jamet, qui connaissent cette femme comme l'une des plus grandes mystiques dont s'honore l'Église, une mystique que Bossuet appelait « la Thérèse de l'Amérique ? »

EN PLEIN ESSOR

1940-196...

Une espèce de troisième étape pour le monastère

En effet, le 6 août 1940 un sursaut de vie réveille le noviciat avec l'arrivée de quatre postulantes, Clémence et Marthe Bernard de Maria, Thérèse Caron de Madeleine et Marguerite Lever de Marsoui, qui toutes les quatre sont encore à Gaspé pour fêter un jubilé d'or de profession religieuse en 1993.

Les deux premières n'avaient pas besoin d'être présentées comme les nièces d'Antoine Bernard pour gagner en prestige, elles avaient assez de talents et de valeur par elles-mêmes ! Qu'on en juge ! Clémence devenue Mère Marie-de-la-Trinité sera pendant longtemps professeur de musique et de français ; elle ira missionner à Saint-Siméon, à Amqui et à Matane pour terminer sa carrière comme *bergère* pendant vingt ans à la paroisse de Val-d'Espoir.

Et quelles sont les anciennes normaliennes qui n'ont pas connu et apprécié Marthe-de-Marie-de-la-Présentation comme professeur, maîtresse de division et directrice avant que celle-ci ne devienne supérieure du Monastère et Conseillère générale de l'Union Canadienne ?

Thérèse Caron héritera du nom de la fondatrice, Mère Sainte-Catherine-de-Sienne, et ce n'est pas peu dire de ce qu'on attend d'elle ! De nombreuses années maîtresse de division et professeur à l'Institut Familial et à l'École Normale, elle deviendra la cinquième et dernière *Principale* de l'École Normale, puisque le temps est venu où la formation des maîtres doit se faire à l'Université.

Marguerite Lever, la benjamine du groupe, n'a que seize ans lorsqu'elle entre en communauté ; elle choisit de s'appeler Sainte-Blandine à cause de sa grande sœur Blandine qu'elle adore, occupe diverses fonctions tout en continuant à étudier. Sa carrière se poursuit ensuite comme comptable de la Paroisse de Cap-D'Espoir.

En 1941, le bon vent de l'Esprit continue à souffler et amène deux belles recrues. Fière de son patron, Louis-de-Gonzague, Monique Minville de Grande-Vallée, au moins deux fois aussi illustre que son oncle Esdras, sera professeur à l'Institut Familial, au Collège de la Gaspésie et conseillère générale par après. Elle aussi fêtera ses cinquante ans de vie religieuse avec sa compagne Yvette Cellard en 1994.

Yvette, une quatrième nièce à mon oncle, celle de l'Abbé Bernardin Day, notre troisième principal de l'École Normale en l'honneur duquel elle porte le nom de Marie-Bernard. C'est notre cuisinière préférée et pourtant... à grand regret nous la laissons partir comme missionnaire au Pérou où elle œuvre depuis plus de trente ans.

Il y aurait tout un livre d'aventures à dire de cette Françoise qui nous arrive comme un rayon de joie en octobre 1942. Ce qu'on la trouve vieille avec ses vingt-cinq ans ! Pensionnaire chez nous dès l'âge de huit ans, elle y fait sa marque par son génie inventif et ses talents de comédienne. Un jour de contestation, ne l'a-t-on point vue, avec une compagne pas plus grosse qu'elle, pousser de toutes ses forces sur le Monastère pour le jeter dans la Baie ? Ne l'a-t-on point vue jouer à la muette au confessionnal et mystifier le confesseur ? Ne l'a-t-on point vue grimpée sur la dernière marche du grand escabeau pour travailler son violon, pour éviter les distractions, à son dire ? Qu'est-ce qu'elle ne pouvait pas inventer cette petite Langlois de Chandler ? Que d'éblouissantes aventures que sa maîtresse de division, Mère Sainte-Cécile, ne finissait pas d'enregistrer et que notre Françoise ne finissait pas d'inventer !

Or cette Françoise nous revient après un essai dans une communauté contemplative, met sur pied un cours commercial bilingue tout en embaumant notre maison de sa joie et de sa piété mariale. Cela lui prenait si peu de temps à mettre en place « charades à mourir de rire » à chanter la poule en s'accompagnant au piano ou à devenir pour quelques instants la « Reine Elizabeth ! » À soixante-neuf ans, beaucoup trop tôt pour nous, la couronne céleste de Mère Marie-de-l'Eucharistie étant achevée, Dieu vint la cueillir comme une riche moisson en ce début d'automne 1985.

En 1943, le trésor de l'année, c'est Roseline Fournier de Saint-Majorique déjà présentée dans le règlement et les quelques moyens dont elle pouvait le contourner. Elle n'a jamais perdu la perspicacité et la vitalité dont elle faisait preuve en 1935, même si elle s'appelle Marie-de-Jésus pour un bon bout de temps. Successivement professeur à l'École Normale, directrice des études du pensionnat, puis coordonnatrice de l'Enseignement à la Polyvalente de Forillon, elle continue toujours sa carrière comme économe des Ursulines de la région.

Un laps de trois ans avant que d'autres trésors ne nous rejoignent. Le 15 août 1946, voilà Jeannine Fournier de Grande-Vallée qui, peu de temps après être devenue Marie-de-Christ-Roi et un court stage d'enseignement dans nos écoles paroissiales, prend le chemin du Japon. Elle est toujours là depuis près de quarante ans, actuellement Supérieure à Sendai.

Tandis que sa compagne, Raymonde-de-Marie-Médiatrice-de-Saint-Maurice-de-l'Echourie reste missionner au pays comme maîtresse de division et professeur pendant au-delà de quarante ans. L'école primaire de Gaspé a été le dernier témoin de ses prouesses professorales. Ses *favoris* sont les pauvres, les éclopés de la vie... elle les encourage, les soutient, les instruit, les lave, les habille... en un mot, elle est une mère pour eux tous ! Présentement, elle vit une retraite de bénévolat illimité.

Celle qui suit dans l'ordre de préséance, c'est Médora Audet de Caplan, la souriante Agnès-de-Jésus. Elle a découvert dès le noviciat qu'elle serait plus heureuse dans les travaux ménagers que dans l'enseignement ; aussitôt, sans hésiter elle laisse la direction du pensionnat des garçons pour faire son apprentissage dans la grande cuisine. Elle n'a jamais regretté son coup, car qu'elle soit dans le jardin, au fourneau ou dans les écoles de Gascons ou de Murdochville et même à Chûte-aux-Outardes où elle se dévoue présentement, c'est toujours le même rayon de soleil et la même cueilleuse de framboises, de bleuets, de tout ce qui est petits fruits.

Elles étaient trois en 1947, mais seule Carmen Ahier-de-Marie-de-la-Paix est le « coureur qui se rend jusqu'au stade » comme dit saint Paul. Montréalaise de naissance, elle se fait toute à tous et devient gaspésienne pour « le meilleur et pour le pire ». Pas la moins grande, Carmen a une vocation de paix comme le veut son nom : paix pour ses élèves au Pensionnat et à l'école de Gascons, paix pour ses malades à l'Hôtel-Dieu de Gaspé, au Vieux Monstère de Québec et au Centre Hospitalier Monseigneur Ross. À notre maison des Buissonnets, sa mission continue !

L'année 1948 annonçait une très belle moisson. En fait, elles resteront trois après qu'Yvonne Bond aura bifurqué chez les Trappistines. Angélines Bourdages-de-Marie-de-Bon-Pasteur de Bonaventure œuvre au pensionnat et aux écoles de Saint-Siméon et Grande-Vallée avant de devenir responsable de la paroisse de Sainte-Thérèse-de-Gaspé où elle est vivement appréciée.

Marguerite Cotton-de-Saint-Jean-de-la-Croix de Rivière-au-Renard sera co-fondatrice de l'école de Saint-Siméon, puis maîtresse de division au Pensionnat avant de devenir directrice des études à l'école Saint-Paul de Murdochville, et enfin Provinciale des Ursulines de la province de Rimouski. Comme elle n'avait que seize ans lors de son entrée, il lui reste encore pas mal d'années de jeunesse et d'action.

Gertrude Minville-de-Marie-du-Saint-Esprit de Grande-Vallée est si ardente à l'étude et au travail qu'elle se spécialise en Écriture sainte et pastorale après des stages d'enseignement à Gascons, à Saint-Siméon et à l'Institut Familial. Elle travaillera par la suite à former des catéchètes pour les écoles primaires de la péninsule-nord et continue présentement ses activités pastorales à Rimouski.

On doit se rendre jusqu'en 1953 pour rencontrer de nouvelles professes qui prendront racine pour de bon ! Gisèle Bernier a grandi à Cap-des-Rosiers où l'environnement marin et le paysage grandiose ont contribué à lui façonner une âme d'artiste. Apte à tout faire, on la retrouve au Monastère sous le patronnage de saint Jacques. C'est une fine joueuse de tours qu'il fait bon avoir dans une communauté !

Deux de ce groupe venaient de Bonaventure, deux cachottières s'il en est ! Yvette Forest et Thérèse Maguire, deux amies intimes, entrent toutes deux au même noviciat en même temps et ne se confient leur secret que quinze jours avant l'événement, ce qui prouve que l'une n'a pas influencé l'autre ! L'humoristique Yvette deviendra Mère Sainte-Rose-de-Lima et enseignera à l'Institut Familial où elle avait fait ses études. Pour la rencontrer aujourd'hui, on doit se rendre au presbytère de Val-D'Espoir où elle assiste de mille manières la responsable de la paroisse. Quant à notre « petite Thérèse », la voilà devenue comptable à Lima au Pérou. Pas une ancienne élève de l'École Normale qui a connu Mère Saint-Jean comme maîtresse de division n'a oublié son ardeur, sa bonté, son dévouement, son sens de l'autre.

Jeannine Landry complète le quatuor sous le patronnage de saint Paul. Elle est de celle qui ont illustré le pensionnat des années quarante avec sa benjamine Marielle, ses amies Josette, Monique, Céline, Bernadette et Marthe, etc. ! Jeannine enseigne à Grande-Vallée, Saint-Siméon, dirige les études à Murdochville un certain temps, puis travaille ensuite dans les Services sociaux de Gaspé et actuellement complète sa carrière en œuvrant dans les archives de nos maisons.

En 1954, il y a la profession d'Electa Poirier de Saint-Siméon, qui après avoir « mis à la porte plusieurs cavaliers » choisit définitivement le Seigneur. Elle s'appelle désormais sœur Sainte-Marie, se dévoue à l'école de Gascons et à notre Monastère de Gaspé ; mais c'est à Murdochville qu'elle trouve l'occasion de se donner longtemps en allant porter la communion aux malades et en rendant de multiples services aux membres de la communauté.

En l'année 1955, Clémentine Ouellet de Mont-Saint-Pierre est la dernière de nos novices à faire sa profession à Gaspé. On la baptise Marie-de-la-Providence et on lui confie d'enseigner à l'Institut Familial. Active et débrouillarde en tous les métiers, elle ne chômera jamais. On finit par la demander à la plus grande maison de Rimouski où elle trouve présentement maintes occasions d'exercer ses dons d'organisatrice.

Ensuite, le noviciat de Gaspé est fermé ! Plus de noviciat chez nous !

Car 1955, c'est l'année de la formation de l'Union Canadienne des Ursulines décrétée depuis 1953.

Désormais, il y aura un noviciat à Rimouski un certain temps jusqu'au moment d'un noviciat unique à Québec. C'est ainsi que nos compagnes Rita et Angèle Gagné, Armande Poirier, Annoncia et Doris Bujold œuvrant actuellement avec nous à Gaspé, feront leur formation et leur profession à Rimouski. Il est à noter cependant qu'Angèle a voulu venir célébrer sa profession à Gaspé le 13 mars 1967 et nous faire revivre, le temps d'un jour, les joies et les émotions des oblations passées.

C'est ainsi aussi que des perles fines de Rimouski viendront prendre racines en Gaspésie, telle Marielle Gagnon arrivée en 1957, professeur émérite au primaire de notre maison et à Saint-Siméon et au secondaire anglais jusqu'en 1993, telle Gertrude Huet, professeur et directrice d'études avant d'assumer la fondation et la direction de l'Accueil Blanche Goulet de Gaspé, telle Lucille Santerre, qui s'est illustrée à Murdochville dans le domaine de l'enfance exceptionnelle, telle Noella Coulombe, professeur et supérieure à son heure, telles Gertrude Bernier, Monique Rioux, Jeannine Thériault, Brigitte Gagon, Denise Ouellet, etc. qui sont parties travailler ailleurs, ou en pastorale ou même jusqu'en pays de mission après avoir été longtemps avec nous.

Une page importante vient donc de se fermer pour le Monastère de Gaspé !

Elle ne se fermera pas avant qu'un hommage ne soit rendu à toutes celles qui sont venues travailler avec nous en donnant quelques années de leur vie à la recherche de Dieu, à l'étude de leur orientation de vie. Il s'agit de nos amies Rachel, Zita, Bella, Geneviève, Sylvia, Lorraine, Louise, Gisèle, Estelle, Jeannette,

Les quatre de 1940 sont au rendez-vous du jubilé d'or juin 1993 Clémence Barnard, Thérèse Caron, Marguerite Lever, Marthe Bernard

La poétesse M. Antoinette Roy

Jeannine Fournier, missionnaire au Japon

Margo Cotton, Lorraine Maloney, Médora Audet

Jacqueline, Bernadette, Guertie, Diane, Marie, Alexandrine, Carmelle, Lily, Nœlla, Yvonne et... combien d'autres !

Chacune a laissé dans notre histoire un souvenir qui lui fait une place unique !

De gauche à droite : Annoncia Bujold, Gertrude Huet, Rita Gagné, Jeannine L., Kathleen M., Lucille S., Simone V., Doris B., M.A. Vignola, Sylvia F., Roseline F., Clémentine O., Thérèse M.

De gauche à droite : Anita B., Germaine B., Alice O'Connor, Raymonde F., Electa P., Gisèle B., Carmen Ahier, M. Eugénie L., M.-Rose H.

Françoise

De gauche à droite Clémence B., Margo C., Germaine B., Laurette C., Jeannine T., Gisèle G., Jeannine L., Roseline F., Angéline B., Berthe B., M. Eug. L., Isabelle B., M.A. Vignola, Jeannine R., Armande P., Gertrude H., Marthe B., Marielle G., Kathleen, M. Rose, Yvette F., Alice O., Raymonde F., Monique M., Gisèle B., Yvette C.

La suprême envolée de notre père

Et seul sans son nid l'aigle
volera à travers le soleil[1] *!*

À la fin décembre 1941, notre évêque a quitté le Monastère pour « la maison verte » de la rue Jacques Cartier qui est promue évêché. Cette maison s'est allongée d'un appendice en arrière en attendant qu'une aile lui pousse au printemps. Monseigneur nous dit pour nous consoler : « Je pars, mais je ne m'en vais point ! »

En 1942, on se réjouit avec lui pour la Médaille d'or du Mérite scolaire qui échoit à ce comte romain, à ce Chevalier de la légion d'honneur. Depuis 1935, on le sait que son cœur est très malade, et voilà... !

À Québec, le 5 juillet 1945, vers 10h45, entouré de ses deux médecins, de l'aumônier de l'Hôtel-Dieu, de plusieurs

1. *Le prophète*, K. Gibran, p. 12.

Vous êtes ma couronne répétait-il à ses Ursulines lors de ses dernières années

Missionnaires du Christ-Roi, de son fidèle compagnon l'abbé Alphonse Miville, après avoir la veille reçu le sacrement des malades des mains de Mgr J. Omer Plante, évêque auxiliaire de Québec, dans une grande sérénité, François-Xavier Ross s'en va rencontrer son Créateur. Une dernière parole d'une voix claire : « Mon Dieu, je vous aime », une agonie d'une demi-heure et c'est fait !

À Gaspé, on entend peu après sonner quinze coups de cloche à la cathédrale et tous comprennent... « notre évêque est mort ! » Les clochers de la ville se mettent en branle et remplissent de leur musique le beau ciel de cette matinée de juillet.

Il avait 76 ans et deux mois. C'est avec crainte qu'on l'avait vu partir pour Québec, où il devait fêter le jubilé d'or sacerdotal d'un ami. Lui-même avait fêté le sien, l'année précédente, dans une apothéose d'amour que seul son Gaspé pouvait lui offrir.

Pendant près de 20 ans, Monseigneur repose dans notre cimetière...

Arrivé à Québec le 30 juin après trois jours d'un fatigant voyage, il avait pris chambre au Séminaire selon son habitude. Ses Missionnaires étudiantes infirmières à l'Hôtel-Dieu sont allées le visiter et ayant constaté son état l'ont fait transférer à l'Hôtel-Dieu le 2 juillet. On connaît la suite.

Après d'émouvantes funérailles dans sa cathédrale, il fut inhumé selon sa demande dans le cimetière des Ursulines où il demeurera jusqu'à ce que ce cimetière soit transféré dans celui de la ville.

> Le cortège funèbre du premier évêque de Gaspé escalade lentement la colline. Presque seul au sommet, attendant la foule pour la diriger, je contemple devant moi le cadre dans lequel il a évolué, les œuvres fruits de son labeur ; le port de Gaspé qu'il a tant contemplé, de l'autre côté de la rivière York, l'Hôtel-Dieu

de ses chères Hospitalières de Québec, au centre le pont Monseigneur Ross, le Séminaire diocésain, le couvent des Sœurs Missionnaires du Christ-Roi perdu dans la verdure, sa fondation priviliégée — peut-être — le siège social des Pêcheurs-Unis du Québec, symbole de nombreuses années de luttes couronnées d'un succès qui s'affermit, la crypte de la cathédrale, l'évêché, puis tout près, le Monastère des Ursulines, le centre de sa vie[2] !

La vie continue

Monseigneur Ross n'est plus là mais nous savons qu'il continue à veiller sur nous ! Et bientôt un autre évêque sera là. Et la vie continue ardente, bien remplie.

En ces années, le Monastère compte près de cinquante religieuses.

Septembre 1945 apporte comme un grand vent de prospérité. La paix est revenue dans notre monde occidental, des myriades d'élèves affluent chez nous de partout. Les jeunes religieuses doivent d'urgence sacrifier leur lit, chaise, bureau de chevet pour accomoder les arrivantes et pendant deux mois doivent coucher par terre sur leur châle d'hiver avec toutes leurs affaires dans une grosse boite de carton Kellog. Même pas de belles paillasses comme au temps des fêtes de Cartier !

La progression est constante avec les années, jusqu'à 440 élèves dans nos murs. Les deux dernières ailes de 1945 se remplissent à craquer. L'École Normale, l'Institut Familial et le Pensionnat ont leur quota. Ajoutez à cela une ribambelle de petits garçons pensionnaires, une option classique, un cours commercial qui bat son plein et vous aurez une idée de la vie bourdonnante qui remplit la maison.

2. Mgr F.X. Ross, Camille Lebel, Tract no 314, p. 1.

En 1945, l'Abbé Camille Lebel est nommé Principal de l'École Normale et aumônier des autres départements.

Cette même année, le petit journal *Brindilles* a pris naissance et bavasse à tous les vents les prouesses de nos quatre départements !

> Quelle heureuse idée que ce journal ! Vos présentes élèves sont plus fines que nous l'étions, plus réalisatrices, plus intéressantes pour le moins ! Elles disent suivre nos traces... que non, elles les dépassent ! Tous ceux qui posent des actes qui font violence à la paresse mentale ont mon admiration !

écrit Georgine Badeaux qui en 1924 a connu la vie et le bonheur de Baker's Lodge.

> Comme la majorité de mes compagnes je suis maîtresse d'école à quelques milles de chez nous. J'ai trente élèves de la première à la septième année. Rares sont les institutrices qui n'avoueront pas que cette profession exige beaucoup de sacrifices. Mais votre journal vient nous soutenir. J'ai joui du climat que je sens dans chacun des articles, je suis souvent avec vous, j'ai parfois de vraies nostalgies du couvent et votre journal va me garder en contact, merci, j'en suis heureuse !

signait Tessie (Thérèse Clapperton).

Ce « bavasseur » donne une idée des différents comités organisés dans les écoles, Comité des jeux, Comité des Gardiennes de la propreté, de la Ligue missionnaire étudiante, Comité de la Bonne Chanson, le Service des fêtes anniversaires, le Service du Sacré-Cœur, les Responsables du journal, l'équipe de la JEC, le Comité de l'École... Tout le monde est important !

NOS ÉCOLES ANNEXES

L'ÉCOLE MÉNAGÈRE
LE PENSIONNAT DES FILLES
LE PENSIONNAT DES GARÇONS

L'HUMBLE PETITE MÉNAGÈRE

Première étape 1924-39

Elle croissait lentement, à l'ombre de sa grande sœur, l'École Normale. Pendant quinze ans, la fusion est très intime : les normaliennes font de l'art ménager et conjointement avec leur préparation à l'enseignement, elles peuvent obtenir un diplôme d'économie domestique. C'est cela le statut de l'École ménagère de cette période.

Dès Baker'sLodge, nous raconte Kathleen, « nous avions des cours d'économie domestique par Mère Sainte-Angèle. En plus de maints conseils sur la tenue de la maison, le soin du linge, etc. nous avions, oui nous avions des cours théoriques d'art culinaire. Notre professeur nous dictait avec explication des recettes telles que *la tire veloutée, les pommes au four* et bien d'autres... Elle nous recommandait fortement de la essayer à la maison, puisque notre pensionnat-miniature ne nous permettait pas l'accès à la cuisine qui était située dans le *cloître*[1] ! »

---

1. *Revue d'Histoire de la Gaspésie*, n° 46, p. 153.

Il faut dire que Monseigneur Ross y tenait très fort à cette option ménagère. Il ira jusqu'à Roberval pour voir comment fonctionne ce genre d'école. Dans ses conférences, en toutes occasions, il prône la philosophie de la *femme au foyer*.

Est-ce opportun de citer à notre époque où tous les absolus sont devenus discutables, ce qui s'avérait très approprié pour les années trente... et conserverait peut-être encore une bonne part de vérité. « La femme a été destinée au foyer, et les œuvres du foyer et ses qualités distinctes le réclament ! » N'ayons pas peur de lui faire connaître les hauteurs auxquelles elle est appelée à monter ; ni les voies du sacrifice et du dévouement qui l'attendent dans la vie. C'est dans l'exercice de ces fortes vertus qu'elle trouvera le bonheur...

En fait, durant cette première étape, on visait surtout à apprendre aux jeunes filles à se contenter de peu, à faire fructifier ce qu'elles possédaient, à aimer ce qui était leur part dans la vie.

Deuxième étape 1939-44 : l'École Ménagère

L'humble petite ménagère grandit, les élèves se présentent plus nombreuses pour cette option, les programmes se perfectionnent, se structurent en deux orientations précises, l'une dite *familiale* pour les jeunes filles qui, après une sixième année ou encore après leurs études complètes, veulent apprendre l'art de bien gérer une maison, tandis que l'option *régulière* offre aux demoiselles la possibilité de parachever leurs études secondaires, tout en développant les techniques de l'entretien d'une maison et de l'éducation familiale.

Chez nous, la mentalité du peuple n'était pas faite aux études poursuivies dans ce domaine : « Les arts ménagers s'apprennent à la maison », disait-on, « auprès de la mère de famille » comme dans le temps ! Par conséquent, on reste longtemps sous l'impression que l'École Ménagère montre à coudre, à faire de la galette et à tisser. En conséquence, seule l'option familiale recueille quelques élèves durant cette deuxième étape. On trouve dans nos Annales une peinture de la vie quotidienne de cette période.« Nos élèves travaillent dans une grande salle pleine de soleil où s'harmonisent la chanson des fileuses au ronronnement des rouets. Au fond de la salle quatre métiers à tisser sur lesquels de futures tisserandes s'entraînent à passer les fils, à s'apprivoiser aux *lisses* aux *peues*, aux *lames* aux *ros* et à la *navette*, à se familiariser avec la trame et la chaîne etc. À la cuisine, quelle bonne popotte ! Il fait bon vivre là et nos élèves sont heureuses, épanouies[2] ! » C'est le témoignage qu'elles rendent aujourd'hui.

Les éducatrices Ursulines de ces années savent bien qu'on y donnait plus que des cours pratiques. Il y avait le *climat*. Il fallait vivre dans le milieu pour discerner ce mystérieux quelque chose qu'on y désignait comme climat. C'était un esprit imprégné du sens de la grandeur familiale, du culte de la féminité bien comprise, de la mystique de la maternité et de l'action éducative de la femme à la maison, à travers le souci du travail des mains, de l'application à l'ouvrage « bien faite » et le sens des responsabilités.

Mgr Albert Tessier, cet apôtre des Écoles ménagères, était déjà à l'œuvre et venait visiter nos apprenties. « Il faut viser à la formation par le dedans, plus lente, plus pénible, moins immédiatement consolante, mais tellement plus vraie, plus profonde, plus conforme à la pédagogie ! Le chant est un tonique, un stimulant, que le chant fasse partie du programme quotidien ! » Et il chantait, faisait chanter les vieilles chansons

2. AUG, 1943, p. 201.

à répétition, et à travers cela semait sa philosophie, ses marottes ! « Mes petites filles, si vous voulez garder votre mari plus tard, arrangez-vous pour que la soupe soit bonne ! » Allez donc comprendre cela !

Cet éveilleur de talents qui disait à Médard Bourgault : « continue, mon Médard, c'est beau ce que tu fais, un jour le reste du pays va s'en apercevoir, mais tu peux faire encore plus, fais en toujours plus de la beauté ! » Ne disait-il pas aussi à Félix Leclerc : « Félix, t'es un gros paresseux, travaille, t'es bourré de talents, t'es neuf, tu fais de quoi de beau, mais décide-toi à en faire plus, à nous montrer les richesses que tu as en dedans ! » Cet Albert Tessier, c'était une « bougie d'allumage » comme disait Claude Bruneau dans *Le Nouvelliste*.

À nos filles, il disait la grandeur de leur mission, le potentiel caché en elles. Aux compétences qu'il rencontrait, il commandait des livres pour hausser le niveau intellectuel de ses Écoles ménagères. Voilà qui ouvre la porte à la troisième étape.

Les Instituts Familiaux 1944-66

Anita-de-M-de-l'Annonciation, après trois ans d'études, revient de l'École Supérieure de pédagogie familiale d'Outremont pour prendre la direction de l'École ménagère ; des locaux neufs sont prêts, neuf demoiselles sont déjà inscrites au cours régulier, des manuels appropriés entrent peu à peu : voilà tout ce qu'il faut pour que notre école prenne sa place dans la longue liste des Instituts Familiaux qui sont devenus florissants entre 1948-60.

Le recrutement n'est pas de tout repos. Ces écoles préparent à la vie, mais ne rendent pas les jeunes filles capables de s'engager immédiatement sur le marché du travail, et à Gaspé plus que partout ailleurs, peut-être, on a besoin de gagner sa vie. Déjà en 1950-60, on pressentait le quasi-héroïsme de celles qui décidaient de suivre ce cours. Une évolution se fait et le nombre des élèves pour le cours régulier augmente. Celles-ci complètent leur secondaire dans un contexte spécial de pédagogie, psychologie, philosophie, etc. auquel s'ajoutent les travaux d'arts ménagers et différents stages... Une 13e année complète ce cours par un diplôme supérieur de pédagogie familiale. Nos professeurs se perfectionnent durant les vacances sous l'égide de personnages de marque, tels Gustave Thibon, Suzanne-Marie Durand, Claude Francis, Guy Boulizon, Marie-Paule Vinay, François Coudreau et bien d'autres.

L'Abbé Tessier guerroie sans cesse pour introduire un humanisme qui réponde à son idéal, il fait composer des manuels adaptés à la mentalité canadienne par des spécialistes, tels Claude Francis en littérature, M. Delorme en chimie, M.P. Vinays en psychologie, l'Abbé R. Llewellyn en spiritualité féminine. Lui-même, il se charge des manuels de l'Histoire du Canada, *Neuve-France*, *Québec-Canada*, etc. Avec humour, il répète souvent : « Il faut des principes, mais les principes, il faut les mettre à terre pour voir s'ils marchent ! » Il réussit à rendre plus respirable l'atmosphère des pensionnats, à y mettre plus de chaleur, plus de couleur. Il ose même s'attaquer aux uniformes noirs, aux bas noirs et recommande les frisettes. « Habituez vos filles au sérieux-joyeux, qu'il ne faut pas confondre avec la légèreté ; qu'elles aient le souci, la fierté d'exécuter à la perfection les choses simples, les choses de tous les jours ! » En un mot, il prône une approche moderne de la vie qui marque les Instituts familiaux et par une osmose bienfaisante influence aussi nos autres départements.

Ces écoles font l'admiration des étrangers qui les visitent : « On aimerait qu'en France, il y eut des écoles de préparation à la vie familiale analogues à ces Instituts Familiaux qui couvrent aujourd'hui le Canada français[3] ! »

Et la journaliste américaine bien connue Dorothy Day écrivait : « J'espère revenir au Canada dans ces écoles pour apprendre la français et le tissage. Je projette que mes petites-filles puissent venir étudier dans ces écoles qui préparent véritablement pour la vie. *Such education restores in the world the dignity of work*[4] *!* »

« À l'École du bonheur, les apprenties-madames apprennent essentiellement sept choses ; elles apprennent à devenir en une seule, sept espèces de femmes qui sont les suivantes : la ménagère, l'infirmière, la maîtresse de maison, la femme élégante, la citoyenne, la mère et l'épouse, en un mot la femme parfaite dont parle l'Ancien Testament[5] ! »

Gustave Thibon manifeste sa pensée sans ambages : « Si je prends la liberté d'apporter mon témoignage sur la valeur de l'enseignement ménager, c'est que je crois, sans paradoxe, qu'il faut peut-être plus de vraie philosophie, j'entends de sagesse vécue, incarnée, pour être un bon professeur d'enseignement ménager que pour enseigner la philosophie ! »

En effet, la réussite dépend de l'*intelligence* qui guide la main et de l'*amour* qui l'applique au travail. Il est toujours plus facile à l'intelligence de tourner en rond autour d'elle-même que de s'incarner dans les choses. Les besognes ménagères ont cet avantage d'être sans cesse contrôlées par leurs propres résultats. Une philosophie absurde, une littérature extravagante peuvent longtemps faire illusion, mais un plat brûlé ou insipide, un vêtement mal coupé révèlent aussitôt l'ineptie de leur auteur.

---

3. Dauphin MEUNIER, *Études américaines*, cahier 34, p. 1952.
4. Une telle éducation restaure dans le monde la dignité du travail.
5. Raymond CARTIER dans *Paris-Match*, 1950.

Les États-Unis ne restent pas indifférents. Un article de Robert Evans paru dans *Coronet*, revue qui tirait jusqu'à deux millions d'exemplaires et rejoignait plus de neuf millions d'américains présentait comme une *œuvre admirable*, une *formule éducative idéale* cet enseignement dans la province de Québec. Cette publication fut une révélation. Des lettres de vingt-deux États des U.S.A., de l'Ontario, de la Colombie-Britannique et même de l'Afrique du Sud demandent des renseignements ; plusieurs jeunes filles sollicitent leur admission dans nos écoles, « your fascinating school, the perfect school », etc.[6] !

Marcel Clément disait que c'est seulement dans les Instituts familiaux qu'il avait été interrogé sur les possibilités d'un existentialisme chrétien et cela au milieu d'une exposition de couture que n'auraient pas désavouée les grands maîtres de la haute couture.

L'histoire de l'Institut familial de Gaspé méritait une sorte de survivance, lui qui a joué sa partie dans la symphonie des Ursulines de Gaspé. Son heure définitive a sonné en 1966 alors que les classes ont été intégrées à l'École secondaire du temps, et les locaux cédés à la Commission scolaire de la ville.

Il reste toujours émouvant dans sa simplicité le chant de l'école, ce naïf chant à la Vierge :

Ô Mère aimable
Sois notre guide en la maison
Fais croître en nous, femme admirable,
De tes vertus la floraison ! Ô Mère aimable !

Comme une abeille
Trouvant son miel au sein des fleurs
La foi découvre une merveille
Dans le plus humble des labeurs ! Comme une abeille !

6. Gérard Blais, *Les instituts familiaux*, 1962, p. 40.

On est de tous les métiers

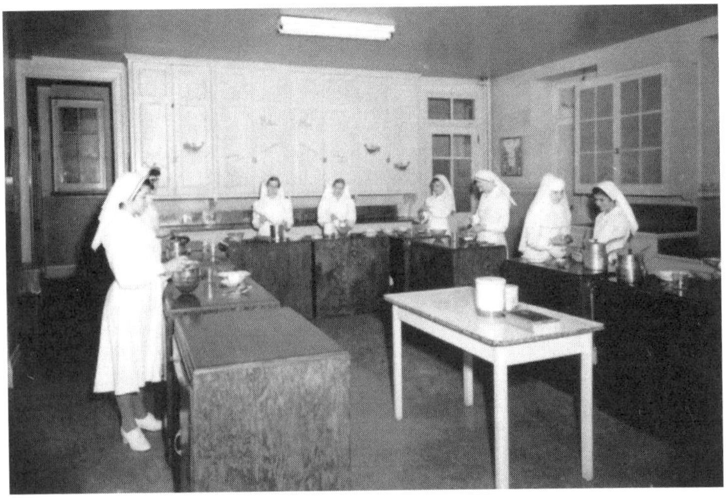

Un grand art que l'art culinaire !

Le chant est un tonique, un stimulant !

À la recherche de la couture parfaite

Les étoiles de 1945 : T. Doucet de Nouvelle-Écosse, T. Labbé de Rimouski, R. Villeneuve de Sainte-Rose-du-Nord, L. Doucet de Digby, Nouvelle-Écosse

On fête la Sainte-Catherine

Au stage de puériculture avec Kathleen Maloney

Érigé sur le flanc de la colline Albert, le couvent des Ursulines domine la baie de Gaspé. Les terrains de jeu et les grands parterres de cette maison d'enseignement permettent aux élèves de jouir d'une vue panoramique sans égale

Le grand dortoir

Le pensionnat du temps

En furetant dans les *Brindilles*, on fait la rencontre de trois normaliennes, Sylvia, Julienne et Jacqueline des années cinquante qui nous présentent le pensionnat.

> Si par hasard, vous êtes en haut de l'escalier de l'École Normale, à 9 heures un matin de semaine, prêtez l'oreille... N'entendez-vous pas chanter délicieusement *divin cœur de Jésus...* ? C'est l'offrande de la journée chantée sur une mélodie grégorienne par de petites voix pures et frêles. Descendez quelques marches et vous apercevrez des salles du pensionnat aménagées dans les anciennes chapelles. Le local des fillettes de 6e année est là où se trouvait la sacristie. Celles de 8e année sont dans la chapelle de l'École normale, et les plus petites ont hérité de la chapelle des Mères.
>
> Elles sont nos petites sœurs, celles qui se préparent à nous remplacer... plus tard ! On ne les connaît pas beaucoup, juste quelques étoiles qu'on a vues évoluer sur le théâtre. À la dernière séance, les Lucille, les Claire, les Charlotte, les Rita, les Claudette et compagnie s'étaient métamorphosées en poupées mécaniques pour chanter et danser et croyez-nous, Walt Disney lui-même n'a jamais fait rien de plus adorable !

L'aménagement décrit plus haut était temporaire, en attendant que l'aile destinée au pensionnat termine sa croissance. En 1948, c'est tout le premier étage de l'aile neuve que le pensionnat occupe et ce n'est pas trop grand. La population de Gaspé augmente, l'option classique attire une nouvelle clientèle, un pensionnat de garçons s'est ajouté, et il ne faut pas les oublier, bien des *pauvres du bon Dieu* trouvent place chez nous, auprès de nos bien nantis.

Ces pauvres de la vie viennent de milieux variés. De bonnes âmes les découvrent et nous les amènent ; le Service Social du temps place ici des abandonnés pour une certaine période, en attendant de leur trouver un foyer stable ; des parents écrivent leur misère, ils téléphonent, certains nous envoient leurs enfants, sans crier gare, comme cette Mary Ann qui nous arrive sans trompette ni bagage.

Mary Ann, qui passera chez nous plus de dix ans, était un cadeau-surprise ! Elle nous arrivait à 22h30 un beau soir de juillet 1946. À cette heure-là, dans un cloître, toutes les portes sont fermées à double tour, les lampes sont éteintes surtout si on est en pleine grande retraite. Il ne restait donc qu'une lumière, celle du bureau du prédicateur, le bon Père Bourassa, s.j., qu'une porte accessible, celle de l'aumônerie. C'est par là qu'elle est entrée !

Le Père Bourassa, un peu éberlué, questionne sans rien apprendre, réussit à apprivoiser quelque peu la petite, la couche dans son lit ; lui, il couchera sur le petit sofa du bureau... et attend au matin pour nous communiquer la nouvelle.

Un taxi avait été chargé de la conduire « dans le couvent de Gaspé » selon l'expression donnée. Elle avait huit ans, ne comprenait que l'anglais, avait pour nom Mary Ann et pour bagage la robe d'indienne qu'elle avait sur le dos. C'est tout juste si elle ne tombait pas du ciel ! En fait, nous finirons par apprendre qu'elle venait de... X.

À en juger par ses réactions de petite bête appeurée et son peu de développement, elle avait vécu cachée depuis sa naissance. C'est un petit oiseau sans nid, il nous faut le garder, car où la retournerions-nous, l'envoyeur n'a pas mis d'adresse. Elle a tout à apprendre et la communication est loin d'être facile à cause de la langue. Nos anglaises Kathleen et Lorraine feront le premier défrichage !

Avec du temps, beaucoup d'exercices et force gestes et mimiques de toute la communauté, la petite apprend à marcher comme il faut, à manger convenablement, à tenir une balle dans ses mains, à se moucher, à se balancer dans une balançoire et même à dire quelques mots de français. Elle apprend bien car elle est douée. On l'habille, on lui confectionne une robe, deux robes, des jupons, un petit manteau, on la pourvoit du nécessaire et l'on attend... d'autres développements.

Ils ne viennent pas ! On s'informe à sa paroisse qui nous fait parvenir un extrait de baptême... et le reste, on le devine !

Quand Mary Ann saura écrire, elle en fera des lettres et des lettres à une pseudo-sœur (sa mère) à Montréal, lettres qui ne partent pas bien sûr, parce qu'on n'a pas d'adresse, pas même de vrai nom ; elle fera aussi beaucoup de commandes chez Eaton, commandes qui ne partiront pas non plus, mais qui lui sont un passe-temps favori durant ses premières vacances et un bon exercice pour perfectionner son écriture. Lors de sa deuxième année chez nous, elle écrit à son amie Kathleen devenue étudiante à Montréal, et jugez de ses progrès :

> Où est-ce que vous êtes donc ? Cela vous prend donc du temps à revenir ! J'ai reçu votre lettre et l'image des petits moutons blancs. Moi, des fois, je suis comme le petit mouton qui déserte en bas de la page.
>
> Que je pense à vous, Mère, pas seulement quand je mets ma jupe verte ! Là, je suis en 2e année en arithmétique et j'ai gagné un

petit chien en vitre au bingo. Ma poupée vient d'avoir un accident. J'ai beaucoup pleuré, il y a quelque chose qui lui branle dans la tête ; elle va peut-être être morte quand vous reviendrez. Je pense à vous quand je regarde mes mitaines. Je veux pas que le Père Bourassa meure en Chine, je prie pour lui et je fais attention pour pas salir mes tabliers. Je vous aime et je dis dans ma langue à moi, I love you. Mary Ann. »

Après ses études, notre petite fille est partie pour Montréal où elle travaille toujours. Une fois mariée, elle est revenue nous voir, toujours bien reconnaissante de son enfance au Monastère.

Elles sont de toutes les couleurs et de toutes les langues les histoires de nos petites pensionnaires durant ces nombreuses années ! « Oh, Mother Superior », dit Shirley à travers ses larmes, « Business parti ! » et les bras s'élèvent dans un grand geste pathétique vers le ciel ! Il s'agit de l'écureuil que Marie a apporté en cadeau à Mère Marie-de-l'Eucharistie. Celle-ci a enfermé le précieux cadeau en sécurité dans une chambre de toilette pas fréquentée ; mais, hélas, quelqu'un est allé là et a oublié de refermer un certain banc ce qui fait que le pauvre petit grimpeur s'est noyé, vous devinez où... Et voilà la cause de la consternation générale de ce matin de pensionnat !

On ne fait pas rentrer que les écureuils en ce pensionnat. Pour vivre au contact de la nature, il faut des arbres selon la philosophie de notre Marie qui vient clandestinement de planter un arbre dans le coin de sa cellule.

Pour laisser à la petite la joie de posséder son arbre quelques jours, la maîtresse de division, Margo Cotton, fait semblant de ne pas le voir, mais le moment vient où il faut faire sortir cet intrus du dortoir des petites. Et c'est ainsi qu'on apprend la vie et les dépouillements qu'elle apporte et la succession de consensus douloureux qu'il faut faire parfois !

L'histoire des femmes en politique, il faut l'admettre, a commencé dans notre Pensionnat ! Et c'est là aussi que naissent les artistes. Voyez !

C'est cette Marie, si longtemps chez nous, qui instaure au Pensionnat le jeu du Parlement. On n'est pas fille de parlementaire pour rien ! Grâce à cette ministre en jupons, des lois s'élaborent, se discutent, s'établissent dans une Assemblée nationale haut calibre installée en permanence dans un coin de la salle de recréation du Pensionnat !

Et c'est là que grandissent aussi des « leaders » comme Suzanne qui organise une grève de la faim, pour ensuite sortir de l'armoire les cruchons reçus de chez elle et prendre un bon repas au nez des compagnes stoïquement engagées dans l'héroïque grève. Grandissent aussi chez nous de futures « intellectuelles » comme Ann qui, à huit ans, fait ses délices de la lecture de la vie des saints Martyrs canadiens. Et que dire de nos ascètes ou

« futures saintes » comme Monique qui jeûne une fois la semaine pour expier de nombreux manquements au silence, des entêtements ou des courses effrénées dans le corridor ? Quant aux « mordues de la scène, ces futures superstars », une bonne majorité, on pouvait obtenir d'elles les plus grands sacrifices comme se tenir tranquille ou travailler très fort, et cela grâce à la perspective d'un « rôle » dans la prochaine représentation théâtrale.

Mais la grosse majorité de nos trésors était faite de « charmantes » telles Marielle, Josette, Rita, Blanche, et tant d'autres qui tentaient de nous enjoler pour arriver à leurs fins, tant futures femmes que déjà elles étaient ! Et n'oublions pas les « raisonnables » comme Denise, Majorie, Betty, Lucie, etc. qui faisaient la majorité du Pensionnat. Oui, durant tant d'années, il y eut vraiment des milliers et des milliers d'adorables « bijoux » dans nos murs !

Nos petits garçons du pensionnat

À partir de l'automne 1954, il y eut une trentaine de petits gaçons pensionnaires, tous plus charmants les uns que les autres.

Personne chez nous n'a oublié petit Pierre M., qui à cinq ans était déjà philosophe. Avec sérieux, il suivait les cours de première année et s'en allait ensuite à l'infirmerie où logeait sa cadette de trois ans pour lui enseigner ce qu'il venait d'apprendre. Ce fut toute une surprise quand on découvrit que la petite Marie savait ses prières, son catéchisme et pouvait lire aussi bien que Messire Pierre.

Une autre année, c'était Marc, le petit qui avait encore besoin de sa maman et qui ne dormait plus. Un enfant de cinq ans qui à 23 h ne dort pas encore, c'est poignant ! Raymonde Francœur, sa maîtresse, surveillait les choses de loin, puis un soir, elle se décide en dépit de nos austères traditions et s'en va border l'enfant et lui mettre un baiser sur le front. Aussitôt, le petit s'est endormi ! Et tous les soirs suivants, il s'est endormi avec... son baiser !

À la chapelle, Donald a bien chaud et glisse à l'oreille de Mère :

« Mère, j'ai assez chaud ! »

« Dites au petit Jésus que vous l'aimez gros, gros », suggère Mère.

Donald se recueille un instant et prie.

« Mère », dit-il ensuite, « j'ai aussi chaud qu'avant ! »

On le voit ici sur la marche du poulailler qui trouve de l'amour auprès d'une nouvelle amie !

Charles, lui, est bien tenace. Il finit par obtenir de servir la messe à son tour. Sa liturgie est très spéciale, les gestes du prêtre deviennent siens, les « dominus vobiscum » le ravissent. Il joint doucement les mains et murmure *biscum, tuo* ! À l'offertoire, il est touchant avec ses menottes levées comme le prêtre en geste d'offrande. Dans son manuel de Croisillon, il lit sa messe, a, e, i, u, l... les seules lettres qu'il connaît. Il voudrait bien communier, « quand est-ce que je vais y aller bongueinne ? » Notre liturgiste miniature assaisonne « d'ora pro nobis », la finale de toutes les prières qui se disent !

“Nos Garçons, ils ont bien fait cela ! » confie-t-il en connaisseur à Mère, au sujet de Gilles, 12 ans, et Vincent, 10 ans, qui viennent de servir la messe à leur tour.

Et ce n'est pas uniquement le service d'autel que notre Charles remarque, « Hum ! Ce qu'il y en a des belles filles ici ! » dit-il en voyant passer les grandes de l'Institut Familial.

Si les plus petits sont les plus charmants, les plus grands ne sont pas moins intéressants. Déjà le futur avocat perce en Gilles, ce fin causeur qui sait si bien charmer les plus petits par le récit des nombreux voyages et aventures qu'il avait vécus en compagnie de Tintin.

On pouvait aussi déceller déjà les futurs hommes d'affaires : petit Jean ne voyait pas du tout la nécessité de travailler très fort dans ses études, « les premières places, qu'est-ce que cela donne ? » Lui, il apprenait la même chose à la queue que s'il avait été à la tête.

Un jeune de 12 ans, A. A., nous arrive d'un autre pensionnat. En garçon honnête, il vient informer sa maîtresse qu'il mouille son lit et demande un endroit où il pourrait se mettre le matin pour laver ses draps, il est entraîné à le faire. La maîtresse répond de ne pas s'en faire, qu'il n'est pas le premier à qui cela arrive et lui indique où placer ses draps si nécessaire, l'assurant qu'ils seraient lavés sans problème. Eh ! bien, le croiriez-vous ? Il n'a pas mouillé ses draps de l'année. Ce qu'une atmosphère de confiance peut faire !

D'autres qu'on n'oublie pas... ces trois petits frères qui nous arrivaient au lendemain des funérailles de leur maman ! Comment ne pas entourer de compréhension et d'amour ces êtres déjà marqués par les épreuves de la vie tout en leur aidant à grandir à travers cela !

Un pensionnat de petits garçons, cela signifie beaucoup de bas à repriser parfois jusqu'à 23 heures pour les jeunes maîtresses de division qui s'étaient levées à 4h45. Mais cela, c'est une chose qui s'oublie vite !

APRÈS VINGT-CINQ ANS ON FÊTE !

25e ANNIVERSAIRE 1924-49

Ô MA CHÈRE MAISON
(air : « Ô ma chère Maison », Jacques Dalcroze)

-1-
Ô ma chère maison
Si jeune et si belle
Ton âme recèle
Hymnes, cantiques et chansons.
Les yeux dans l'azur, dominant la plaine,
Tu vis à plein cœur, chante à voix pleine
Les flots, les monts, le ciel, voilà ton horizon !
Ô ma chère maison
Toi qui m'abrites,
Dans la paix, tu gîtes,
Ô ma chère maison !

-2-
Ô petit nid discret
Parfumé de roses
Tes prunelles closes
Dérobent de bien doux secrets !
L'« Ecce quam bonum » des sœurs et des mères
Survit à la mort, fleurit la prière,

Du soleil de l'amour, c'est le plus chaud rayon
Ô ma chère maison,
Mon nid, mon gîte
La tendresse habite
En toi, chère maison !

-3-

Ô « chez-nous » tant aimé
Aux yeux de lumière,
Qui désire, espère
Être une flamme et t'élancer !
Être un phare clair, balayer les ombres,
Radieuse voie où plus rien n'encombre
Inviter à monter, en toute nuit briller
Ô « chez-nous » tant aimé
Mon nid, mon gîte
La ferveur t'habite
Ô « chez-nous » tant aimé !

-4-

Ô ma chère maison
D'année en année,
Bien des maisonnées
Défilent à ton horizon !
Venez chers enfants de la Gaspésie,
Mon cœur bat pour vous, mes forces, ma vie
Sans chercher de retour, je vous en fais le don
Ô ma chère maison
Mon nid, mon gîte
Grands rêves t'habitent
Ô ma chère maison !

Les vingt-cinq ans qu'on fête !

1924-1949 : vingt-cinq ans ! Jubilé d'argent de la Fondation Ursuline en terre de Cartier. Des manifestations inoubliables soulignent en l'intimité du cloître cette première étape de la vie et de l'apostolat de notre Monastère auprès de la jeunesse féminine de la Gaspésie.

1924 ! Depuis cette aube d'espérance, notre bien-aimé Père-Fondateur, son Ex. Mgr F. X. Ross, et notre chère Mère-Fondatrice, Mère Sainte-Catherine-de-Sienne, ont quitté les rives gaspésiennes pour l'éternelle rive.

1949 ! Mais quelle force pourrait briser les liens de tendre et respectueuse reconnaissance qui unissent à leurs parents les cœurs des enfants bien nés ? Les deux chers disparus participent donc à l'allégresse de la fête, bien mieux, ils en sont ! Avec nous, ils jubilent pour les merveilles que le Seigneur fit pour nous ! Ils chantent à l'unisson de nos voix le *Magnificat* de l'action de grâce et le *Te Deum* de la louange.

La célébration se déroule dans le rayonnement de la glorieuse Assomption de Marie, Vierge titulaire de notre « chère maison ! » Aucun commentaire ne saurait évoquer, avec autant de relief, la note et la couleur de ces festivités que les documents en vers qui nous ont été conservés.

BAGATELLE DE NOCES
(air : « C'est la jeunesse »)

-1-
Pourquoi tout ce beau tremblement
Chez les mères, chez les enfants, ce sont les noces !
C'est notre jubilé d'argent
À Gaspé depuis vingt-cinq ans, vivent les noces !
Même désir est en nos cœurs,
Danser la ronde du bonheur, faire la noce
Congé papal est accordé
Pour la durée du jubilé, filons les noces

-2-
Des Buissonnets, tous les sapins
Ont des souvenirs à pleine main, ils font les noces !
Les balançoires disent : « Venez »,
Mais venez donc vous balancer, pendant les noces !
Lectures, chansons d'autrefois
Dans la fraîcheur de mon sous-bois, sont de la noce,
La source aux notes de cristal
Vous donnera son récital, pendant les noces !

-3-
Tous les champs mûrissent l'espoir
Les blés dans la brise du soir, parlent des noces,
De loin leur répond le jardin
« Pour manger avec du bon pain, pendant les noces
J'ai des p'tits choux, des gros radis
Peut-être bien des salsifis, car c'est la noce ! »
Avec S. Véronique souvent
Je pense à ma Sr. Saint-Laurent, elle est aux noces !

Cette *Bagatelle de Noces* contient plus de 35 couplets qui défilent notre histoire et s'échelonnent tout au long de la fête du souvenir. Ce jubilé d'un bout à l'autre est un festival de chansons axées sur le vécu du Monastère. Plus de sept poétesses donnent le jour à des poèmes, chefs-d'œuvre éloquents, priants, amusants parfois, selon que les événements de notre Maison le suggéraient.

Monseigneur Ross, présent à notre fête, nous redit son amour :

Rappelle-toi, mon petit Monastère,
Que de mon cœur, je te fis naître un jour !
Rappelle-toi combien je te fus Père,
Veillant sur toi d'un fort et tendre amour !
Tu fus mon riche espoir, ma « joie et ma couronne »
Pour toi, je reste encore le Père qui se donne !
Enfant, rappelle-toi
Qui t'aima plus que moi ?
Rappelle-toi !

Mère Sainte-Catherine, toujours là comme elle l'a promis, chante aussi :

Rappelez-vous, Ô mes Filles très chères,
Combien mon cœur battait avec entrain
Quand nos deux mains, dans la vivante terre,
Faisaient germer les moissons de demain !
Ô mes chères Enfants, j'aime la symphonie
De vos cœurs jubilants et de vos voix unies...
Enfants, rappelez-vous
Que je suis avec vous !
Rappelez-vous !

Ce jubilé célébré dans l'intimité de notre cloître au cours de l'été 1949 étend ses rayons aussi haut que dans le ciel pour rejoindre nos fondateurs et aussi étendus que toute l'année suivante pour rejoindre nos élèves, les nouvelles et les anciennes.

Le 19 février 1950, une lettre de la secrétaire du Comité du Jubilé, Jeannine Landry, alors étudiante, est adressée à chacune des chères petites sœurs des vingt-cinq premières années :

« Venez », disait-on, « venez fêter avec nous ces années de vie intense en votre *alma mater* ! La chère Maison voudrait réunir dans son cœur, toutes les enfants qui ont fait chanter ses murs et se déployer ses ailes ! »

Et elles arrivent nombreuses, radieuses ce matin du 4 juin 1950 pour goûter le passé qui revit, contempler le présent radieux, ouvrir le cœur à l'avenir prometteur ! Ce vieux passé qui dormait paisiblement dans la mémoire revit soudain transfiguré par les joies anciennes, ces petites choses de peu d'importance pour l'âme adulte mais si douces pour les jeunes. Retrouver sur des figures qui ont vieilli et changé l'expression d'autrefois renaissant comme malgré elle en éprouvant l'influence du milieu de jadis ! Pas un corridor, pas une salle et surtout pas une Mère ni une ancienne compagne qui n'ait son image gravée quelque part au plus profond de l'être ! L'âme du Monastère glisse entre l'hier qui parle de foi, l'aujourd'hui qui enveloppe d'amour et le demain qui fait chanter l'espérance. Pour raconter cela, le théâtre du Monastère s'habille d'Histoire.

HIER... AUJOURD'HUI... DEMAIN !

Au sommet d'une colline
Après 25 ans,
Une symphonie à trois temps,
Des goutelettes d'argent.. comme on en voit trembler
Au bout des « Brindilles » et des rameaux fleuris !

Nos écoles annexes

À l'arrière-plan, le Passé revit,
Dans un lointain de soleil couchant
Plein de clartés,
Et de lueurs d'étoiles qui s'accrochent à son front !
Il est beau !
Beau parce qu'il a grandi dans la foi
Et que la Vierge de l'Assomption
Fut gardienne de son berceau !
À l'arrière-plan, le Passé revit !

Au centre, un peu à gauche, le Présent vit,
C'est la jeunesse d'aujourd'hui
Enveloppé d'aurore et d'étincelles,
De la belle vie
Et des premiers battements
Des ailes nouvelles ! Oh ! qu'il est beau
Parce que l'amour
Tisse la trame de ses jours !
Regardez bien le Présent qui vit... et qui sourit !

Au premier-plan, c'est l'avenir,
C'est la « petite espérance »,
La verte semence,
Pour laquelle chaque matin,
On recommence
Et qui fera bénir
Demain
Cette Maison de Providence
Qui dispense
À pleines mains,
La sagesse et le bon pain !

Poème-prélude d'une émouvante fresque des vingt-cinq ans passés !

Les anciennes rendent leurs hommages

Chères petites sœurs, nos bonheurs conjugués font de la fête d'aujourd'hui une oasis de joie qui recueille les échos de 25 ans, une heure toute claire qui baigne d'une même lumière vos vies qui commencent et nos vies qui se donnent, un jour de vivant soleil qui jette en nos cœurs rapprochés, des rayons plus chauds et plus forts.

Sans avion, sans auto, rien que par les rapides battements de nos cœurs, revenons vers le passé pour lequel nous avons gardé un cœur d'enfant, résurrection de ce qui a eu lieu pour servir à la vigueur de ce qui continue. Rappelons ceux qui sont partis sans disparaître jamais de nos tendresses reconnaissantes. Rappelons l'illustre Fondateur de cette maison et sa grande délicatesse ! Nous n'avons pas oublié les magnifiques classes d'instruction religieuse, de philosophie, de psychologie où dans la chaire professorale nous voyions briller la croix pectorale. Toute éducation, nous répétait-il, est un sacerdoce ! Vous goûterez combien la vie est belle quand elle n'est pas à soi, nous répétait-il !

Lors d'une leçon-modèle où l'institutrice en herbe avait parlé des coutumes et du language des anciens canadiens, Monseigneur était descendu à son bureau chercher le *Glossaire du Parler Français* pour fournir à la maîtresse du jour l'origine des vieux mots que son exposé avait réveillés. Et la vieille *brimballe* avec toute la saveur de ses sources angevines éveilla chez l'élève une saveur plus douce encore. Comment oublier cela ?

Dans une visite à l'École Ménagère en 1940, Monseigneur s'était assis au métier pour apprendre à la petite tisserande du jour « qu'il faut passer la navette énergiquement ! J'ai souvent tissé avec ma mère, et je m'en souviens encore », disait-il.

Et nos pique-niques de fin d'année, lorsqu'il venait bénir notre table aux Buissonnets et s'amuser de nous voir déguster avec un jeune appétit doublé de joie, les bons goûters que nos Mères nous avaient préparés.

Cette étudiante des années trente rappelle ensuite l'incomparable Mère Sainte-Catherine, âme et cœur de cette maison et exprime la filiale gratitude des élèves d'hier et d'aujourd'hui. Les enseignements de cette grande dame ont laissé des traces profondes dans nos âmes ; son seul souvenir réveille l'enthousiasme que chacune de ses visites semaient en nous. Ô Mère qui avait dit : « je serai toujours avec vous », nous vous en prions, soyez toujours avec nous !

Pour les religieuses présentes, les mots sont touchants. « Bien-aimées Mères, Saint-Exupéry a fait dire à son petit Prince que les grandes personnes ne comprennent rien à ce que sentent les enfants. Pourtant, chères Mères, comme vous avez su comprendre nos quinze ans ! »

> [...] Une légende raconte qu'on réussit un jour à renfermer un rayon de soleil dans un des piliers de la cathédrale de Cordoue. Aux jours sombres de pluie ou quand la nuit enveloppait tout de ses voiles, le pilier magique continuait d'étinceler et répandait

autour de lui, sur les splendeurs de l'édifice, des rayons d'or et de pourpre. Tous les rayons de soleil que vous avez versés sur nous, nous les avons pieusement enfermés dans les piliers de notre temple intime. Aux jours sombres, aux moments de luttes, d'épreuves, de souffrance inhérentes à toute vie humaine, des rayons jaillissent en clartés bienfaisantes, en étincelles de chaleur, en grâces de force... Mères bien-aimées, Merci ! Pour hier, pour aujourd'hui et pour demain, Merci !

Une bourse de 815 $ accompagne la gerbe de fleurs offerte aux Mères et des chants, toujours des chants... partout des chants !

(Air : « Au fond des campagnes »)

Un jour sur la colline
Décorant l'horizon
Un « voilier d'Ursulines »
Ouvrit une maison...
Oh ! sur la montagne
Qu'il fait bon (ter)
Qu'il fait bon voler !

Bientôt, de tout plumage
Vinrent gentils oiseaux !
Chacun dans son langage
Parlait de son « berceau »
Oh ! sur la montagne
Qu'il fait bon (ter)
Qu'il fait bon voler !

Des blondes et des brunes
Partageaient leur bonheur
Au soleil, à la lune,
Riant de tout leur cœur !

À l'École normale
Qu'il fait bon (ter)
Qu'il fait bon rester !

(Air : « C'est la jeunesse »)

Qui donc remplit de sa chanson
Les « Buissonnets » et la maison ?
C'est la jeunesse !
Qui court de la cave au grenier
En gazouillant à plein palier ?
C'est la jeunesse !
Qui fait des tours à qui en veut
Pour taquiner et rire un peu ?
C'est la jeunesse !
Qui fait rêver le grand dortoir
Quand c'est la nuit et qu'il fait noir ?
C'est la jeunesse !

Qui donc dans les grands corridors
Se réjouit et fait du « sport » ?
C'est la jeunesse !
Qui fait vibrer le piano
En égrenant gai trémolo ?
C'est la jeunesse !
Qui donc s'invente un p'tit cousin
Lorsqu'au parloir, ça fait tin tin ?
C'est la jeunesse !
Qui vous conduit au magasin
Une « nouvelle » crédule un brin ?
C'est la jeunesse !

Il faudrait toutes les nommer et plus encore les renommer, ces chères anciennes !

Encore un peu de bagatelle

-4-

En faction, nos beaux peupliers
Avec l'azur, sans trop bouger,
Causaient des noces,
Sur la terrasse, le p'tit du coin
D'Mère Sainte-Cécile' vantait les soins
Plus que les noces !
Se rappelant leurs 25 ans
De tout leur gros cœur de géants,
Ils sont des Noces,
L'archet du vent les fait chanter,
Rêver, soupirer ou pleurer
Pendant les Noces

-5-

Tous les oiseaux ont leurs châteaux,
Sauf les corneill', les étourneaux,
Faiseurs de noces !
Ursulines' de Monseigneur,
Colibris, gros merles siffleurs
Ivres de noces !
Les chardonnerets délicats
Le cher petit qu'on ne voit pas
Pas même aux noces,
Tout ce monde-là est un peu fou
Il chante et rit tout comme nous,
Au temps des noces !

-6-

Dans le bocage, arrêtons-nous
On voudrait s'y mettre à genoux,
Il eut ses noces !

Quand nos deux mères sous la pluie
Plantèrent' les arbres que voici
Au jour des noces
Ormes, tilleuls et maronniers,
Érables, spirées et cormiers
Si beaux aux noces
Cueillez pour les deux, les mercis
De vos enfants alors petits,
Mère, en ces Noces !

-7-

La « Brisque » était dans ce temps-là
Beau passe-temps, jeu de gala,
Jeu pour les noces !
Les Ainées jouaient à « poings joints »
Et les plus jeunes jouaient moins
Comm' dans les noces
Quand notre Mèr' r'gardait par là
Mèr' Sainte-Cécil n'aimait pas ça
Affaire' de noces !
Asteure on joue au bridge-contrat
Adieu « slagues » et Victorias
Sauf pour les noces !

-8-

Parlons des fêtes de Cartier
Pendant huit jours sans arrêter
Dans l'temps des noces !
Jamais on ne dormit si bien
On passait tout droit le matin,
Malgré les noces !
Quand on se mettait à chanter,
L'Cardinal d'vait nous arrêter
Étaient-ce les noces ?
Quand l'feu d'artifice éclatait

Nos yeux trop lourds se refermaient,
Manqué les noces !

-9-

Sainte Véronique nous édifia
Avec quelques trous dans ses bas
Pas ses bas d'noces !
Zabeth sait danser les polkas
Elle est bien fine en plus de ça
Fine comme aux noces !
Compagne du noviciat,
Sainte'Marthe est l'un des « Mardis-gras »
Premières noces !
L'histoire que Sainte Monique conta
On n'a pas fini de rire ça,
Rions aux noces !

-10-

Sainte-Annne, c'est du « bon butin »,
De bonne humeur, soir et matin
Toujours aux noces,
S. Sainte'Blandine, c'est un as
Elle a fait pondre aux coqs, hélas !
Les œufs des noces !
Les « dough-boy » de S. Saint Bernard
Se vendraient chacun un dollar,
En temps de noces
Béthanie est un vrai trésor
Caché au coin du corridor,
Ouvert aux noces !

-11-

Afin de rafraîchir l'esprit
Pas besoin de fair' le récit
D'ces jours de noces !

Quand manquait l'électricité,
Que nous n'avions pas d'escaliers
La ! la ! quell' noces !
Retraites en particulier,
Renfermées au fond du grenier
C'est pas les noces !
Les poseux d'portes, les ouvriers,
Ceux qui nous font déménager,
Terribles noces !

NOS ÉCOLES PAROISSIALES

GASCONS 1950-1962
SAINT-SIMÉON 1951-1967
GRANDE-VALLÉE 1953-1960
MURDOCHVILLE 1960-1987

Il se passe quelque chose... d'inusité !

En cet été de 1950, il n'y a pas qu'un jubilé chez nous, il s'y passe quelque chose de mystérieux, la maison est remplie de frémissements inhabituels, c'est pas normal, c'est tout à fait inusité !

En effet, on vient de réveiller une très vieille valise qui dormait paisiblement dans le coin du grenier depuis 1925 ; on la dépoussière soigneusement et on lui adjoint une toute jeune valise sans expérience pour une étonnante descente dans le monte-charge jusqu'à l'étage des cellules. Puis, toujours en son tempo de tortue, le vieux monte-charge repart pour le grenier et redescend avec deux autres jeunettes, destinées elles aussi, semble-t-il, à une aventure pas ordinaire.

À l'étage des cellules, on place précieusement dans chacune de ces valises six grandes chemises de coton jaune bien roulées, une cotte de rechange en laine grise, une douzaine de grands mouchoirs carreautés roses, deux robes de nuit grand-mères, quatre longues serviettes de table en toile, quatre guimpes et quatre bandeaux de toile empesée, deux « velets » (bandes de tissu blanc qu'on cousait en dessous du domino) et un domino (sous-voile) de rechange.

À cela, chacune pourra ajouter ses draps, ses taies d'oreillers, ses serviettes, ses calepins secrets, ses cinq livres de méditation, son coutumier, son bréviaire. Sur le dessus, on étendra la grande robe de rechange, celle qui servira à partir de Pâques... et tout est complet !

Indubitablement, il se prépare quelque chose !

Dès septembre de cette année, des Ursulines partent pour être responsables d'une école primaire. Eh ! oui, en dépit de leur stricte clôture !

Il y a quelque temps, Monseigneur Albini Leblanc avait suggéré comme solution à nos problèmes financiers de prendre en charge des écoles paroissiales. Il n'est pas nécessaire d'être très fort en mathématiques pour réaliser que des pensionnaires à 14 $ par mois, pension et enseignement compris, c'est suffisant pour faire fonctionner des écoles et une maison comme la nôtre, les octrois du gouvernement suffisant à peine à payer la moitié des intérêts de la dette. Il fallait faire quelque chose.

Et voilà qu'on le fait ! Depuis avril, les démarches suivent leurs cours. Éclairées des conseils des plus hautes autorités, les Ursulines de Gaspé ont accepté de prendre en charge l'école primaire de la paroisse de...

L'Anse-aux-Gascons

Coïncidence étonnante qui a bien dû peser quelque peu dans la balance : il y a cinquante ans le *curé-fondateur* de la paroisse, *François-Xavier Ross*, dans son désir d'avoir une bonne institutrice, avait écrit à Monseigneur Rouleau, principal de l'École Normale Laval, pour lui demander le nom d'une normalienne qui répondrait à ses vues comme éducatrice. Celui-ci envoya au curé Ross le nom de Mlle Blanche Goulet qui ne put accéder à la demande, la demoiselle devant entrer au noviciat des Ursulines de Québec.

Vingt-cinq ans plus tard, à la demande du premier évêque de Gaspé, Mère Blanche Goulet de-Sainte-Catherine-de-Sienne venait cette fois, comme supérieure-fondatrice d'une maison d'Ursulines destinée à pourvoir la Gaspésie de petites institutrices.

L'entreprise de Gascons est confiée à Marie-Anna Vignola-de-Marie-de-l'Incarnation, une pionnière des années 1925 et femme d'expérience s'il en est ; elle sera assistée de quatre jeunes professes toutes fraîches émoulues du noviciat, Jeannine Fournier-de-Marie-du-Christ-Roi, 21 ans, Carmen Ahier-de-Marie-de-la-Paix, 22 ans, Sylvia Fournier-de-Marie-du-Rosaire, 23 ans, et Médora Audet-de-Sainte-Agnès-de-Jésus, 22 ans. Corneille avait raison de le dire : « La valeur n'attend pas le nombre des années » !

La vaillante équipe est prête quand le Curé Gendron vint la quérir le 29 août car le petit train de la Baie a eu la mauvaise idée de se mettre en grève juste à ce moment-là. Les précieuses valises, armes et bagages suivront dans un camion de transport. On y découvre, en l'occurrence, une machine à coudre, un minimum de marmites et d'ustensiles de cuisine, quelques livres de spiritualité, des aspirines, de la teinture d'iode, du fermentol... et quoi encore ? Le strict nécessaire, en somme ! Et généreusement, on chante :

Notre mère de Gascons,
Ça nous fait bien d'la peine,
Nous laisse pour l'curé Gendron,
Ah ! Seigneur que c'est long !
Nous n'aurons plus d'almanach

Plus d'beaux foulards de laine,
Plus d'beaux sourires comme ça...
Plus d'histoires à Grand-papa !

Dès le samedi 9 septembre, elle écrit : « Nous sommes au comble du bonheur, comme de vrais enfants ! Notre chapelle s'organise : s'il manque quelque chose comme du carton, de la colle, vite... Monsieur le curé nous dépanne avec ses grands cartons d'annonce de l'onguent de Nazareth ; à Gascons, on fabrique l'onguent de Nazareth qui guérit tous les bobos, paraît-il. Le marteau, les pinceaux, les ciseaux, tous les outils sont à l'œuvre et en un rien de temps, voilà prêt l'intérieur du tabernacle : une croix et un triangle au fond, une hostie à droite, une étoile à gauche et voilà ! L'autel est déjà rendu, grâce à la diligence du bedeau de la place... Nous bouillons d'impatience, mais il faut bien nous coucher et attendre à lundi pour notre première messe ! »

Et vive la vie à Gascons ! En 1953, on peut chanter à Marie-Anna, lors de son jubilé d'argent :

À Sainte-Angèle de Gascons,
Est bien près de fair' des miracles,
Saint' Marie-de-l'Incarnation ;
Chose sûre, elle est un oracle... Oui, un Oracle !

En dépit de l'œuvre magnifique qui se fait là, les Ursulines doivent se retirer de cette école en 1962, après douze ans d'amour et de travail. Une question de clôture ? Peut-être... « Pourtant, nous étions toujours cloîtrées là-bas », assure l'une d'elles, « nos seules sorties étaient pour aller à l'église à la queue-leu-leu ! La différence avec notre vie au Monastère, c'est que nous avions plus souvent des fous rires ! »

Nous étions si heureuses dans ce milieu ! Un de nos meilleurs moments, c'était de recevoir les jeudis le camion de transport qui nous apportait les bons légumes du Monastère, le tout toujours si fraternellement préparé ! Le cordon bleu Médora n'était qu'une très jeune apprentie en la matière pâte à tarte et en cherchait encore vainement tous les secrets. Aussi quelle joie quand elle découvrait les gros morceaux de pâte que notre bonne cuisinière lui cachait à travers les légumes.

À l'école de Saint-Siméon et de M. Miville

La demande du très original curé de Saint-Siméon est datée du 17 juin 1950, lettre adressée à La bienheureuse Angèle :

> J'ai un beau couvent en construction qui ouvrira majestueusement ses portes à la fin de septembre prochain. Quatre classes, et je serais heureux de recevoir des Ursulines pour venir prendre charge dudit bâtiment, qu'en pensez-vous ?
>
> Une réponse affirmative ferait mon affaire... ! À vous... ?
>
> [signé] J.Alphonse Miville, ptre.

On sait lui répondre sur le même ton...

> Cher Monsieur Miville,
>
> Votre lettre ne nous a pas trop surprises et nous a bien touchées. Merci d'avoir pensé à nous. Quel bonheur nous aurions de pouvoir vous dire un « oui » immédiat ! Mais actuellement, les affaires sont compliquées. Vous savez que nous perdons notre Principal de l'École Normale et qu'il nous faut répondre aux besoins de l'École de Gascons. Si vous pouviez engager des institutrices pour cette année, nous ferions notre possible pour accéder à votre demande dès septembre 1951. Dieu aidant, il est à espérer que nous pourrons le faire.

Veuillez nous dire ce que vous pensez de notre proposition. Il est entendu que nous garderons l'affaire secrète, par prudence...

Bien vôtre en Notre-Seigneur,

[signé] M. Sainte-Angèle, supérieure.

Il fut possible de préparer une équipe pour septembre 1951. Le primordial pour Saint-Siméon, c'est qu'il y ait une musicienne, une condition *sine qua non* du maître-curé. C'est ainsi que sœur Clémence Bernard se voit désignée pour cette mission. Quant à la cuisinière, il semble plus que probable, rien ne le prouve, qu'Alice Lavoie-de-Staine-Elisabeth, cette « Zabeth » qui avait rendu tant de services à Monsieur Miville alors que, secrétaire de l'évêque, il logeait chez nous, il semble qu'elle ait été demandée expressément puisqu'on la choisit en dépit d'une santé très chancelante. En fait, elle devra revenir au Monastère dès décembre de la même année. Les deux benjamines du groupe, Marguerite Cotton-de-Saint-Jean-de-la-Croix et Gisèle Cotton-de-Sainte-Jeanne-de-Chantal, deux cousines d'à peine vingt ans, professes depuis février dernier seront titulaires de classe. L'aventure nouvelle sourit à leur jeunesse !

Voici maintenant la Supérieure, Anita Boissonnault, « vétéran » de nombreuses causes épiques. Les chants de son jubilé d'argent, en 1957, nous livrent quelques brides de ses hauts faits !

(Sur l'air : « Ah ! c'était un p'tit cordonnier ! »)

Quand Anita eut ses seize ans.
Elle partit pour le couvent.
Par le p'tit train d'la Baie.
Très souvent arrêté...
Elle arriva tout drette,
Après l'heur' qu'il fallait !

Dans tous les coins on la trouvait
Qui frottait, brossait et... cassait
Mais ell' cassait si just'
Et ramassait si drette !
Rafistolait si just'
Et toujours r'commençait !

Quand arrivait l'heure des leçons,
Bombardait Mère de questions,
Elle tirait si juste !
Elle se levait si drette
Elle bombardait si just'
Même plus qu'il n'en fallait !

(Sur l'air : « Un jour, Maître corbeau »)

L'histoire est impuissante à tout remémorer,
Le soir de la brouette, les débris ramassés...
Le kimono lilas, les herbes de santé,
Les conserves en voyage, les menus variés !

La chatte... ! Ah ! tous ces chats, que c'est mal éduqués !
La chatte sur le parterre allait tout enterrer !
Mais il est des limites à toujours patienter
Au règlement, la chatte, il faut l'initier !

Au chapitre des songes, elle est inégalée !
Méthodes d'oraison, longtemps a sommeillées !
Le Malin par deux fois faillit l'empoisonner,
Quand de la formaline, il lui fait avaler... !

Le premier écho de la nouvelle école résonne un mois plus tard dans les *brindilles* d'octobre. Une élève, Jeannette Bujold, assure que l'école de son village a bel et bien été bénie par

Monseigneur Leblanc un beau dimanche de septembre. Cet événement a été ponctué d'un congé obtenu par la médiation des deux Jacques, dit-elle. Voilà Gaspé rassuré !

C'est une histoire de quinze ans pendant laquelle les Ursulines assurent avec succès la direction de l'école et suivent avec non moins de succès la direction de l'original curé de la place.

Dans la Grande-Vallée

Dès 1950, les autorités de la paroisse de Grande-Vallée font une demande officielle, pour avoir des Ursulines chez eux, alléguant que la paroisse a déjà donné plusieurs sujets à cette communauté. C'est très vrai, mais les circonstances ne permettent pas une réalisation immédiate ; les dernières formalités se font à l'été 1953 et quatre religieuses partent aussitôt pour la nouvelle école.

La supérieure Clémence Bernard de-Marie-de-la-Trinité est accompagnée de Simone Vaillancourt-de-Sainte-Marguerite-Marie, de Jeannine Landry-de-Saint-Paul et de Marie-Eugénie Labbé-de-Sainte-Marthe. L'équipe est reçue chaleureusement à Grande-Vallée et en peu de temps arrivent les petits cadeaux d'accueil, de la truite, de la crème, des cretons, des confitures, etc.

La fondatrice Sainte-Angèle assurait la protection de l'école de Gascons, la patronne sainte Ursule veillait sur celle de Saint-Siméon ; on confie à Marie-de-l'Incarnation la garde de l'école de Grande-Vallée. Cette garde durera jusqu'en 1960, moment où les Sœurs du Saint-Rosaire viendront remplacer les Ursulines.

En ce milieu tranquille, les grands événements sont plutôt rares durant ces sept années de labeur. Pourtant, un film amusant se déroule aux dires d'un trio de 9e année de l'année 1956.

Sur l'écran de leur école, elles voient défiler des jours fructueux pour les Croisés engagés à sauver le monde, des représentations artistiques de haut calibre à la salle de réception où chacun peut faire valoir ses talents, des fêtes-surprises débordantes de tire Sainte-Catherine, des heures de courage héroïque quand l'infirmière s'amène sans crier gare pour « piquer » les innocentes victimes des quatre classes, des combats épiques de politique engagée pour les élections à la mairie de l'école, enfin des compétitions primées par le journal *La Ferme s.v.p.* qui font une championne de Diane Fournier. Qui osera venir dire à présent qu'il n'y a pas d'événement notable en ce coin de pays ?

À Grande-Vallée comme dans les autres maisons d'Ursulines, il y a un « cloître » où le profane n'a pas accès. Et dans ce cloître se tient un « chapitre » inhérent à tout monastère digne de ce nom.

Dans les ordres monastiques, la cérémonie du chapitre se tient les vendredis matins après la messe. Les membres de la communauté en grande procession entrent dans la salle du chapitre les plus jeunes en avant et se placent selon un plan très précis. On termine la psalmodie du psaume 50 qui a débuté en sortant de la chapelle après quoi commence le chapitre. D'abord une lexture spéciale ou des avis préparés par la Supérieure ; ensuite viennent les coulpes. Il s'agit de l'accusation de fautes extérieures comme manquer au silence, faire du bruit avec les portes ou en marchant ou en mangeant, casser un morceau de vaisselle, commettre des erreurs à l'Office Divin, déchirer un morceau de linge, tourner la cloche, passer tout droit au réveil... ou mille méfaits du genre !

Après l'accusation, chacune baise le plancher et attend humblement l'exhortation de la Supérieure. Suivent quelques psaumes de pénitence et c'est la fin du chapitre. Même s'il arrive des situations cocasses dépendant de l'expression de chacune, comme s'être *mal acquitté de la charge de la voirie* (avoir oublié de déneiger la galerie) ou encore *avoir cassé le manche du gratteux du chaudron* ou bien *avoir laissé courir des minous dans l'armoire des balais*... situations qui risquent de déclencher quelques fous rires clandestins, la cérémonie reste toujours très sérieuse et très solennelle.

Dans nos écoles, rien du protocole ne doit être supprimé. À Grande-Vallée, par suite de la maladie de la Supérieure, un chapitre à trois se tiendra quand même dans toute sa canonique splendeur ! Jeannine, la chanceuse désignée pour présider cette célébration, se prépare généreusement et affronte la situation grâce aux nombreux papiers qu'elle a préparés. La voilà juste en avant toute compassée, face à ses deux compagnes, quand, malheur de malheur, elle laisse tomber les papiers qui s'éparpillent aux quatre vents ! Comment voulez-vous qu'un chapitre commencé de cette façon se termine sérieusement ?

Ce fait illustre que le trop petit nombre de sujets dans les écoles ne permet pas une observance adéquate des Constitutions du temps qui précisent que les religieuses doivent former dans chacune de leurs maisons *un groupe suffisamment nombreux* pour la pratique des exercices de leur vie de moniales. C'est pourquoi, à l'avenir, elles ne pourront plus rester quatre ou cinq dans une école comme elles l'ont fait jusqu'à présent, ont statué les autorités majeures.

Notre évêque a trouvé la solution. La ville de Murdochville est à construire une grande école avec résidence pour plusieurs religieuses. Monseigneur a invité les Ursulines à en prendre la direction et à former là une communauté plus nombreuse, selon leurs Constitutions.

À Grande-Vallée comme à Gascons et Saint-Siméon, *partir, c'est mourir un peu*, et même si cela fait mal, il faut partir !

Jusqu'au cœur de la Gaspésie ! (1960-87)
À Murdochville

Le 15 septembre 1958, le Conseil de la Communauté de Gaspé reçoit la visite de Monsieur l'abbé Roland Allard, curé de Murdochville, au sujet du couvent de cette ville industrielle située à 58 milles de Gaspé.

L'exposé du Curé Allard est complet et éloquent ! Le couvent se construit actuellement et sera prêt en février 1959 pour quinze classes. Un projet d'agrandissement est déjà en marche pour dix autres classes et un logement pour les religieuses, lequel logement sera relié à l'église par un couloir. Le logement et les classes seront terminées pour le mois de septembre 1960. Après l'agrandissement, il y aura 24 ou 25 classes.

Monseigneur Paul Bernier désire que ce couvent soit sous la direction des Ursulines de Gaspé et se prononce ouvertement en leur faveur. Son Excellence voit là :

a) Un moyen de réunir les religieuses de nos trois écoles pour former une communauté plus nombreuse permettant une vie régulière selon nos constitutions, avec récitation chorale de l'Office Divin et vie communautaire.

b) La possibilité de confier les enfants de cette ville neuve et prospère à un personnel bien préparé. Il y a actuellement 350 enfants filles et garçons qui fréquentent l'école. Les classes vont de la première à la 11e année. Une école de garçons est prévue et sera tenue par des professeurs.

c) Du point de vue financier, une aide substantielle. Le salaire initial sera de 2000 $ au moins par enseignantes, avec augmentation par la suite. Murdochville devra rester filiale de Gaspé et ses revenus donnés au Monastère de Gaspé.

Notre demande d'octroi faite depuis quelque temps par l'entremise de Monseigneur ne semblant pas devoir aboutir, il nous faut trouver un autre moyen, et surtout ne pas refuser la « planche de salut » qui se présente aujourd'hui. Une dizaine de religieuses à Murdochville, c'est au moins 20 000 $ dès la première année. La situation décrite est celle du 15 septembre 1958. En fait, nous recevrons la subvention sollicitée un an plus tard, soit le 26 avril 1959.

> Depuis quinze jours, nous avions intensifié nos prières à l'intention d'obtenir un montant assez considérable pour amortir notre dette sinon l'éteindre en entier. Mgr Paul Joncas, V.G. grand ami du Premier Ministre Maurice Duplessis et le nôtre, soutenu par le prestige de notre évêque, Mgr Paul Bernier, vient d'obtenir les 200 000$ désirés. Qu'on imagine notre reconnaissance et nos actions de grâce à l'égard du ciel et de nos bienfaiteurs ! Il nous sera maintenant possible de fonctionner et d'assumer la balance de la dette, autour de 500 000 $.

Nous n'avions fait aucune démarche pour obtenir ce couvent, les pourparlers s'étaient faits en dehors de nous entre le Curé de Murdochville et l'Évêque de Gaspé. Le ciel semble se pencher vers nous et nous offrir ce secours inespéré... ! Qu'allons-nous faire ?

Son Excellence Mgr Bernier écrit à nos supérieures :« C'est sans doute le grand saint Joseph qui déjà, si peu de temps après le recours que je faisais l'autre jour à son intercession céleste, vous envoie un premier secours en vous offrant la direction de l'École de Murdochville.

> Je suis le premier à me féliciter de cette manne qui vous tombe du ciel. Et j'estime qu'il n'y a pas lieu d'hésiter à l'accueillir, avec toutes sortes d'actions de grâces... Aussi suis-je à vous prier de bien vouloir représenter en mon nom aux autorités supérieures de la Congrégation la très haute convenance, l'urgence nême qu'il y a d'accepter sans surseoir une si importante fondation...

J'entretiens le ferme espoir que le Ciel, qui vous appelle aujourd'hui à cette œuvre nouvelle, saura susciter aussi pour vous les vocations nombreuses dont vous aurez besoin pour la bien accomplir et en assurer la stabilité[1 et 2]... »

Les dernières formalités d'acceptation se concrétisent et six religieuses partent pour la nouvelle école le 10 septembre 1960. Ce sont Lorraine Maloney, supérieure, Jeannine Landry, directrice, Raymonde Francœur, Albertine Audet, Marguerite Lever et Nicolette Poirier.

Au nom de la population de Murdochville, Edouard Cormier, principal de l'École Saint-Paul, publie dans *Brindilles* un article de bienvenue à l'adresse des religieuses appelées à travailler dans cette prometteuse ville.

> Isolée au sein des montagnes, notre petite ville vient de voir se réaliser un de ses rêves les plus chers ! En effet, l'arrivée des Sœurs Ursulines n'est-elle pas la réalisation d'un vœu depuis longtemps exprimé par notre population ?
>
> L'apport de leur vaste culture avec l'exemple de leur vie religieuse nous laissent présager un rehaussement notable du niveau éducationnel chez nos jeunes. Connaissant l'affection profonde de ces religieuses pour la cause enseignante, plusieurs fois témoins de leur inlassable labeur, instruits de leur succès toujours renouvelés, nous avons fortement confiance qu'elles sauront apporter à la population de notre ville, ces mêmes qualités de cœur et d'esprit qui font d'elles ces éducatrices tant renommées !

Tel que promis elles sont bientôt douze pour assurer la marche de l'école. « Plus de 500 élèves actuellement. Les cours

1. AUG, tome 9, p. 140.
2. AUG, tome 9, p. 145.

se donnent en français de la première à la onzième année et en anglais de la première à la neuvième année. L'aménagement est des plus modernes, [...] », pouvaient écrire Bernard et Gaétan en 1964.

Les Ursulines assurent la direction de l'École Saint-Paul jusqu'en 1987. Leur nombre diminuant, elles laissent la place peu à peu à des laïcs hautement qualifés, après quoi elles se bâtissent une résidence rue des Cèdres, afin que quelques-unes d'entre elles puissent demeurer le plus longtemps possible auprès des amis de Murdochville. Une fraternité de vingt-sept ans, cela ne peut pas se briser !

ET UN JOUR,
LES OISILLONS
SONT PARTIS...

D'AUTRES PAGES DE NOTRE HISTOIRE TOURNENT

Chez nous comme partout ailleurs dans la province de Québec, le Rapport Parent apporte un ouragan dans le système scolaire. Il ne nous est pas possible d'assumer les différentes options du système secondaire ; nous n'avons pas les aménagements ni les finances suffisantes et nous nous voyons forcées de fermer nos écoles et notre pensionnat. Maintenir une institution privée comme la chose a pu se faire dans certains grands centres nous aurait obligées à demander des frais de scolarité très élevés, ce qui n'était pas possible, les parents ayant déjà à payer pour le système public.

En 1953, on avait fermé le noviciat.

L'Institut familial était déjà fermé depuis 1966.

En 1967, nos élèves du primaire et du secondaire passent au secteur public. Il n'y a plus de pensionnat dans nos murs... plus de frais rires d'enfant dans nos soirs et nos matins...

Nos « bijoux » des bonnes années

Quand le monastère avait ses deux ailes

La salle de récréation des normaliennes

Leur salle d'études

Les normaliennes en toilette de fête

Les « atours » de 1927

Quand ces dames faisaient du grand théâtre

Un pique-nique avec leur maîtresse
Thérèse Maguire à la fin des années 50

La procession du 31 mai

Quand c'était pas chaud

Et quand c'était plus chaud

Chaque année avait ses super stars

Des normaliennes des années 1960 en excursion au Cap Bon-Ami avec M. Fortin et la directrice Marthe Bernard

C'est bien du chinois !

En 1945, on était à la construire, cette chapelle

Dans les stalles, pour l'office divin

Tel qu'il était avant la construction de la 2e aile

La jardinière Médora dans la serre

Anita encourage les pivoines à fleurir

Elle était si belle !

Jusqu'à quand l'école normale ?

Pour bien peu de temps encore ! On sait qu'elle est destinée à disparaître afin que la formation des maîtres se fasse à l'Université comme il se doit.

De 1924 à 1945, Monseigneur Ross avait établi des bases solides à cette École Normale de Gaspé. Des institutrices compétentes se sont répandues peu à peu dans la Péninsule et ont distribué partout un enseignement de haute qualité témoignant ainsi de la formation qu'elles avaient reçue.

Les deux premiers principaux qui succèdent à Monseigneur Ross, les abbés Camille Lebel et Bernardin Day, marchent dans les traces du fondateur et conservent à l'École son dynamisme et sa qualité. Monsieur LeBel était conscient que ce n'était pas facile de remplacer Monseigneur Ross. Dès les premiers contacts, il dit « son ferme désir d'être le continuateur de l'œuvre édifiée avec tant d'amour par son vénéré prédécesseur[1] ».

Le Principal Lebel donne un enseignement à la hauteur de sa taille (il mesurait 6' 4" !). C'était un cérébral, un orateur au langage facile mais quelque peu abstrait. S'il arrive, et cela arrivait souvent, qu'une élève lui dise qu'elle n'a pas bien compris ce qu'il vient d'exposer en philosophie, il est tout heureux de répondre avec humour : « Tu n'as pas compris, c'est bon signe, c'est signe que c'est de la vraie philosophie ! » Mais il explique bien... par la suite, du moins, il essaie !

Cet intellectuel conscient de sa responsabilité, soucieux de formation intégrale pour ses élèves, leur recommande souvent : « Ne craignez pas de placer très haut votre idéal de perfectionnement personnel, dans une vie spirituelle intense, une

1. *Brindilles*, vol. 2, tome 1, p. 4.

vie d'étude et d'action[2] ! » Après cinq ans chez nous, l'abbé LeBel est nommé Supérieur du Séminaire en 1950.

Il sera remplacé par L'abbé Bernardin Day qui présidera aux destinées de l'École Normale pendant sept ans. Lui aussi nous aidera beaucoup, car dès 1951, il obtient qu'un professeur laïque spécialement qualifié soit engagé et payé par le gouvernement pour enseigner à plein temps à notre École Normale. Grâce à cette aide, jusqu'en 1965 on voit se succéder chez nous Messieurs Alex Chouinard, Marc-Aurèle Chouinard, Léo Fiola et Ulric Roy qui partiront à cause de nouvelles promotions.

L'abbé Day est un sensible, un homme de contact facile et agréable, un Principal qui a largement aidé à donner un visage social à notre école. Sans négliger l'aspect intellectuel si marqué de son prédécesseur, il met l'accent sur la formation pédagogique et esthétique des étudiantes. Il continue à marcher dans la voie pédagogique tracée par Monseigneur Ross, en y ajoutant sa note particulière : l'enseignement d'après lui, c'est un... véritable apostolat ! Il doit nous quitter en 1957, car à son tour, le voilà nommé Supérieur du Séminaire de Gaspé.

Pour lui succéder, c'est un Principal de grande expérience qui nous arrive en la personne de l'abbé Robert Fortin. Celui-ci vient de passer dix ans à l'École Normale de Carleton. Au début de chacune des huit années qu'il passe chez nous, son introduction auprès des étudiantes est identique et très personnelle. Après un long temps de silence que les anciennes connaissent bien, mais qui effraie tout de même quelque peu les nouvelles, il commence à lire sur un ton des plus graves ce texte de l'Ecclésiaste : « Il y a un temps pour tout faire sous le ciel...

2. *Op. cit.*, vol. 3, tome 7, p. 1.

un temps pour pleurer et un temps pour rire, un temps pour embrasser et un temps pour s'abstenir d'embrassements... »

Suit un autre silence... un regard par-dessus les lunettes, puis le traditionnel casse-glace : « Vous êtes pas pires ! »

Et c'est l'éclat de rire de la détente ! On a attendu, et on sait déjà qui est ce Principal !

Cet Abbé Fortin deviendra un protecteur, un père, un ami pour notre maison et pour les élèves. On le trouve non seulement à sa tâche de principal, mais partout où il peut faire du bien, sur la patinoire, à nos cercles d'études, au visionnement des films, à nos réceptions, à nos projets d'excursion, à la préparation d'une première mosaïque, etc. Toujours, en toutes occasions, il fait le point par une parole profonde, pénétrante, pleine de tact, de vérité et de sagesse.

Il donnera de l'extension au rayonnement de l'École Normale par l'organisation de cours post-scolaires pour les professeurs de l'École des Métiers de Gaspé, afin que ceux-ci puissent être accrédités pour l'enseignement ; il met sur pieds des cours de catéchèse durant les vacances d'été à l'intention des professeurs des écoles primaires de la région afin de les aider dans cette période de changement.

Il devra partir lui aussi pour devenir Procureur du Séminaire à l'été 1965. On prévoit les nouvelles structures collégiales qui s'en viennent, on a besoin là d'une négociateur habile et sage. C'est l'homme de la situation ! Comme Principal il n'est plus là, mais il restera toujours pour nous un protecteur fidèle et un ami !

Et c'est à cette occasion que le Principalat passe aux mains des religieuses. Le candidat à cette succession était jusqu'alors présenté par l'évêque et accrédité ensuite par le département de l'Instruction publique. Voilà que tout est changé en prévision des modifications qui s'en viennent dans le système éducatif. On exige maintenant une qualification universitaire en pédagogie pour l'occupation de ce poste.

Thérèse Caron revient justement de l'Université de Montréal avec une licence en pédagogie-lettres et hérite du poste sans qu'on lui ait crié gare ! Elle sait que les heures des Écoles Normales sont comptées et que son mandat en sera un de transition entre les deux systèmes, celui des Écoles Normales et celui des Universités. Alors, il faut faire vite.

- Dès 1966, elle obtient que l'École Normale de Gaspé puisse ouvrir ses portes aux candidats de sexe masculin.
- En septembre 1967, elle doit procéder à l'intégration de l'École Normale anglaise de St. Joseph Teacher's College dont le siège était à Cross-Point et devient par le fait même Principale de cette section anglaise à Gaspé.
- Elle voit à maintenir les cours post-scolaires que son prédécesseur avait mis sur pied, tant les cours pour l'École des Métiers que les cours de catéchèse pour les professeurs de la région.
- Elle organise des cours post-scolaires de mathématiques modernes pour les enseignants de la Gaspésie afin qu'ils soient en mesure de répondre aux nouvelles exigences des programmes scolaires.
- Enfin, et c'est surtout ce qu'elle considère comme son œuvre majeure, elle réussit à organiser les cours du B-50 et du B-25 tant pour les professeurs de langue française que de langue anglaise. Grâce à ces cours, les enseignants peuvent obtenir un grade supérieur et se qualifier pour le brevet A et un baccalauréat en pédagogie tout en continuant leur enseignement.

Une visite à l'École Normale à l'automne 1967 donne une idée de ce qui s'y brasse et prouve que la préparation des futurs enseignants se fait selon la mode du jour. Du 2 au 7 octobre se tient une semaine *semea*, semaine d'entraînement aux méthodes actives en éducation.

Dès le matin, un autobus nous conduit tous au chalet de Monseigneur, situé sur *La Queue du Castor*. Lundi matin, c'est l'installation, la formation des équipes et la mise en marche des activités. Nous formons six équipes de travail. Chacune se choisit un nom et un mot de passe. C'est ainsi que nous avons La Pléiade, Les Étoiles, Les Externes, Les Béréamic, Les Vigneault et Les Marinières. Nos animatrices, Marie-Anna Vignola, Rita Gagné et Mme la Principale à l'occasion, quand il s'agit des arts plastiques, commencent la journée par une brève conférence suivie de discussions.

Puis les équipes entrent en action soit pour l'exploration du milieu, soit pour l'exécution d'un mandat. Ainsi, une équipe a pour tâche de faire connaître la ville et la paroisse de Gaspé, une autre celle de faire l'histoire du milieu hospitalier tel qu'il est organisé présentement. Une troisième équipe doit se documenter sur l'usine de poissons et la construction navale à Gaspé. Pendant ce temps, au chalet, les trois autres équipes font des recherches sur l'Expo, les loisirs et les moyens de communication du milieu.

Midi et soir, nous partageons la même table. Il fallait voir à l'œuvre Madame Desrosiers pour avoir une idée de son dévouement et de sa délicatesse. Ah ! les bons repas qu'elle nous a préparés ! Après le souper, c'était la détente. Nous passons certains soirs à l'École Normale pour le visionnement de films comme *L'école buissonnière* et *Les hommes veulent vivre*. Nous passons les autres soirées au chalet jusque vers 21h ou un groupe retourne à la Maison pendant que l'autre groupe assure la nuit au chalet.

La dernière journée fut occupée par l'exécution des contrats et la mise en commun des recherches réalisées et une exposition des travaux en peinture et en poterie. On est bien fiers de nous autres, nous, chefs de deux équipes[3].

L'année suivante les normaliennes prennent l'autobus tous les matins pour les salles de cours de l'École des Infirmières, l'actuel pavillon Cantin. Les élèves sont encore pensionnaires dans notre Monastère puisque les dortoirs sont restés libres, mais toutes les salles de cours sont maintenant affectées au secondaire public. Après de nombreux pourparlers, la Régionale de la Péninsule vient d'acheter notre maison.

Grâce à Dieu et à nos protecteurs de Gaspé, le Président de la Commission scolaire, Roch Roy, le conseiller Jacques Gagnon et d'autres nous avons pu obtenir assez d'argent (240 000 $) pour nous bâtir trois résidences. Il est très important de le dire, car d'après les plans de « nos amis d'en haut » nous étions censées ne recevoir absolument rien pour notre Monastère. On voulait l'utiliser quelques années sans savoir encore ce qu'on ferait après.

Les années 1967-1968 sont des années de luttes pour le maintien d'un niveau collégial dans la région. Quand la Mission des cégeps vient à Gaspé le 22 novembre 1967, en dépit de toutes les interventions poignantes des gens du milieu, rien n'est gagné, tout est inexorablement refusé d'avance !

> Mais le bon Dieu veille [...] et, un peu comme il le fit jadis pour les Égyptiens et autres persécuteurs de son peuple, il fait tomber sur Gaspé un brouillard à couper au couteau ! Impossible pour l'avion de la Mission gouvernementale de se remettre en route pour Québec. Force est donc à ces Messieurs de coucher à Gaspé, d'y séjourner 24 heures de plus que le programme ne le prévoyait. Chance unique et non désirée de goûter un peu aux agréments que procure aux Gaspésiens l'éloignement des grands centres alors que les éléments sont contre vous !

---

3. Agathe GAGNON et Réal BUJOLD, AUG, 1967, p. 341.

On utilise à bon escient ce temps providentiel : de nouvelles visites à l'École des Infirmières et autres institutions, des conversations qui font réfléchir les membres de la mission, la remise d'un Mémoire suggéré par la Mission et préparé d'urgence par Jules Bélanger et Judes Hughes, autant d'atouts qui font varier la fin prévue. Bref, quand ces Messieurs quittent Gaspé, la partie semble à peu près gagnée. Une trouée d'azur perce maintenant le ciel de Gaspé[4] !

Et grâce à ce contretemps providentiel, un Collège continuera à Gaspé en 1968 l'œuvre que le Petit Séminaire de Mgr Ross avait commencée au coût de tant de sacrifices. Les nouvelles structures permettent d'y adjoindre l'École des Métiers et l'École des Infirmières de Gaspé.

Reste l'École Normale destinée à disparaître. La Principale de cette École présente alors une requête au ministère de l'Éducation en faveur d'une formation des Maîtres à Gaspé encore pour un certain temps, alléguant qu'il y a encore des écoles dans la région qui sont sans titulaires diplômés, que l'École Normale de Gaspé est déjà reconnue pour l'année 1968-69 et que les religieuses Ursulines qui ont assuré une formation pour le niveau primaire pendant 44 ans sont prêtes à se désister en faveur du Collège et que cette formation est possible au sein dudit Collège, pourvu que soient respectées les exigences relatives à la formation des maîtres, etc.

En conséquence, la Corporation des Ursulines de Gaspé recommandait que l'École Normale de Gaspé soit non incorporée mais associée au Cégep de la Gaspésie, ceci afin de faciliter l'échange des professeurs, assurer le climat culturel et pédagogique aux futurs maîtres, enfin d'unifier l'administration financière et pédagogique... Et c'est ainsi, grâce au Cégep, qu'une formation des maîtres put se continuer à Gaspé jusqu'en

4. AUG, tome 17, p. 367.

1973, au moins quatre ans après que les autres écoles normales sont fermées.

Le ministère de l'Éducation a acheté notre maison qui devra subir les transformations nécessaires pour devenir fonctionnelle pour la Régionale de la Péninsule. Déjà, on entend les premiers coups de marteaux... des murs tombent pour agrandir la salle de réception... l'orgue prend le chemin de la cathédrale...

Bien de nos trésors sont liquidés à prix de fortune, sont donnés même comme certains tableaux de grand prix qui nous avaient été confiés, certains meubles de valeur riches de souvenir... Les événements nous confinent à de grands détachements et nous enseignent à nous attacher à ce qui fait l'essentiel de la vie.

Pendant ce temps, les Ursulines sont toujours au Monastère, reléguées dans la dernière aile de droite avec utilisation de la chapelle et d'un réfectoire, tandis que la Régionale organise des locaux pour plus de 900 étudiants. Le 9 août 1969, les religieuses reçoivent enfin le « nihil obstact » pour commencer la construction de deux résidences, l'une au Buissonnets, l'autre à mi-côte de leur terrain, travaux confiés à Saint-Hilaire Construction de Rimouski.

Au cours des vacances, plusieurs chanceuses bénéficient d'un séjour au chalet de monseigneur qui est devenu nôtre pour la modique somme de 10 000 $. C'est un grand chalet de 12 chambrettes avec studio et chapelle, descente au bord de l'eau jusqu'à un adorable petit quai où se trouve amarrée une non moins adorable petite barque que nous avons baptisée *Sancta Lucia*.

La possibilité d'un séjour au chalet et la réponse que l'École Normale continuera au Cégep l'an prochain amortissent un peu le choc des coups de marteaux reçus au cœur, là-bas, au Monastère.

Le chalet

Lors du projet SEMEA

C'est à qui monterait dans la barque !

Mouettes nouveau genre

Au chalet, parure de goémon,
Mariette Provencher, Lydia H.,
Françoise Langlois

Il fait bon les pieds dans l'eau
quand il fait chaud

Bercé par la houle, il fait bon voguer avec
un pilote comme Robert Fortin

Le monastère vit ses dernières heures

C'est le 15 juin 1970. Il nous reste quinze jours dans notre grande maison ! Des élèves couchées dans l'herbe, à côté de ce qui fut le kiosque d'en haut étudient en vue des derniers examens. Une main aimante a cueilli les narcisses de la saison et en a fait des bouquets pour l'autel. Des grappes de maronniers rappellent les surabondantes parures d'autrefois. On entend le vrombissement des bulldozers qui commencent le nivellement des terrains autour de nos deux nouvelles résidences.

Il était hors de question de construire un édifice pour 57 personnes, la CRC déconseillant les grandes maisons devenues des problèmes pour de nombreuses communautés. Il a bien fallu se diviser en trois groupes de dix-neuf. Séparer une communauté, une famille, il ne faut pas croire que c'est une chose facile à faire ! Pour nous toutes, un premier déchirement qui se vit dans la grandeur.

Et le déménagement se fait avec une fureur accélérée vers les flancs de la colline. Des seaux remplis de vaisselle attendent le camion de M. Clavette qui les rendra à l'une ou l'autre résidence. Jean-Baptiste et Denis, nos deux servants de messe, arrachent des bulbes du parterre et vont les planter en haut. Chacune ramasse ses affaires et dans ses moments libres les transporte dans son nouveau domaine, tandis que sœur Sainte-Anne s'active à livrer au plus vite et au plus offrant quantité de meubles, lits, chaises, métiers à tisser, statues, etc. toutes choses non utiles à une polyvalante.

Le dernier dimanche, 28 juin, la maîtresse de chapelle a choisi des chants rythmés pour la messe, rien pour émouvoir les cœurs. Il faut garder force et sérénité pour les heures qui viennent.

Madame Heins, qui depuis son exode de Hongrie, il y a treize ans, travaille et habite chez nous, est invitée à partager notre dîner. Ce sont remerciements, embrassades et... quelques larmes, bien sûr ! Au cours de l'après-midi se succèdent des rencontres d'adieux avec les personnes qui travaillaient encore avec nous. Et puis, on dirait que les visites se prolongent à la chapelle, à notre si belle chapelle ! On a tant à dire au bon Dieu qui nous a accueillies dans cette maison, il y a vingt, trente, quarante ans ! De tant de grâces, il nous a comblées !

Le 30 juin, remise des clés aux nouveaux propriétaires et dernière messe !

Actions de grâces soient au Seigneur pour tant et tant de rencontres intimes avec chacune de nos âmes ! Avec le groupe communautaire !

Actions de de grâces au Seigneur pour les bénédictions répandues sur nos œuvres d'apostolat. Des milliers d'enfants sont venus à nous, en quête de lumière, de force. Les situer face à la vie, à ses responsabilités, à ses joies, à ses épreuves, à ses pièges a été notre principal objectif. Leur inspirer des décisions saines, nobles, les prémunir contre tout danger en fortifiant leur foi, en attisant en leur cœur l'amour qui rend capable de tous les sacrifices, de toutes les générosités a été l'objet de notre action et de notre prière.

Ce fut là avec l'instruction distribuée dans les intelligences, notre belle tâche, embrassée avec ferveur, poursuivie dans l'enthousiasme, jour après jour, à la plus grande gloire de Dieu ! À l'épanouissement progressif des virtualités, des espoirs entretenus pas notre Fondateur Mgr Ross, soutenus et stimulés pas ses successeurs[5].

Actions de grâces au Seigneur des offertoires, consécrations de nos mille et mille messes de travail et de prière célébrées en ce Monastère, et dont la dernière s'achève[6] !

Le célébrant Robert Fortin a consommé les Saintes Espèces, laissé ouverte la porte du tabernable...

Dans un élan de reconnaissance pour le passé, d'abandon à la divine volonté pour le présent et de foi en la Providence pour l'avenir, nous entonnons le Magnificat !

Mon âme exalte le Seigneur
Exulte mon esprit en Dieu mon Sauveur !

5. AUG, 1970, p. 212.

6. *Ibid.*

LE LONG CHEMIN DE NOTRE MÉTAMORPHOSE

DE 1948 À 1970

Une union des Ursulines se fait en 1953

Les premiers pas

Ce fut un long cheminement !

Nous sommes passées du XVIIe siècle au XXe siècle, de la stricte clôture à un état de vie religieuse contemporaine, et en cela conduites, dirigées par la Providence représentée par l'Église.

À l'automne de 1948, notre évêque, Monseigneur Albini Leblanc, est venu nous faire une conférence plutôt... inattendue !

C'était censé être une conférence spirituelle où notre évêque avait inclus quantité de considérations sur notre avenir en tant qu'Institut religieux. Ces considérations nouvelles mêlées qu'elles étaient aux aspirations spirituelles ne nous ont pas alarmées outre mesure. Si elles peuvent sembler quelque peu décousues, extraites qu'elles sont d'un ensemble, elles révèlent quand même déjà l'orientation de L'Église face aux Instituts de notre genre.

Maintenant, il s'agit d'un problème de votre Institut qui se traite depuis assez longtemps, je crois [en fait, à notre connaissance, c'était plutôt nouveau]. Vous aurez à prendre des décisions dans un avenir pas très éloigné. C'est là une question très importante qu'il faut envisager avec beaucoup de surnaturel ! Si on veut s'attacher à tel petit point, à tel autre, on n'en sortira jamais... Souvenez-vous qu'il n'y a pas de système idéal, ici-bas !

Autrefois, on a jugé que les maisons indépendantes étaient très avantageuses. L'Église les a approuvées, il n'y a rien à redire. Cependant, les circonstances ont changé. Nous ne sommes plus au XVIIe siècle, et l'Église n'est jamais en retard pour juger des besoins d'une situation et elle voit les choses d'une façon très nette. D'abord elle regarde, observe, surveille, puis, lorsque le moment est venu, elle agit.

C'est le cas dans la Réunion des Ursulines. Dans le système des maisons indépendantes, il y a des avantages et des inconvénients. Le système de l'Union a aussi des avantages et des désavantages. Sur les inconvénients que l'union peut présenter, nous nous illusionnons facilement, nous en avons causé entre évêques.

Je veux considérer les avantages, c'est le désir du Saint-Père. Les points de vue matériels d'abord, mais ce ne sont pas les principaux. Si la dette qui pèse sur une maison est étendue sur plusieurs maisons, on aura moins d'inquiétudes. Certainement, votre maison a une lourde dette...

Aujourd'hui, nous sommes obligés quelquefois d'aller vite... C'est moins loin pour vous d'aller à Québec que d'aller à Rome...

Il y a ensuite l'uniformité de formation. Un seul noviciat et l'on choisit parmi les religieuses, non pas seulement d'une maison mais de plusieurs, celle qui remplira le mieux la charge importante de maîtresse de formation.

Deuxième avantage : une observance [on signifie par ce terme la récitation de l'Office divin aux heures canoniales, les pratiques de la vie religieuse, etc.] plus parfaite. C'est parfois impossible dans un petit groupe, tandis que cela se fait plus facilement dans un grand groupe.

Troisième avantage : l'échange des sujets.

Quatrième avantage : il y a parfois divergence dans l'interprétation de tel point des Constitutions. La question se règle facilement quand l'unité se fait autour d'une supérieure majeure.

Bien d'autres avantages résultent de l'Union ! Mais remarquez bien que celle-ci ne vous sera pas imposée !

Il faut prier beaucoup. Un spécialiste des questions communautaires viendra vous expliquer le pour et le contre du choix que vous aurez à faire entre une Fédération et une Union. Souvenez-vous que c'est beaucoup moins des spécialistes en telles matières qu'il faut que des spécialistes en sainteté ! Le monde se meurt, faute de sainteté[1] !

Voilà pour le premier coup de cloche !

Et puis, c'est l'attente ! Une attente très facile à porter en somme, car les religieuses sont tellement prises par leur devoir d'état que la plupart en ont oublié cette conférence !

Pendant ce temps pourtant, en conformité avec les désirs de Rome, de grandes transformations juridiques et administratives s'élaborent *in petto* en vue de fusionner nos Monastères autonomes de la province de Québec (Québec et succursales, Trois-Rivières et succursales, Rimouski et Gaspé) sous un gouvernement central.

C'est le 17 février 1952 que se présente à Rimouski le délégué de nos évêques, le Rév. Père Adélard Dugré, s.j., qui se rend

1. AUG, tome 6, p. 71.

à Gaspé après avoir visité nos maisons d'Amqui et de Matane. Il vient nous expliquer les trois options possibles pour nous, à savoir l'Union romaine, une Union canadienne ou une Fédération.

L'option Union romaine ne répondant pas tout à fait à la Constitution *Sponsa Christi* est vite éliminée. Il reste une Union canadienne ou une Fédération, avec leurs notables différences que le bon Père essaie de nous expliquer.

Dans une Fédération, les Monastères restent plus autonomes. Il y a un noviciat fédéral qui ne dure qu'un an et se continue ensuite dans les maisons respectives. Le Conseil de la Supérieure Générale est dispersé dans les différentes maisons ; en fait, cette Mère Générale n'a pas tellement de pouvoirs, ceux-ci restant aux différents Monastères. Il est entendu que ces Monastères peuvent s'entraider, tant au point de vue finance que sujet, mais toujours sur une base volontaire !

Au premier abord, cette option nous sourit, car nous avions toujours été autonomes, depuis trois siècles que nous l'étions !

Pourtant... d'après ce qu'on entend, c'est une union que Rome veut pour nous !

L'union proposée est nécessaire pour l'uniformité des vues dans les diverses maisons d'Ursulines et surtout en vue des modifications à faire dans vos Constitutions, nous explique le Père Dugré. L'union, c'est une fusion qui saura respecter tant les valeurs du passé que l'avenir à construire, nous assure-t-il !

Un jour du printemps 1953 alors que l'union n'est pas encore faite, voilà qu'un appel téléphonique de l'évêché nous enjoint de voir à ce que les grilles de notre chapelle soient enlevées dès le lendemain.

Et cela se fait... sans commentaires !

Voilà fait notre premier pas vers un changement qui... n'a pas fini de nous étonner !

Après beaucoup de prières, d'études et de pourparlers, l'option Union canadienne est ratifiée par les 827 Ursulines de ces années et... soumise à Rome.

Le 23 juillet 1953 notre évêque Monseigneur Albini Leblanc vient nous communiquer la décision de l'Église : *l'approbation de Rome est accordée pour sept ans d'études et de consultations* et un Conseil-Général est nommé d'autorité par les évêques, conseil qui comprend sept membres dont une religieuse du Monastère de Gaspé, S. Rose-Anna Bélanger-de-Sainte-Angèle.

Et c'est grâce à cette union que nous pourrons retourner à nos sources premières, au charisme de notre fondatrice... Angèle Mérici !

Mais en 1953, nous ne le savions pas !

Oui, l'Église est une bonne mère !

Sainte-Angèle-Mérici, notre fondatrice

Cette petite campagnarde de Desenzano, en Italie, née autour de 1474, avait grandi dans un foyer modeste où le père chaque soir sortait son livre et faisait la lecture de la vie du saint du jour, tout en enseignant à lire à sa fille. La petite Angèle s'enflammait d'amour et de bons désirs au contact de ces exemples.

Un premier deuil, la mort de sa sœur aînée, plonge Angèle dans une grande peine en même temps qu'elle la fait se tourner davantage vers Dieu. Une de ces occasions de la vie où la foi nous fait voir un bienfait de l'épreuve !

Et voilà que meurent aussi ses parents peu de temps l'un après l'autre.

Un oncle maternel, le notaire Biancosi, amène Angèle vivre à son riche foyer dans la ville de Salo. Il veut une « belle vie » et même trouve un « bon parti » pour sa grande nièce !

N'est-elle pas en âge de se marier à 17 ou 18 ans ? Peine perdue, Angèle refuse tous les partis, elle est déjà « amoureuse » de Dieu, et elle continue l'humble vie et les rudes travaux de Desenzano... laver le linge... passer le blé au blutoir... faire le pain... porter l'eau...

Le Tiers-Ordre de Saint-François dont elle assume la règle et porte l'habit lui donne un statut dans le monde et l'engage officiellement dans une vie de prière, d'humilité et de pauvreté à la suite du Christ. Elle dort sur une simple natte, mange comme les pauvres, du pain, des légumes, des fruits, jamais de viande. Elle demeure ainsi cinq ou six ans chez son oncle, puis revient à Désenzano pour une période de 20 ans de vie cachée, de prières et de labeurs quotidiens.

« La renommée de sa vie très pieuse se répandait dans la population de sorte que de très nombreuses personnes accouraient à elle pour se faire aider... » nous dit l'historien Romano.

On l'appelle Suor Angela et vite elle devint Madre Suorangela. Des compagnes suivent son exemple, trouvent forces et conseils auprès de la Madre. C'est durant cette période qu'elle reçut de Dieu l'intuition de sa mission : elle fonderait un jour, à Brescia, une compagnie de vierges !

Elle est âgée de quarante-sept ou quarante-huit ans quand ses supérieurs franciscains lui demandent de se rendre à Brescia pour consoler la dame Caterina Patengola qui vient de perdre son mari et ses deux fils. Dame Caterina n'était pas la seule à avoir besoin de réconfort en cette ville qui sortait à peine d'une longue période de guerre. Peu à peu, Angèle devint une figure bien connue dans la cité, quelqu'un à qui on pouvait aller pour recevoir consolation, encouragement, conseils, quelqu'un pénétré de charité qui pouvait ouvrir votre cœur à la foi et l'espérance.

Angèle n'a pas oublié la grâce reçue à Desenzano. C'est pourquoi elle décide de demeurer à Brescia et inaugure une période de pèlerinages (Mantoue, Jérusalem, Rome, Virallo).

Qu'on ne s'imagine pas qu'il s'agit de pèlerinages en avion ou en autocar et dans les grands hôtels. C'est à pieds qu'elle « pèlerine », armée d'un grand bâton en guise de canne, d'un maigre baluchon et accompagnée de protecteurs fiables. En allant à Mantoue, elle s'arrête chez le prince Louis de Castiglione pour plaider en faveur d'un de ses amis, exilé par le prince. Elle obtient ce qu'elle voulait : le banni retrouve sa liberté et est réhabilité dans ses droits. « La renommée d'Angèle se répandit alors dans les lieux environnants de telle sorte qu'il n'y avait pas un seigneur qui ne lui accordait ce qu'elle demandait... »

Lors de son pèlerinage à Jérusalem, dans le lieu même où la croix fut plantée, naquit la compagnie de Sainte-Ursule, grâce aux prières ferventes et aux larmes abondantes d'Angèle ! Comme Saint-François obtint le don de la pauvreté évangélique, sœur Angèle obtint sur le Calvaire le don et l'esprit de virginité... nous confie son biographe, Matteo Bellintani.

Le retour de Jérusalem est marqué de dangereux événements, attaque de brigands musulmans, terrible tempête en mer, menace de la flotte turque, etc. Ses compagnons de voyage attribuent leur salut à la prière d'Angèle et le proclament hautement tout au long de la route du retour. Partout on veut la garder ; à Venise, on lui offre la direction d'un hôpital, mais Angèle décline l'invitation et continue sa route vers Brescia. Ce pèlerinage en Terre Sainte a duré 23 semaines. Plus tard, lors de son pèlerinage à Rome, le pape Clément VII tentera aussi de la garder, mais en vain... !

Ces pèlerinages ont mérité à Angèle un don de joie spirituelle, une nouvelle force, elle commence à déployer une vigueur apostolique intense, manifeste des dons exceptionnels d'animation spirituelle. Non seulement l'humble peuple, mais encore les grands de ce monde, les religieux, les théologiens viennent la consulter : on accourt de partout pour demander et obtenir des conseils... des grâces de consolation... des guérisons... pour apaiser les discordes... pour changer de vie... pour trouver la paix, la lumière !

C'est ainsi que l'apostolat se cristallise dans l'annonce de la parole de Dieu, à travers le ministère de consolation, de pacification, d'explication des saintes Écritures. Angèle n'a pas fondé d'œuvre d'éducation ou de soins des malades, elle a répondu aux besoins qui se présentaient, quels qu'ils soient !

En l'absence d'un apostolat formel, elle propose à ses filles celui du témoignage. « Que nos paroles, nos actes, nos démarches soient toujours un enseignement et un sujet d'édification pour tous ceux qui ont affaire avec nous ! » (règle, ch.10)

Elle a atteint la soixantaine quand commence à se réaliser sa grande *mission :* fonder une compagnie de vierges non cloîtrées, (on ne manquait pas de communautés cloîtrées à cette époque, il y en avait onze à Brescia) demeurant dans leur famille, engagées dans leur propre milieu, vivant très simplement et totalement les valeurs évangéliques ! Son exemple a attiré un groupe de femmes et de jeunes filles qu'elle guide déjà dans la vie spirituelle, qu'il faut continuer à soutenir, à guider, et Angèle sait qu'elle ne sera pas toujours là !

C'est pourquoi Angèle commence à rédiger une règle de vie... sa règle qu'elle éclairera par la suite d'avis pour ses filles et d'un testament pour les dames protectrices de ses fille. Il n'est pas abusif de dire qu'Angèle a quasiment fondé *malgré elle !*

Une chose est certaine, elle n'a pas fondé d'œuvre, elle a fondé une Compagnie de Vierges, télé-guidée qu'elle était par l'Esprit-Saint, pour répondre aux besoins et aux circonstances de ce XVe siècle... si semblable par beaucoup de côtés à notre XXe siècle.

Le 25 novembre 1535, réunies dans la grande salle donnée pas Isabelle Prato, une dame protectrice, vingt-huit jeunes filles s'engagent avec elle, à suivre la Règle qu'Angèle vient d'écrire, qu'en fait, son secrétaire Cozzano a écrit pour elle car si Angèle sait lire, elle ne sait pas écrire.

À la mort d'Angèle, la Compagnie qui a été placée sous la tutelle d'Ursule, une vierge martyre populaire à l'époque d'Angèle, la Compagnie qui n'a que cinq années d'existence compte déjà environ 150 membres. L'Institut se développe très rapidement dans le nord de l'Italie, puis dans le reste de la Péninsule. Avant la fin du XVIe siècle, il est implanté en France. Au début du XVIIe, en Allemagne et en Belgique.

Angèle, une femme pour notre temps

Notre époque, qui voit la naissance laborieuse d'une civilisation nouvelle, est particulièrement sensible aux valeurs qu'Angèle proposait à ses contemporains : l'écoute, l'accueil, la volonté de paix, le respect de la liberté d'autrui. Au plan religieux, elle attire par son amour de la parole de Dieu et sa manière informelle de la partager avec d'autres. Elle se veut en communion profonde avec l'Église. Elle reconnaît d'instinct l'importance de la coopération des laïcs à qui elle confie des responsabilités. Elle donne aux femmes un nouveau statut qui les rend libres et indépendantes vis-à-vis de la règle sociale qui voulait pour elles un mari ou le cloître.

Son regard va au-delà des limites de sa ville et de sa culture : elle prépare pour demain l'extension de son œuvre lui donnant une souplesse d'adaptation selon les temps et les besoins. Unifiée par son grand amour pour Jésus-Christ, elle porte un regard bienveillant sur toutes les richesses de son époque et partage les siennes, annonçant Jésus-Christ avec foi et amabilité.

Nassino, chroniqueur de Brescia, à la mort d'Angèle, résume le secret de sa vie :

« Cette mère-sœur Angèle prêchait à tous la foi en Dieu. Très-Haut de telle façon que tous s'attachaient à elle. N'a-t-elle pas rayonné la bonté et la bienveillance du Seigneur[1] ? »

Dès sa mort et par la suite, ses contemporains la canonisent l'appelant la *Sainte*, bien avant la canonisation de l'Église qui ne se fera que le 24 mai 1807.

L'humble Institut d'Angèle transformé en ordre religieux

Très tôt, aussi bien à Brescia qu'à Milan, des Ursulines se regroupent sous le même toit pour assurer plus efficacement certaines œuvres comme la catéchèse et l'éducation des filles. Environ vingt ans après la mort d'Angèle, ses filles prennent en main la catéchèse des petites filles les dimanches et jours de fête dans leurs paroisses respectives. Une évolution se fait aussi pour une formation chrétienne en profondeur reposant sur une formation humaine adéquate. Et c'est ainsi que les Filles d'Angèle deviennent éducatrices.

Le genre de vie des premières compagnes d'Angèle indique qu'il y avait là le germe d'un Institut séculier et d'un Institut réligieux. Des chrétiens de certaines régions l'ont bien compris qui appellent les Ursulines, les *Sœurs des familles*. La majorité de celles-ci résident encore chez elles, participent aux travaux de la famille tout en vivant la règle qu'Angèle leur avait laissée.

L'évêque de Milan, saint Charles Borromée, venait de faire école au Concile de Trente. Il continue à faire école dans le champ d'Angèle et décide de cloîtrer ses filles et de leur imposer un costume, comme la chose a été statuée par le Concile de

1. *Christ, source de vie*, n° 325, mai 1995, p. 9.

Trente. Comparé à l'esprit d'ouverture de la Madre Angela, il nous apparaît vieux jeu et bien conforme à son époque qui veut qu'à une femme, il faut un mari ou un voile, c'est-à-dire... un cloître !

Cela amène, au début du XVIe siècle, la transformation des d'Ursulines en Ordre Monastique ; si la règle d'Angèle, quelque peu modifiée par on ne sait qui, sert toujours d'inspiration aux nombreuses Ursulines cloîtrées, désormais, c'est la règle de saint Augustin qu'il faut suivre et les religieuses sont tenues de prononcer les vœux de pauvreté, chasteté et obéissance comme il sied dans un ordre monastique.

Angèle, qu'on pourrait désigner comme patronne d'un sain féminisme, avait laissé à ses filles une règle d'or qui allait permettre à son institut de s'étendre dans le temps et dans l'espace, en dehors de son époque et de sa culture et en dépit de toutes les législations possibles.

> Si, selon les temps et les besoins, il y avait de nouvelles dispositions à prendre ou quelque chose à modifier, faites-le avec prudence et bon conseil. Et que toujours, votre principal recours soit de vous rassembler aux pieds de Jésus-Christ. Là vous toutes, avec toutes vos filles, faites de très ferventes prières. Car ainsi, sans aucun doute, Jésus-Christ sera au milieu de vous, et il vous éclairera et vous instruira sur ce que vous aurez à faire, en vrai et bon Maître ! (Testament, ch.11)

La transformation en vie religieuse monastique n'altére en rien l'esprit apostolique des religieuses qui gardent leurs engagements dans la catéchèse et l'éducation même lorsqu'elles vivent clôturées. Cependant, il en résulte certaines particularités différentes selon les endroits, car presque partout, les fondations se font d'une façon autonome. On a entendu parler des Ursulines, il y a dans le milieu des femmes aptes et désireuses de travailler à une œuvre similaire ; en conséquence l'évêque du lieu les réunit, les congrège, leur aide à se procurer la règle ou les règlements d'une fondation voisine et… en avant le nouveau monastère ! Il en résultera différentes règles qui se ressemblent tout en n'étant pas pareilles !

Ainsi, on aura la Règle de Bordeaux et la Règle de Paris qui marqueront l'histoire de la fondation de Québec en 1639. Marie-de-l'Incarnation, formée selon la Règle de Bordeaux, avait pour compagne de fondation une religieuse issue de la Règle de Paris ; en conséquence, un consensus devint nécessaire et les Ursulines québécoises auront un cachet particulier résultant de la fusion de ces deux règles. On soupçonne que ce ne dut pas être facile ! Au fond un même esprit : celui d'Angèle qui avait recommandé d'être pour toutes de vraies mères spirituelles qui sachent transmettre la foi, la haine du péché, l'amour de la vérité, qui sachent éduquer à la joie et à la responsabilité, quelles que soient les particularités inhérentes aux différents milieux d'origine.

> Elles enseigneront aux petites filles à se convertir à Dieu par amour si tôt qu'elles auront l'âge de raison, à faire le signe de la croix dès le réveil, etc. ! (Lyon, p. 80)
>
> Les mères régentes auront soin que chacune de leurs disciples qui en est capable, enseigne la première doctrine chrétienne à ses frères et sœurs, à ce que les mères de famille qui auront été leurs disciples, enseignent la première doctrine chrétienne à leurs enfants et domestiques ! (Bordeaux)
>
> Il faut inculquer en leurs âmes une grande estime de Dieu, une grande crainte de lui déplaire et désobéir, puis à détester les vices, à fuir le mensonge et les devis en cachette, à aimer la vérité et la lumière, et à éviter l'oisiveté ! (Paris)
>
> Qu'elles soient joyeuses et toujours pleines de charité ! » (Règle d'Angèle, IX) « Les Ursulines du 17e siècle, marquées par le

rigorisme de leur temps, avaient établi dans leurs pensionnats, des règlements, des coutumes et usages souvent rébarbatifs ; cependant leurs élèves sont heureuses et épanouies ; elles sont pleines de joie et ne veulent plus repartir de ces austères couvents ! (Paris)

Elles les accoutumeront à s'habiller et s'accommoder elles-mêmes [...] à tenir leurs linges et hardes bien rangés dans leur coffre [...] à ne rien laisser traîner de leurs ouvrages [...] pour les avertir d'être un jour de bonnes ménagères ! (Tours)

Elles leur enseigneront [...] l'honneur, l'amour et le respect qu'elles doivent porter à leur père et mère et autres parents, à ne mépriser ni médire de personne et à faire estime du prochain, à s'entre-honorer et aimer l'une l'autre [...] à être douces, humbles et soumises ! (Bordeaux)

Nous retournons à nos sources

Durant trois siècles, au Québec comme ailleurs dans le monde, excepté à Brescia où les Filles d'Angèle suivent toujours le mode de vie de leur mère, les Ursulines vivent selon l'esprit qu'Angèle leur a transmis en dépit des lois de la stricte clôture, demeurent vêtues selon les modes du XVIIe siècle et se consacrent uniquement à l'éducation des filles. En 1953, c'est ainsi que nous vivons toujours, à Gaspé comme à Québec, Rimouski et Trois-Rivières.

Voilà que les nouveaux Conseils créés, tant « Général » que « Provinciaux » après des années de prières et de réflexion, entrent en action.

En 1963, dix ans après la promulgation de l'Union, les changements commencent à se faire sentir : les grilles des parloirs tombent, les formules « nos » et « notre » sont trouvées désuètes, la seconde clé de la porte conventuelle n'est plus nécessaire, la montre-bracelet de forme très simple est autorisée. En 1965, on hérite avec reconnaissance du bréviaire en français et de notre croix distinctive. Les visites dans nos familles deviennent possibles pour certaines raisons. Depuis plus d'un an, le changement de costume est dans l'air. Quand l'Église exprime le désir de voir les religieuses simplifier et rajeunir leurs atours, les Filles de Sainte-Angèle ne tirent pas de l'arrière. Nos stylistes proposent des modèles. Pour une période transitoire, le choix se fixe sur une tunique noire, avec boléro noir ouvert en pointe sur un plastron blanc et un petit voile sur la tête. Depuis lors, les salles de couture des monastères ne cessent d'abriter des essayages, on retaille les anciennes robes, on fait deux robes neuves à partir d'une ancienne.

La bonne maman de notre sœur Françoise Langlois a bien voulu accéder à la demande de sa fille et venir elle-même coudre le nouvel habit religieux de sa Françoise. « En entrant dans le monastère, disait Madame Langlois, je craignais de m'engouffrer dans une atmosphère... d'enterrement ! Mais [...] je conserve comme un des plus heureux souvenirs de ma vie, celui des jours que j'y ai passés. Comme on est bien, chez vous ! »

En 1966, on fait nos adieux à la « clôture papale » puisque les religieuses doivent sortir pour le travail ; désormais, elles ferment leurs lettres et les recoivent fermées. La lecture de la règle de saint Augustin ne se fait plus qu'une fois par mois au lieu de tous les vendredis comme avant. Peu à peu cette règle s'estompera pour faire place à celle d'Angèle qui reprend sa place et ses droits. L'événement majeur de l'année, c'est l'intégration de nos sœurs converses ; à l'avenir plus de différence, un seul groupe de religieuses comme en une saine démocratie.

En 1967, à la veillée pascale, au moment de renouveler les promesses du baptême source de notre consécration religieuse, nous reprenons nos noms de baptême.

Au réveillon qui suit cette « Veillée », les religieuses commencent à s'interpeller par leur nom nouveau. Une chanson de circonstance sur l'air des « Noces de Monsieur Fallières » illustre quelques-unes des innovations dans le costume et la reprise des noms de jeunesse.

Comme on le devine
Chez les Ursulines,
Et c'est bien, pardine,
Enlevées la bure
Et les triples doublures,
On se rajeunit !
L'ancienne coiffure !
Adieu vieux habits,
Finies les chemises,
Et les cottes grises
Que l'on reprise
Pendant trente ans.
Et les longues traînes
Et les bas de laine,
Les grosses mitaines
De nos grand-mamans !
Serrées les reliques
On porte tunique
Simples et pudiques
Et le boléro !
Si c'est moins mystique,
C'est bien plus pratique
Et plus hygiénique
Que les dominos
Dans le Monastère
Hormis les prières,
On porte, ma chère,
Sarrau noir ou blanc.
La coiffe dégage
Le front, le visage,
Tout à l'avantage

Des Sœurs dans le vent.
Et l'on abandonne
Les noms de Madones
Des saintes patronnes,
Quand même ils sont beaux !
Et la vie l'emporte,
Désormais l'on porte
Le nom qu'on rapporte
Des fonts baptismaux !
Et tous ces noms chantent
La Résurrection !

Quelques jours plus tard, le 9 avril, la circulaire n° 52 nous communique quelques indults reçus de Rome au sujet de notre vie de prière. Le 1er juin de cette année apporte le nouveau coutumier.

Le grand chapitre spécial de 1968 ajoute les dernières transformations et notre Mère Générale Auréa Tessier fait le point sur le renouveau de notre Ordre.

> [...] nous confronter avec le dessein concert de Dieu [...] laisser la Parole de Vie remuer nos cœurs et renouveler le jaillissement de la vraie vie d'intimité avec Dieu. Loin de nous couper du passé, le chapitre nous y ramène pour y retrouver la charisme de nos origines et l'élan créateur de nos fondatrices en face des besoins nouveaux de l'Église[1].

Après la récollection de fin d'année, le 2 janvier 1969, les Ursulines reçoivent un anneau, symbole de leur engagement au Seigneur. Cet anneau complète, avec la croix, le signe extérieur de leur appartenance au Seigneur.

1. AUG, tome 18, p. 263.

Sur son socle, elle continue
à raconter notre belle histoire

ÉPILOGUE

Je te salue, Marie
Toi qui es revenue
Toi qui as voulu
À ta façon
revenir chez nous
à la maison !
Je te salue, Marie !

On te salue Marie, toi qu'on croyait perdue à jamais
Dans le gouffre sans fond d'un sinistre abandon
Tu es là maintenant, c'est bien toi revenue
Là, près de la maison, d'émouvante façon...
à travers les chemins d'une étonnante histoire,
Merveilleuse à entendre et pas facile à croire,
Tu viens monter la garde auprès de tes enfants !
Face à l'immense Baie, debout face aux grands vents,
Entre ciel et printemps, le soleil et l'hiver,
L'érable qui grandit et le pin toujours vert,
Tu es là maintenant, si simplement si belle !
On te salue Marie, l'ancienne et la nouvelle !

Jeudi, le 31 août 1989, 9h15 précises, un an après sa descente aux enfers, la Marie-de-l'Assomption du Monastère gravissait la côte dans un char allégorique de fortune : une pelle mécanique orange qui semblait la porter en triomphe. Elle avait parcouru ainsi dans cet équipage quelques rues de la ville, suscitant l'étonnement et l'intérêt respectueux et amusé des passants ! La sihouette blanche se dessinait sur le bleu du ciel et de la Baie et l'humble route des Ursulines l'invitait à monter ! Beaucoup de simplicité et de majesté dans cette ascension silencieuse et recueillie comme un poème qui se termine après beaucoup d'émotion.

C'était elle, c'était bien elle ! Un arc-en-ciel après l'orage !

Elle montait toujours au rythme du moteur qui grondait, soufflait, cognait comme pour lui faire une fanfare de circonstance. Et nos cœurs battaient la sarabande de la voir monter, ce n'était pas une vision... Elle revenait !

Un maillon de la chaîne

Le soir du 4 mai 1989, une amie de Douglastown, Elisabeth Foley, r.s.r., conduit sa voiture pour des réparations au garage Delbert Fitzpatrick. Comme les travaux risquent d'être longs, le propriétaire du garage s'offre à reconduire lui-même Elisabeth à sa maison. En arrivant dans la cour, il remarque une statue de la Vierge au centre du parterre de fleurs. « Moi aussi, j'en ai une, dit-il, elle a été sauvée en faisant le déblaiement de l'ancien terrain des Ursulines en octobre dernier. Actuellement, c'est un Monsieur Bernier de Gaspé qui l'a en sa possession. Si les Ursulines veulent la ravoir, elles n'ont qu'à communiquer avec moi et je la leur remettrai. » On se doute qu'Elisabeth avait posé quelques questions adroites, au courant qu'elle était de nos émotions au sujet de cette statue.

Son coup de téléphone ce soir-là crée tout un émoi. On n'y croit tout simplement pas ! On l'a vue tomber, dégringoler au milieu d'un amas de ferrailles et de débris de toutes sortes, on a vu la pelle destructrice continuer à la recouvrir de briques, de ciment, de poutres tordues... On a vu les gros camions circuler sur cet amas de ruines ; on est venu nous dire qu'elle était en miettes, que nous pouvions en faire notre deuil et on nous informe maintenant qu'on l'a retrouvée. Il y a certainement une erreur. On ne veut pas croire et en même temps on voudrait bien croire. Si c'était vrai ?

Le meilleur parti à prendre est d'aller aux sources. On téléphone à M. Fitzpatrick qui répond que, en effet, il a la statue et il nous invite à aller la voir en fin de semaine, soit le samedi suivant. On se rend donc chez lui au jour dit et M. Fitzpatrick conduit les religieuses chez M. Alexandre Bernier, de Gaspé, qui a entreposé la statue. Celle-ci a passé l'hiver dans la cour de M. George Packwood, gendre de M. Bernier. Elle est couchée dans une remorque à côté de la maison, enveloppée dans du plastique et recouverte d'une toile épaisse. Les religieuses la trouvent passablement défigurée et elles se demandent si elle peut être réparée.

C'est autour de cette remorque que M. Fitzpatrick se livre à des aveux quelque peu frelatés dans un français d'anglophone. Il n'est ni religieux, ni prêtre, ni particulièrement dévot, mais si les sœurs tiennent à cette statue, cela lui fait plaisir de la leur donner, elles ne lui devront rien. Elles n'ont qu'à s'arranger avec Monsieur Bernier, selon son dire, M. Bernier est habile, c'est un bon garçon et on peut se fier à lui.

C'était une réparation d'honneur devant témoins. Monsieur Bernier n'attendait que ces mots pour ramener la statue dans sa cour sans craindre les reproches du contracteur et la cupidité de l'employé de celui-ci.

En effet, lorsqu'il avait appris que la statue avait été récupérée, M. Fitzpatrick s'était montré très mécontent. On avait passé outre aux ordres qu'il avait donnés de ne rien prendre dans les débris, question de sécurité et d'honnêteté. Pour sa part, l'employé de M. Fitzpatrick qui était le collègue de Monsieur Bernier avait dit à ce dernier : « Si tu fais de l'argent avec la statue, j'en veux la moitié... »

Monsieur Bernier est un dévot de la Vierge et, comme il nous l'a dit plus tard, il ne voulait pas faire d'argent *sur son dos*... et puis les Bernier, ils avaient une si belle place pour elle dans leur cour ! Ils attendaient.

Remontons au premier maillon de la chaîne

Madame Bernier avait lu l'article dans le journal au sujet de la statue des Ursulines qui n'avait pu être sauvée et qui était tombée dans le monceau de décombres encore sur le site de l'ancien

Monastère. Très impressionnée, elle avait raconté cela à son époux qui apparemment était resté imperturbable.

Mais il avait tout enregistré. Peu de temps après, il rencontre un de ses collègues au service de Monsieur Fitzpatrick le garagiste, qui avait pris le contrat de nettoyer, débarrasser et niveler l'ancien terrain des Ursulines. Les gros camions devaient transporter les débris sur le terrain d'enfouissement à Sandy Beach et le collègue en question chargeait les camions à l'aide d'une pelle mécanique. Monsieur Bernier lui avait dit : « Si par hasard tu trouvais une statue dans l'amoncellement de décombres, mets-la de côté et avertis-moi. »

C'était en octobre 1988.

Une semaine s'écoule à peine quand le collègue informe Monsieur Bernier qu'il a vu une statue rouler en déchargeant son camion au dépotoir de la ville. Le samedi, accompagné de son gendre, Monsieur Bernier se rend sur le terrain et trouve la statue dont son épouse lui avait parlé. Elle est dans un état déplorable, cassée à la hauteur des genoux avec la base qui manque ; le front et le dessus de la tête sont mutilés, le nez cassé, la robe est striée par les roues des tracteurs qui l'ont massacrée. Monsieur Bernier décide de l'apporter quand même chez lui pour une éventuelle réparation, il la gardera dans le parterre en arrière de sa maison. Le printemps prochain, on décidera si l'on peut faire quelque chose, en attendant elle hivernera dans la remorque. Il n'est pas question dans sa pensée de pouvoir la rendre aux Ursulines.

L'hiver est passé ! Le printemps est arrivé, les hirondelles seront bientôt là et voilà que ce 4 de mai les précède avec la bonne nouvelle d'Elisabeth ! Depuis ce temps, nous l'avons vue, c'est bien elle, notre Marie de l'Assomption, mais en quel état !

On retourne voir Monsieur Bernier et des arrangements se font : il entreprendra la réparation, aidé de son épouse ; il invite les religieuses à suivre les étapes de la rénovation. À la fin du travail, les religieuses seront encore libres de prendre la statue ou de la lui laisser. Il ne fait pas cela pour de l'argent. À peine accepterait-il le remboursement des matériaux nécessaires ; cependant nous évaluons le travail au salaire minimum et convenons à une rénumération d'environ 500 $.

Déjà l'enthousiasme brille dans les yeux du couple. Ils se guideront sur une petite statue de l'Assomption qu'ils ont à la maison. Nous apportons une photo de la vraie statue quand elle était dans sa niche.

Le maillon de la rénovation

Ce Monsieur Bernier est d'un dynamisme et d'un optimisme incroyables. Il suffit de l'entendre pour voir surgir en nous l'espoir de contempler un jour une belle statue blanche sortie de cette masse écorchée, ce gris terne, délavé.

D'abord, il déploie des trésors d'ingéniosité et d'astuce pour la dresser verticalement et la faire tenir debout dans sa cour, sans pieds ni jambes. Il met au-delà de 70 heures de travail le soir, les fins de semaines, les jours de congés, etc. Un vrai travail de professionnel sans professionnalisme.

Chaque fois que nous y allons, il est heureux de nous montrer ses réalisations ; nos enchantements et nos critiques le relancent pour plusieurs jours. Aux prises avec quatre modèles de statues de Murillo apparemment identiques mais assez différents tout de même ; la sienne à la maison, celle de l'intérieur du Monastère, celle du chalet et, enfin, celle de l'extérieur si petite qu'il ne perçoit pas les détails, il ne sait plus au juste lequel adopter. Nous faisons donc agrandir la photo de la statue nichée à l'extérieur et il peut s'y référer. Il voudrait bien recréer les trois anges de la base, le croissant de lune, mais pas le serpent car, dit-il : « Je n'aime pas les serpents, j'en ai peur et je n'en ferai pas. » Nous lui suggérons alors d'ignorer aussi les anges... Nous optons pour le croissant de lune sur des nuages, ce qu'il réussit magnifiquement.

Son épouse se montre aussi ardente que lui, elle le suit pas à pas, se montre sa meilleure critique. C'est elle qui refait les cheveux parce que, dit-il : « Je ne m'y connais pas en coiffure féminine ! »

Une fois les deux couches de peinture données, la statue nous paraît très belle et spontanément nous applaudissons à son succès.

Restait à assurer le transport, ce qui n'a pas été facile. Finalement, on a opté pour le moyen le plus sécuritaire et le plus accessible au porte-monnaie des Ursulines, la pelle mécanique orangée. Cette statue ne se porte pas à bout de bras, elle est toute pleine à l'intérieur et pèse au-delà de 1000 livres. C'est ce qui lui a permis de résister à toutes les étapes de destruction encourues.

Il s'agit d'effectuer le déménagement sur deux ou trois kilomètres sans risquer la moindre brisure ni le moindre éclat. Il faut tout prévoir et tout calculer : la fixer solidement au *chargeur*, l'entourer de cordes et recouvrir les cordes de linge, de papier, de pneus au besoin pour qu'elle puisse essuyer avec succès tous les soubresauts de la route.

Toutes choses considérées, le nombre d'heures de travail, le matériel acheté, ciment, sable, pinceaux, colle, papier sablé, tiges de fer, etc., les Ursulines décident d'offrir à Monsieur Bernier le montant de 600 $.

C'est alors que nous rejoignons le commencement de l'histoire.

Jeudi le 31 août à 9h15 précises, celle que nous avions perdue nous revenait « belle comme une épouse parée pour son époux ».

Dans l'après-midi, avec d'infinies précautions, elle est placée sur le socle aménagé pour la recevoir. Les religieuses en cercle autour de la blanche Madone entonnent le *Salve Regina.*

C'est le recouvrement de Marie au temple de notre histoire !

Remerciements

Remerciements aux autorités de notre Ordre, la Provinciale Thérèse Duchesne et la Supérieure de notre maison Marguerite Cotton pour leur bienveillance et leur soutien à ce projet.

Remerciements au grand patriote et historien, Jules Bélanger, qui a bien voulu veiller à sa naissance et à son élaboration.

Tables des matières

Achevé d'imprimer
en septembre 1996
sur les presses de
Imprimerie H.L.N.

Imprimé au Canada – Printed in Canada